História Católica para
A IGREJA DE HOJE

CB054209

Dados Internacionais de Catalogação na Publicação (CIP)
(Câmara Brasileira do Livro, SP, Brasil)

O'Malley, John W.
  História católica para a Igreja de hoje : como o nosso passado ilumina o nosso presente / John W. O'Malley ; tradução Karen Clavery Macedo. – Petrópolis, RJ : Vozes, 2021.
  Título original: Catholic history for today's Church : how our past illuminates our present
  Bibliografia
  ISBN 978-65-5713-086-5

  1. Catolicismo 2. Igreja Católica – Doutrinas 3. Igreja Católica – História 4. Papado – História 5. Vaticano – História I. Título.

20-35718   CDD-282.09

Índices para catálogo sistemático:
1. Igreja Católica : História   282.09

Maria Alice Ferreira – Bibliotecária – CRB-8/7964

JOHN W. O'MALLEY, SJ

História Católica para A IGREJA DE HOJE

COMO O NOSSO PASSADO ILUMINA O NOSSO PRESENTE

Tradução de Karen Clavery Macedo

EDITORA VOZES

Petrópolis

© 2015, Rowman & Littlefield

Título do original em inglês: *Catholic History for Today's Church: How Our Past Illuminates Our Present*

Direitos de publicação em língua portuguesa – Brasil:
2021, Editora Vozes Ltda.
Rua Frei Luís, 100
25689-900 Petrópolis, RJ
www.vozes.com.br
Brasil

Todos os direitos reservados. Nenhuma parte desta obra poderá ser reproduzida ou transmitida por qualquer forma e/ou quaisquer meios (eletrônico ou mecânico, incluindo fotocópia e gravação) ou arquivada em qualquer sistema ou banco de dados sem permissão escrita da editora.

CONSELHO EDITORIAL

Diretor
Gilberto Gonçalves Garcia

Editores
Aline dos Santos Carneiro
Edrian Josué Pasini
Marilac Loraine Oleniki
Welder Lancieri Marchini

Conselheiros
Francisco Morás
Ludovico Garmus
Teobaldo Heidemann
Volney J. Berkenbrock

Secretário executivo
João Batista Kreuch

Editoração: Leonardo A.R.T. dos Santos
Diagramação: Sheilandre Desenv. Gráfico
Revisão gráfica: Nilton Braz da Rocha
Capa: Rafael Nicolaevsky

ISBN 978-65-5713-086-5 (Brasil)
ISBN 978-1-4422-5002-4 (Estados Unidos)

Editado conforme o novo acordo ortográfico.

Este livro foi composto e impresso pela Editora Vozes Ltda.

O passado não está morto. Não é nem mesmo passado.
FAULKNER, W. *Requiem for a Nun.*

Sumário

Introdução, 9

Parte I – O papado e os papas, 13

1 O milênio e as papalizações do catolicismo, 15

2 Descrição dos trabalhos papais – Ontem e hoje, 22

3 Cardeais em conclave – Uma história conturbada, 39

4 Reforma da Cúria Romana – Perspectivas históricas e teológicas, 46

5 A beatificação do Papa Pio IX, 52

6 Dois papas: Bento e Francisco, 61

Parte II – Dois concílios: Trento e Vaticano II, 75

7 O Concílio de Trento – Mitos, mal-entendimentos e consequências não intencionais, 77

8 Bispos e teólogos no Concílio de Trento – Uma lição para hoje, 95

9 O Concílio de Trento e o *Juízo final* de Michelangelo, 99

10 Dez maneiras seguras de misturar os ensinamentos do Vaticano II, 108

11 O que aconteceu e o que não aconteceu no Vaticano II, 113

12 Diálogo e identidade do Vaticano II, 130

13 Dois concílios comparados: Trento e Vaticano II, 145

Parte III – A Igreja como um todo, 157

14 Algumas noções básicas sobre o celibato, 159

15 As universidades medievais eram católicas?, 169

16 Excomungando políticos, 173

17 Um sacerdócio, duas tradições, 180

Conclusão – Minha vida de aprendizado, 197

Agradecimentos, 213

Índice, 215

Introdução

Este livro é uma coleção de ensaios sobre aspectos da história da Igreja Católica. Meu título sugere a convicção que me permite publicar os artigos sob uma única capa. Os escrevi não apenas para satisfazer a curiosidade dos leitores sobre o passado, mas também para ajudá-los a ver um problema ou questão contemporânea em uma perspectiva histórica. Em todos os casos, explicitamente ou implicitamente, faço a pergunta: "Então, e hoje?" A convicção subjacente a estes artigos, portanto, e subjacente a praticamente tudo o que já escrevi, é que a história, apresentada corretamente, nos diz como nos tornamos as pessoas que somos agora e, assim, nos ajuda a lidar com o presente. A história é mais do que um passatempo interessante; é um trabalho sério. E ainda mais quando o assunto é a Igreja.

É assim que entendo minha vocação como historiador da Igreja, e essa é a motivação que tem estado no centro da minha vida profissional desde o primeiro momento. Estudo o passado para nos ajudar a viver mais sabiamente o presente. Quer percebamos ou não, gostemos ou não, o passado nos prende, para o bem ou para o mal. As decisões tomadas ontem, no ano passado ou há séculos, determinaram os contornos do mundo em que vivemos. Determinaram igualmente os contornos da Igreja em que vivemos. Se entendermos como, de grandes maneiras e pequenas, temos de ser do jeito que somos, temos uma nova liberdade nas escolhas que enfrentamos. Mas se ignoramos como chegamos a ser do jeito que somos, ficamos presos dentro do que nos é dado e somos menos livres em nossas escolhas. Não vemos alternativas.

A Igreja é por definição uma instituição conservadora. Sua única razão para a existência é transmitir sem adulteração uma mensagem recebida há muito tempo. Nesse sentido, ela não pode mudar. Nós católicos acreditamos que nada mudou a esse respeito. Ela ainda proclama a Boa-nova e, nessa medida, escapou dos estragos do tempo. Mas a Igreja é uma realidade histórica, vive no tempo e no espaço e habita na vida dos seus membros, cada um dos quais é produto de determinado tempo e cultura.

Et Verbum caro factum est, "E o Verbo se fez carne". Mesmo que em um nível a Igreja transcenda a história, em outro ela é, como seu Senhor, encarnada na história.

Assim sendo, pode ser estudada da mesma forma que qualquer fenômeno histórico pode ser estudado. A Igreja teve de tomar decisões, e suas decisões lhe deram certas formas ou formatos.

Ela também teve decisões tomadas por outros, e essas decisões também lhe deram formas e formatos. Por exemplo, poucas decisões foram mais importantes para a Igreja do que o decreto do Imperador Constantino lhe concedendo tolerância, o que o levou a assumir um papel de liderança dentro da Igreja. Não foi um papa, mas o próprio Constantino quem convocou o primeiro concílio ecumênico, o de Niceia, em 325, e assim iniciou um certo padrão de relações Igreja-Estado que persistiu até ser definitivamente rompido apenas pelo decreto "Sobre a liberdade religiosa" do Concílio Vaticano II.

Tem sido meu privilégio dedicar a minha vida ao estudo da Igreja, uma instituição verdadeiramente notável. Disso nunca me cansei e continuo entusiasmado com esse estudo. Nenhuma outra instituição em nosso mundo tem hoje uma história mais longa e contínua. Nenhuma instituição teve uma história mais rica ou mais complexa. Ela se estende por todas as culturas do antigo mundo helenístico centrado na bacia do Mediterrâneo para o mundo global e pós-moderno. A sua literatura está em todas as línguas, antigas e modernas. Sua arte e arquitetura incorporam uma infinidade de estilos, tanto ocidentais quanto outros. Seus membros têm sido grandes santos e grandes pecadores. Suas reivindicações às vezes vão além da compreensão humana, mas por outras vezes não poderiam ser mais humildes e humanas.

Como podem meros historiadores começar a lidar com tal realidade? Eles devem, antes de tudo, ser humildes e saber que, independentemente do que encontrem em suas pesquisas, estão descobrindo apenas um pedaço minúsculo da realidade. Cada historiador precisa se estabelecer em uma especialidade e aperfeiçoar as ferramentas de pesquisa apropriadas ao seu assunto específico. Este não é um caso de aprender cada vez mais sobre menos, mas sim uma forma de alcançar uma medida de precisão ao falar sobre um aspecto particular da história da Igreja. Com uma compreensão firme de um aspecto da história, os historiadores são capazes de arriscar algumas generalizações e ir além de seu foco específico para questões mais amplas.

No meu magistério, eu, como a maioria dos acadêmicos americanos, tive de me apresentar tanto como especialista quanto como generalista. Conduzi seminários sobre assuntos bem definidos para estudantes avançados; mas, ao mesmo tempo, tem sido necessário ministrar cursos de âmbito muito mais amplo para outros estudantes. Os artigos desta coleção refletem essa realidade. Originalmente me especializei no Renascimento italiano, nos séculos XV e XVI, mas acabei por começar a entrar no que é convencionalmente chamado de Contrarreforma – o Concílio de Trento e tudo isso! Prefiro chamar essa era complexa do Renascimento ao Iluminismo de "catolicismo moderno primitivo". Mas seja qual for o nome, foi aí que encontrei e continuo a encontrar a minha primeira casa acadêmica. Os artigos desta coleção refletem esse foco.

No entanto, enquanto eu estava escrevendo minha dissertação em Roma sobre Egídio de Viterbo, um reformador da ordem agostiniana do século XVI, o Concílio Vaticano II estava acontecendo a menos de uma milha de onde eu morava. Como todos em Roma na época, fiquei fascinado por aquele evento, e comecei a ver paralelos entre o que estava acontecendo no século XX diante dos meus olhos, e o que ocorrera no século XVI, que eu estava aprendendo com os livros. Embora na época eu nunca esperasse escrever profissionalmente sobre o Vaticano II, publiquei meu primeiro artigo sobre ele em 1971. Continuei escrevendo sobre o concílio até o presente, como mostra esta coleção.

Outros artigos são o resultado de eu ter de atuar como generalista e me tornar hábil em períodos e assuntos que me estenderam além das minhas especialidades. Entre eles está um grande número relativo ao papado, um assunto de grande fascínio para mim, assim como para muitos outros católicos. O papado, importante por si próprio, fornece uma janela para questões mais amplas da história da Igreja em qualquer momento e, portanto, merece a proeminência que tem neste livro. No entanto, temos de nos lembrar que a história do papado não é a história da Igreja. Esta última é incomparavelmente mais ampla, mais rica e mais fundamental. Está aqui representada na parte III.

Em 1993 publiquei *The First Jesuits* [Os primeiros jesuítas]. Desde então, tenho escrito extensivamente sobre a história da Companhia de Jesus e editado uma série de volumes no que se refere à organização. Não incluí nenhum dos meus artigos sobre a Companhia nesta coleção porque uma seleção deles apareceu recentemente, em 2013, em um volume exclusivamente dedicado aos jesuítas editado por Robert A. Maryks, *Saints or Devils Incarnate: Studies in Jesuit History* [Santos ou diabos encarnados: estudos sobre a história dos jesuítas].

Jogando a modéstia aos ventos, concluo o livro com uma memória autobiográfica. Mas não foi apenas a vaidade que me motivou a incluí-la. A memória alertará os leitores para as limitações do autor cuja obra é lida. Mais importante ainda, os lembrará de que, em cada instância, a força da história atravessa os estreitos da mente e do coração do historiador, e somente depois de passar pelo processo de filtragem dessa passagem é que chega à página impressa.

Ao longo dos anos, os editores de periódicos ou de outras publicações me pediram que escrevesse algo para um público católico em geral por ocasião de um acontecimento notável ou aniversário. Os ensaios desta coleção representam uma amostra desses artigos que, a meu ver, continuam sendo relevantes, ainda que as ocasiões específicas para as quais foram escritos já tenham passado há muito tempo. Em alguns deles fiz pequenas alterações editoriais, mas aparecem como originalmente deixaram a minha caneta – ou melhor, o meu computador. Alguns são mais longos do que outros, mas todos são relativamente curtos. Você notará neles uma repetição ocasional de ideias ou informações, praticamente inevitável em uma coleção como esta. Peço a sua indulgência e sugiro que organize suas habilidades de leitura rápida e as coloque em ação nestas seções. O livro terá sido um sucesso se aguçar o seu apetite para ler mais sobre o fascinante passado e o emocionante, embora difícil, presente da Igreja Católica.

Parte I

O papado e os papas

1
O milênio e as papalizações do catolicismo

Por ocasião da virada do milênio, em 2000, o editor da revista America *me pediu para fazer uma retrospectiva dos últimos mil anos da história da Igreja e indicar o que vi como o desenvolvimento mais marcante. Achei a tarefa fácil porque o crescimento da autoridade e do prestígio papal desde o século XI é certamente o desenvolvimento mais óbvio na Igreja ocidental. Cunhei o termo "papalização" para capturar essa realidade. Tento evitar os neologismos, mas neste caso senti que era mais do que justificado.*

Este ano todos têm tentado ver o panorama geral. Fomos bombardeados com um certo tipo de pergunta. Quem é o homem ou a mulher do século – melhor, do milênio? Quais são os acontecimentos dos últimos mil anos que mais mudaram o curso da história e que explicam como, para o bem ou para o mal, acabamos onde estamos? E talvez a mais tentadora de todas – como somos diferentes daqueles que vieram antes de nós? Até os católicos sabem que, embora professem a mesma fé e recebam os mesmos sacramentos que os cristãos fizeram há mil anos, eles são até certo ponto diferentes. Então vem a pergunta final e talvez a mais inquietante: quão diferente?

Como um historiador da Igreja eu fico impressionado em alguns dias com a incrível continuidade na fé e na prática que tem marcado o catolicismo através dos tempos. Em outros dias, fico tão impressionado com a descontinuidade, com as mudanças radicais que ocorreram, que acho difícil me identificar com o passado católico, ou, em outros casos, com o presente católico. Provavelmente, como vocês, eu poderia apresentar dezenas de mudanças em como os cristãos vivem, acreditam e rezam hoje que nos tornam diferentes dos tempos antigos. Há certas coisas óbvias: nossas celebrações são em vernáculo, não no latim; adoramos em uma igreja paroquial, não em uma capela senhorial ou no oratório da nossa confraria; aceitamos a

Imaculada Conceição e a Assunção de Maria como dogmas definidos de nossa fé; o jejum quaresmal, tão central na prática cristã de épocas passadas, desapareceu para todos os efeitos práticos; já não se espera que as mulheres venham à Igreja com a cabeça coberta por um véu.

Poderíamos provavelmente continuar a avançar, conscientes de que algumas diferenças são muito mais significativas do que outras. E se lhe pedissem, no entanto, para destacar dessa longa lista a mudança mais importante de todas, "a mudança do milênio"? Não sei quanto a você, mas para mim não há contestação. Eu não hesitaria em nomear o que eu vim a chamar de *papalização* do catolicismo.

Eu cunhei esse neologismo porque sua própria crueldade me choca a atenção e porque expressa muito diretamente a realidade em questão. No início do último milênio – de fato, tão tarde quanto a postagem de Lutero das 95 teses – relativamente poucos cristãos sabiam que o papado existia, e certamente apenas uma minúscula porcentagem acreditava que tinha algo a ver com a maneira como eles viviam suas vidas. Se o papado figurava da maneira como eles próprios se concebiam, era perifericamente. Mesmo para bispos e príncipes era, na melhor das hipóteses, uma instituição remota, um possível tribunal de recurso se as coisas dessem errado em casa. Na pior das hipóteses, era um rival político e um expropriador de recursos financeiros.

Para a grande maioria dos cristãos, no entanto, o papado, se já tivessem ouvido falar dele, significava tanto quanto nomes como Scotus e Ockham significam para os católicos de hoje. Como e de quem teriam ouvido falar? Não de sermões. É verdade que os sermões na Festa de São Pedro e São Paulo poderiam, de passagem, dizer uma palavra sobre "o vigário de Pedro", mas mesmo isso seria excepcional. No início do milênio, em todo caso, não havia sermões para serem ouvidos e, mesmo 500 anos depois, o registro, embora muito melhorado, era inconsistente. Isso era especialmente verdade no campo, onde a maioria das pessoas vivia.

Durante a Idade Média, a instrução catequética consistia em aprender o credo, as orações básicas, os dez mandamentos ou os sete pecados capitais, juntamente talvez com as bem-aventuranças e as obras de misericórdia. A melhor indicação de como esse conteúdo foi transmitido vem dos primeiros catecismos impressos, que presumivelmente codificaram o ensino inicial. O papado não é mencionado. A ocasião óbvia para fazer isso seria em conexão com o artigo do credo: "Creio na santa Igreja Católica". Contudo, em resposta à pergunta "O que é a Igreja?" os catecismos diziam simplesmente: "A congregação de fiéis cristãos, governados e iluminados por Deus nosso Senhor". Nada mais. Talvez não devêssemos nos surpreender com o fato de o papado ser dificilmente mencionado por Santo Tomás em toda a *Suma Teológica*.

Ser católico hoje, porém, como diria a maioria dos católicos e certamente todos os demais, é "acreditar no papa". Raros são os católicos praticantes em qualquer lugar do mundo que não sabem que João Paulo II é o nome do atual pontífice [sic]. Mais importante, os católicos sabem que João Paulo II "administra a Igreja". Isso significa, entre outras coisas, que ele nomeia o bispo deles, quem é, a maioria parece acreditar, "seu representante". Os bispos, por sua vez, nomeiam os seus párocos. Os católicos (assim como as pessoas de fora interessadas no assunto) sabem que uma linha clara de autoridade vai desde o CEO inquestionável da Igreja até a sua paróquia local. Cada reitoria, podemos seguramente presumir, em algum lugar, proeminentemente, exibe um retrato do pontífice reinante. No santuário de muitas Igrejas está hasteada a bandeira papal.

Os católicos também sabem que devem "obedecer ao ensinamento do papa", não apenas sobre temas etéreos de outrora, como o repúdio ao marxismo, mas também sobre coisas tão imediatas para eles como as suas relações sexuais com os seus cônjuges. Para muitos católicos, dizer que "a Igreja proíbe isto ou aquilo" é o equivalente a dizer que o papa proíbe. Em suas publicações, os teólogos sabem que, diferentemente da situação nos dias de Santo Tomás, é tão importante citar escritos do atual pontífice quanto citar as Escrituras.

Como ocorreu uma revolução tão profunda na consciência e na prática? Como é que uma instituição passou da periferia da consciência, na melhor das hipóteses, para seu centro definidor? Como foi que Mt 16,18, "Tu és Pedro", se tornou o cânon dentro do cânon para os católicos romanos e se tornou emblemático da própria identidade deles?

Ou, realmente, não foi sempre assim? O papado não foi sempre tão importante para os católicos como é hoje? Temo que a maneira como a maioria de nós aprendeu a história da Igreja e até mesmo da "civilização ocidental" nos levaria a acreditar que o papado tenha sido desde o início, ou pelo menos desde a Controvérsia das Investiduras de mil anos atrás, o fator de determinação na vida católica. Essa é a impressão deixada, inconscientemente em muitos casos, por muito do que lemos e ouvimos sobre a história do cristianismo. A impressão é causada, em parte, pelo hábito quase inatacável de ensinar a história da Igreja e da civilização ocidental de cima para baixo. É mais fácil ensinar dessa maneira, em vez de se agitar com as histórias, muitas vezes difusas, dos "cristãos comuns". Também é importante nos cursos de história dar ao topo o que lhe é devido. Dificilmente poderíamos entender nossa atual situação religiosa, por exemplo, se não estudássemos Lutero e os papas que se opunham a ele. No entanto, a leitura de cima para baixo nos leva a pensar que quase todos estavam tão preocupados com os papas quanto Lutero estava.

A situação é também causada, em parte, por tomarmos como ponto de partida as nossas próprias questões ou situações, de uma forma que quase inevitavelmente nos leva a distorcer o passado. Nos últimos 50 anos, e especialmente nos últimos 20, falar sobre catolicismo tem sido falar sobre o papa, ou pelo menos não tem sido possível falar sobre o catolicismo de forma alguma, sem, em algum momento, falar sobre o papa. Assim, o interesse pelo papado está em alta. O número de biografias do Papa João Paulo II está além de qualquer contagem. Desde 1997, quatro grandes histórias do papado têm aparecido em inglês, começando com a altamente bem-sucedida *Saints and Sinners* [Santos e pecadores] de Eamon Duffy. Nesses livros, alguns papas são obviamente apresentados como mais importantes do que outros, mas a impressão geral deixada ao leitor é que, através dos tempos, todos os olhos estavam fixos nesses líderes da Cristandade.

Essa impressão nos leva a cometer a falácia da ênfase descabida, a falácia mais fácil e perniciosa que o historiador pode cometer: o que ele diz é verdade, mas ao não indicar seu lugar em um contexto maior, implicitamente distorce sua importância. Mesmo durante o auge da Controvérsia das Investiduras, por exemplo, quando os homens do imperador e do papa estavam armados uns contra os outros, 95% dos cristãos da Europa não sabiam que algo estava errado. Mas os nossos livros de história nos deixam com a impressão de que se tratava de uma notícia de primeira página, embora, em outro nível, estejamos plenamente conscientes de que não existiam primeiras páginas no século XI.

Há três fatores que se juntam, creio eu, para dar conta da situação atual. O primeiro é o que eu acabo de descrever – isto é, a forma como a nossa história foi escrita e a maneira como estamos predispostos a interpretá-la. O segundo é o que sugeri ao mencionar as primeiras páginas – ou seja, a velocidade crescente da comunicação, começando com a invenção da imprensa no século XV e continuando com o desenvolvimento da comunicação eletrônica de todos os tipos, incluindo o modesto telefone. Hoje é possível acompanhar até a respiração de todos os líderes mundiais, incluindo o papa. É possível, inversamente, que esses líderes mantenham o registro de quase todas as nossas respirações. Isso é novo na história do mundo. Isso é novo na história da Igreja.

O terceiro fator é a maneira como o próprio papado mudou ao longo dos milênios. Não há necessidade de insistir com o leitor que, desde os primeiros séculos, o bispo de Roma ocupava uma posição de especial respeito e reivindicava, por vezes de forma eficaz, prerrogativas únicas. No entanto, no primeiro milênio, os papas não "administravam a Igreja", nem reivindicavam isso. Eles não definiam qualquer doutrina; não escreviam encíclicas; não chamavam bispos para encontros *ad limina*.

Eles não convocavam concílios ecumênicos, nem os presidiram. De fato, seus papéis nos primeiros oito concílios eram geralmente insignificantes. No início da Idade Média (e muito além), o principal dever do papa, conforme muitos acreditavam, era guardar os túmulos dos apóstolos e oficiar as liturgias solenes nas grandes basílicas. Nesse período, embora alguns dos papas tivessem, naturalmente, uma visão ampla de suas responsabilidades e lidassem com questões de peso com os líderes da sociedade, na maioria das vezes eles se comportavam como figuras essencialmente locais, concentradas em questões locais.

Sem dúvida, a virada decisiva que conduziu à nossa situação atual foi tomada com a Controvérsia das Investiduras no início do segundo milênio – ou seja, a Reforma Gregoriana do século XI. Os reformadores gregorianos, confiando em fontes canônicas genuínas e forjadas, apresentaram reivindicações de autoridade papal que eram uma mistura curiosa de antigas prerrogativas e novas demandas surpreendentes de submissão de líderes seculares e eclesiásticos às decisões papais. O direito de o papa depor imperadores estava entre as novas reivindicações. O antigo axioma canônico de que o papa não deveria ser julgado por ninguém, a menos que se desviasse da fé, foi abreviado para simplesmente "o papa não é julgado por ninguém".

Os "gregorianos" colocaram em movimento uma poderosa máquina ideológica. Enquanto mesmo para eles o papa ainda era apenas "o vigário de Pedro", pouco mais de um século mais tarde o Papa Inocêncio III se designava como "o vigário de Cristo". O título permaneceu e é hoje muito mais conhecido do que o mais venerável "servo dos servos de Deus". À medida que as monarquias da Inglaterra e da França emergiam de um feudalismo amorfo, o papado desenvolveu uma estrutura e autodefinição similarmente monárquica. Durante sua residência em Avignon, no século XIV, os papas chegaram a liderar a criação de uma burocracia efetiva.

A próxima grande mudança veio com a Reforma. A rejeição total do papado por parte dos protestantes empurrou essa instituição para uma nova proeminência na consciência católica. Os católicos, identificados por seus inimigos como papistas, começaram a se gloriar nesse insulto. Em meados do século XVI, os catecismos católicos tinham acrescentado à definição tradicional da Igreja a qualificação significativa "sob o governo de Pedro e seu sucessor, o vigário de Cristo". Uma importante mudança na autocompreensão estava ocorrendo.

Havia ironias. Embora todas as Igrejas protestantes e seitas repudiassem totalmente o papado e quisessem obliterar seu ofício, o Concílio de Trento foi incapaz, em seus 18 anos de história, de abordar diretamente a questão. A natureza precisa e a extensão da autoridade papal era uma questão muito controversa, mesmo entre os católicos, para que o concílio se aventurasse em uma declaração. Os padres do concílio foram para casa, mas os papas permaneceram no seu posto. Mais ironias – não apenas a Reforma tinha realmente fortalecido o papado naquelas partes da Europa que permaneceram católicas, mas ao não dizer nada o Concílio de Trento tinha feito o mesmo.

Não obstante, em áreas importantes da vida católica, o papado não teve nem reivindicou qualquer interesse. Os grandes empreendimentos missionários permaneceram sob a direção das ordens religiosas e dos reis de Espanha, Portugal e França. O estabelecimento pelos papas, em 1622, da Congregação para a Propagação da Fé, não alterou substancialmente a situação durante muito tempo. As universidades que os jesuítas estabeleceram em todo o mundo tinham responsabilidade apenas perante eles próprios e o superior-geral.

O Iluminismo, a Revolução Francesa e os liberais do início do século XIX deram duros golpes no papado, mas novamente um inimigo, o *Risorgimento*, infundiu-lhe nova vida. Quando, em 1870, as tropas de Garibaldi entraram em Roma, Pio IX dramatizou o evento, fechando-se num setor da cidade do Vaticano. Católicos de todo o mundo, conscientes graças ao telégrafo (cabo transatlântico, 1866) e, a partir daí, pelos jornais, de que o papa era agora "o prisioneiro do Vaticano", manifestaram-lhe sua simpatia. Eles sabiam o nome do papa e até podiam ter visto uma fotografia dele. O culto de uma personalidade papal começou a tomar forma pela primeira vez. Pio IX chamou mais atenção para si mesmo e corajosamente avançou as reivindicações do seu ofício por meio da primeira definição papal de um dogma, a Imaculada Conceição, e por ser o papa sob o qual o dogma da infalibilidade foi definido [no Concílio Vaticano I].

Entretanto, os papas começaram a publicar encíclicas. Ou seja, já não eram apenas juízes em casos de doutrinas contestadas; eles próprios tinham se tornado mestres. Em meados do século XIX, tecer as encíclicas passou a fazer parte da descrição dos trabalhos papais. Assim como a nomeação de bispos. No século XII, os papas da Reforma Gregoriana fizeram uma campanha vigorosa pela "eleição canônica" dos bispos – isto é, fizeram campanha para que estes fossem eleitos pelo seu clero e não simplesmente nomeados pelo magnata ou rei local. No final do século XX, os poucos vestígios remanescentes da tradição eleitoral haviam sido eliminados. O papa escolhe os bispos – sem votos, por favor!

Enquanto isso, em 1929, as portas da prisão do Vaticano se abriram em virtude dos acordos entre o papado e o governo italiano. As câmeras filmadoras foram admitidas em São Pedro e no Palácio Apostólico, e milhões de pessoas em todo o mundo puderam ver Pio XI, Pio XII e João XXIII concederem as suas bênçãos. Os papas, não mais prisioneiros, começaram a viajar. Os jatos facilitaram as coisas. Os papamóveis fizeram o mesmo.

E o resto, como dizem, é história. O que mais me fascina, porém, não é o quanto o papado mudou no curso do milênio passado, mas sim o quanto essa mudança nos mudou. O papado não é mais o que costumava ser. Mas, em grande parte, por essa razão, nem nós o somos.

2
Descrição dos trabalhos papais
Ontem e hoje

Esta parte segue-se naturalmente à papalização. Como as descrições de trabalhos papais mudaram ao longo dos séculos, elas ampliaram em grande parte o escopo das preocupações e reivindicações de autoridade do papa. É claro que ninguém apresentou aos papas uma descrição de funções, como se estivessem se candidatando a um emprego. Mas, de fato, os papas assumiram que tal e tal era sua responsabilidade, e agiram de acordo com isso. A forma original deste artigo foi uma palestra proferida na Universidade Saint Louis, em 9 de outubro de 2009.

Os católicos sabem o que o papa faz. Os evangelhos expuseram a descrição de trabalho dele há 20 séculos. No último capítulo do Evangelho segundo São João, Jesus encarregou Pedro de apascentar seus cordeiros e suas ovelhas. Em Lucas, Ele disse a Pedro para fortalecer seus irmãos e, mais importante, em Mateus, Jesus confiou a Pedro as chaves do Reino dos Céus, a rocha sobre a qual construiria a sua Igreja, para que tudo o que Pedro ligasse na terra fosse ligado nos céus, e tudo o que desligasse na terra fosse desligado nos céus. Cristo pretendia, acreditam os católicos, que as responsabilidades com as quais investiu Pedro fossem perpetuadas no sucessor de Pedro, o papa.

É evidente que o papa escreve encíclicas e nomeia os bispos do mundo. Afinal, quando o Papa Bento XVI foi eleito, todos queriam saber quando ele iria publicar sua primeira encíclica, porque é isto que os papas fazem: escrevem encíclicas. É um item importante na descrição do trabalho papal de hoje, dado por certo, assim como é dado por certo que o papa nomeia bispos.

Mas devemos tomar essas atividades como certas? Escrever encíclicas e nomear os bispos do mundo podem ser implementações válidas à missão de Cristo a Pedro, mas elas não aparecem como tal na agenda papal até 19 séculos depois que essa missão foi dada. São de uma colheita surpreendentemente recente – assim como outras atividades com as quais o papa está envolvido e que podem nos parecer como parte integrante de seu trabalho. Fascinante na história da mais antiga instituição ainda em funcionamento no mundo ocidental é como a descrição do trabalho mudou ao longo dos séculos. Ela mudou à medida que os papas assumiram novas responsabilidades e abandonaram as antigas, apenas para repetir o processo um pouco mais tarde, e depois, mais tarde ainda.

Nesse cenário de mudança, a instituição, no entanto, manteve uma forte identidade reconhecível em todos os séculos. Essa identidade é devida à convicção simples e inabalável, de cada bispo de Roma, de que ele era o sucessor de Pedro e que, portanto, gozava de uma autoridade totalmente proeminente na Igreja. A partir, o mais tardar do século III, o mesmo princípio prevaleceu: as outras Igrejas e seus bispos devem especial deferência à sé do bem-aventurado Pedro, e devem prestar atenção à palavra que vem dela.

Na esfera da política prática, os papas por vezes tiveram de se curvar à pressão e fazer concessões em relação às suas prerrogativas petrinas. Em princípio, porém, eles se apegaram ao seu papel especial de liderança com tenacidade inabalável, admitindo que mudanças fossem feitas apenas por meio de incremento. A esse respeito, eles deslizaram facilmente de vigários de Pedro, como eram até o século XII, para vigários de Cristo, como começaram a se designar no século XIII.

Dentro dessa estrutura, no entanto, uma grande variedade prevaleceu nas formas que a autoridade papal assumiu e nas reivindicações a respeito feitas pelos papas. Analisarei algumas dessas formas e reivindicações, trazendo-nos até ao presente. Espero que você ache interessante o que tenho a dizer, mas o meu objetivo não é entreter. Espero fazer o que a boa história sempre faz: expandir os nossos horizontes, permitir que vejamos que nem sempre foi assim, e sugerindo assim que não há necessidade de sempre ser como é no presente – na verdade, para mostrar que certamente *não* será como é no presente. A boa história nos permite "pensar fora da caixa", se é que posso usar um clichê atual.

Por que mais mudanças são inevitáveis? É inevitável porque os papas, agentes ativos nas culturas de seu tempo, não podem sair dessas culturas e tempos para viver em uma esfera acima e além deles. Como todos nós, eles estão inseridos no tempo e no espaço. Passei grande parte da minha carreira acadêmica tratando do problema da reforma da Igreja – no século XI com os reformadores gregorianos; no século XVI com Lutero e o Concílio de Trento, e no século XX com o Concílio Vaticano II. Ou seja, eu tenho lidado com mudanças na vida e na prática da Igreja que os líderes da

Igreja iniciaram e tornaram operacionais. Algumas dessas reformas foram extremamente importantes, como você sabe, mas podem parecer quase insignificantes em comparação com o impacto que as mudanças na cultura em geral tiveram na Igreja. Essas são as mudanças em que os líderes da Igreja não tinham voz, mas que afetaram a Igreja mais profundamente do que as mudanças que esses líderes autoconscientemente iniciaram.

Bispos e papas nada tiveram a ver com a decisão do Imperador Constantino, no início do século IV, de tolerar o cristianismo ou com a sua elevação quase simultânea do cristianismo a um lugar privilegiado no Império Romano. O impacto do cristianismo foi de proporções tsunâmicas. Quando Constantino, por exemplo, convocou o primeiro concílio ecumênico (Niceia, 325), ele efetivamente transformou os bispos no equivalente eclesiástico do senado romano, e assumiu a responsabilidade de ver que seus decretos doutrinários e disciplinares eram observados em todo o império.

A tradução para o latim do *corpus* aristotélico nos séculos XII e XIII reformulou radicalmente o empreendimento teológico cristão. O ressurgimento dos estudos históricos no século XIX e a consequente aplicação de métodos históricos a assuntos sagrados fizeram o mesmo. A invenção do telefone, para não falar do rádio, da televisão e da internet, colocou um novo controle e poder de vigilância nas mãos dos líderes da Igreja, especialmente do papa. A medicina moderna, a nutrição e o saneamento levaram a papados mais longos, permitindo aos papas influenciar o curso da Igreja com uma nova consistência e deixar nela uma marca mais forte e profunda do que era possível no passado. Eu não vou insistir neste ponto, mas precisava fazê-lo para estabelecer a premissa sobre a qual me baseio. Podemos agora recorrer a alguns exemplos de como e quando os papas assumiram responsabilidades que eram novas – responsabilidades que os seus antecessores não tinham.

Responsabilidade cívica

A primeira e mais óbvia delas, com a qual você certamente está familiarizado, foi assumir a responsabilidade pelo bem-estar físico da cidade de Roma, o que incluía a manutenção das muralhas da cidade e até mesmo o pagamento de militares para defendê-la. Assumir essa tarefa foi um desenvolvimento resultante principalmente da erosão das instituições do Império Romano. Os papas entraram na lacuna deixada pela falta de liderança.

O próprio Constantino investiu o clero com certas funções quase cívicas, que estabeleceram uma base para o desenvolvimento posterior. Isso é bem conhecido.

Mas a precondição, mesmo para as ações de Constantino, e depois para o papa assumir tais atividades seculares, geralmente passa despercebida, e é outro exemplo do impacto na Igreja das realidades fora dela. O clero e o povo elegeram bispos que foram educados, como seus pares pagãos, nos clássicos literários da Grécia e da Roma antigas, que não apenas lhes proporcionaram habilidades de liderança, mas também lhes incutiram um senso de dever para com sua cidade. A educação deles – secular, se você preferir – foi uma educação em virtude cívica, orientada para o bem público.

Os bispos no final do Império Romano nunca pensaram em questionar os aspectos cívicos da sua posição. Eles quase inevitável e inconscientemente aceitaram como modo de descrição do seu trabalho o modelo de funcionário público que haviam aprendido na escola ao ler *De officiis* de Cícero e textos semelhantes. Em 368, São Basílio, já bispo de Cesareia, fundou uma grande colônia de leprosos nos arredores da cidade. Em uma carta a um oficial, ele preferiu descartar a realização, dizendo que não tinha feito mais do que o que se esperava de um governador bem-intencionado. É uma observação reveladora.

Basílio não era um papa, mas Gregório Magno, sim. Além disso, este provinha de uma família de senadores romanos, e também recebera uma excelente educação que, juntamente com a formação em eloquência, incluía a inculcação das virtudes tradicionais romanas de prudência, constância, moderação, magnanimidade e dedicação ao bem da *polis*. A estas, ele acrescentou as características virtudes cristãs da humildade e da caridade, mas compartilhava com todos os nobres romanos – cristãos e pagãos igualmente – as virtudes romanas tradicionais. É significativo, a esse respeito, que, antes de ser papa, ele era governador da cidade de Roma (o equivalente aproximado de um prefeito). Como papa, pagou soldados para defender a cidade. Recorreu aos recursos papais para subornar os lombardos, uma nação germânica que tinha estabelecido um reino agressivo no norte da Itália, para os manter distantes de Roma, e em 595 assinou um tratado com eles em nome do imperador residente na distante Constantinopla (atual Istambul). "Sob o pretexto de ser nomeado bispo", observou em uma carta, "fui trazido de volta ao mundo, e me dedico a coisas seculares em uma extensão muito maior do que me lembro de ter feito quando era leigo".

Gregório não gostava de desempenhar muitos dos deveres que sua posição lhe impunha, embora ele os tenha executado muito bem. Da nossa perspectiva do século XXI, esses deveres parecem estranhos ao nosso sentido de propriedade episcopal e ao nosso princípio de separação da Igreja e do Estado. Temos de reconhecer, no entanto, o lado positivo dessa situação. Esses bispos, incluindo o bispo de Roma, sentiam-se responsáveis não apenas pelo seu rebanho dentro das suas cidades, mas também pelos pagãos dentro delas. A compreensão deles não era estritamente eclesiástica do âmbito de seu ofício e das responsabilidades locais.

Em 596, Gregório enviou à Inglaterra uma missão sem precedentes de 40 monges chefiados por Santo Agostinho de Cantuária, um empreendimento que produziu um fruto que, em sua abundância, certamente superou as mais caras esperanças de Gregório. Essa foi a primeira vez que um papa empreendeu o lançamento de uma missão evangelizadora, e foi, com qualificação, a última praticamente até hoje. Estranho dizer que tais missões nunca figuraram muito na agenda papal, em parte porque nos grandes séculos de atividade missionária no início da Idade Moderna, as ordens religiosas e os reis de Espanha, Portugal e França tomaram a iniciativa. Os papas estavam com as mãos cheias na Europa.

Os lombardos continuaram a ameaçar Roma e arredores durante mais um século e meio depois de Gregório. Quando os cristãos arianos entraram pela primeira vez na Itália, eles gradualmente se converteram à ortodoxia romana, mas a conversão não os tornou menos agressivos ou menos famintos de poder. As suas exigências de tributo e os seus exércitos ameaçadores intimidavam a paz da península e o efetivo trabalho dos bispos. Em 752, Astolfo, o rei dos lombardos, apareceu nos portões de Roma e exigiu um tributo anual. O desespero dessa situação levou o Papa Estêvão II a fazer o inédito: atravessar os Alpes (o primeiro papa a fazê-lo) e procurar ajuda de Pepino, o rei dos francos, pai de Carlos Magno. Estêvão apareceu perante o rei em trajes penitenciais, jogou-se no chão e suplicou a Pepino que libertasse Roma da ameaça lombarda. Ele foi bem-sucedido. Pepino concordou.

A repercussão desse acontecimento na história subsequente do papado, para os próximos mil anos, e na descrição do trabalho do papa, são tão colossais que nos deixam sem fôlego. Pepino desceu para a Itália com seus exércitos, derrotou os lombardos, e fez uma enorme concessão de terras a Estêvão e seus sucessores, que, em princípio, se não de fato imediatamente, criaram para os papas seu próprio reino. Essa Doação de Pepino, como foi chamada, foi a fundação dos estados papais [ou estados pontifícios], sobre os quais os papas reinaram por mais de mil anos até 1870 (apenas um século e meio atrás). O domínio papal não era uma cidade-Estado insignificante. Compreendia em toda a sua extensão cerca de 50% da massa de terra da Itália entre Nápoles e Milão, estendendo-se no Leste ao longo do Adriático quase até Veneza.

Governando os estados papais

Somente com o tempo os papas reconheceram explicitamente o fato de que, além de serem bispos de Roma, eles eram agora reis; e, na verdade, era isso que eles eram. A história da tentativa deles de controlar o território disperso que reivindicavam como próprio, é um balanço entre uma caótica e ordenada – embora muitas vezes ressentida – regra. Lidar com os estados papais consumia imensas quantidades de tempo, energia e recursos do papa, e, na prática, esses negócios eram, muitas vezes, o ponto principal na descrição do trabalho deles.

Por que a determinação de manter a posse desse território? Os estados por vezes serviram como um amortecedor para conter ou desviar exércitos inimigos com a intenção de marchar para Roma. Quando tudo correu bem, os estados foram uma fonte de renda considerável. Eles acrescentavam prestígio à pessoa do papa, e, em certas épocas, forneciam ducados que podiam ser outorgados aos parentes para o avanço da fortuna e do prestígio da família. A razão mais fundamental para a determinação dos papas em manter e controlar esses estados, porém, foi a convicção de que se tratava de uma confiança sagrada, dada a São Pedro, e, por conseguinte, valia qualquer sacrifício. Os estados eram, como todos os presentes oferecidos a São Pedro, um dom perpétuo, destinado a durar para sempre. Em 1870, o Papa Pio IX e os seus colaboradores mais próximos não podiam acreditar que Deus permitiria a ocupação de Roma e a tomada dos estados pelo exército italiano, e o sucessor de Pio, Leão XIII, tão convencido disso quanto Pio, gastou um considerável capital diplomático trabalhando para sua restauração.

A ideia de que São Pedro poderia estar satisfeito com a posse de muita terra é totalmente alheia ao nosso pensamento contemporâneo sobre a Igreja. No entanto, a carta do Papa Gregório VII ao Rei Salomão da Hungria (28 de outubro de 1074) deixa pouca dúvida de que essa foi a persuasão do pontífice. Ele disse a Salomão:

> Tua carta teria sido mais graciosamente recebida em nossas mãos se tuas observações irrefletidas não tivessem sido tão gravemente ofensivas a São Pedro. Pois, como podes aprender com os principais homens do teu país, o reino da Hungria já foi oferecido há muito tempo e devotadamente entregue a São Pedro pelo Rei Estêvão, como a propriedade plena da Santa Igreja Romana, sob sua completa jurisdição e controle... Nem o medo, nem o favor, nem qualquer respeito pelas pessoas, tanto quanto em nós reside, nos impedirão de reivindicar, com a ajuda de Deus, toda a honra possível devida a Pedro, de quem somos servos.

Cerca de um século mais tarde, o Papa Inocêncio III, em uma disputa com o Rei João da Inglaterra sobre uma nomeação episcopal, colocou a Inglaterra sob interdito e, quando o rei finalmente se rendeu, recebeu esse reino como um feudo para São Pedro. Do século IX ao século XVI, pelo menos, a chamada Doação de Constantino influenciou o pensamento papal nessa mesma linha. Essa notória falsificação, cujas origens precisas até meados do século IX ainda eram disputadas, supostamente era um documento do início do século IV, do Imperador Constantino ao Papa Silvestre. No documento, o imperador concedeu ao papa em perpetuidade, entre outras coisas, extensas terras e edifícios como propriedade papal, o direito de usar a insígnia imperial e, mais importante, "todo o poder" sobre Roma, Itália e a porção ocidental do Império Romano.

Foi a Doação de Constantino que levou o Papa Gregório VII, em 1075, a afirmar "que somente o papa poderia usar a insígnia imperial" e "que o papa é o único cujos pés deveriam ser beijados por todos os príncipes". A doação foi, pelo menos parcialmente, responsável pela afirmação de Gregório de que "o papa pode depor imperadores". Gregório foi o primeiro papa a fazer tal afirmação. Ele agiu um ano depois ao depor o Imperador Henrique IV, a primeira deposição desse tipo. Os papas subsequentes continuaram de tempos em tempos a exercer o direito de depor e excomungar governantes, mas esse poder desapareceu completamente da lista de responsabilidade deles depois de o Papa Pio V, em 1570, ter excomungado Elizabeth I da Inglaterra, e libertado os súditos dela do juramento de lealdade para com ela. Os tempos estavam mudando.

Validando imperadores

No dia de Natal em 800, muito antes de Gregório ter deposto o Imperador Henrique ou de Pio ter deposto Elizabeth, uma cena extraordinária aconteceu durante a missa na Basílica de São Pedro, em Roma. Em um determinado momento, o Papa Leão III colocou a coroa imperial na cabeça de Carlos Magno, o filho de Pepino e rei dos francos. Tudo na cena era sem precedentes. Um papa criou um imperador, aparentemente tendo ele mesmo decidido quem seria esse imperador. Além disso, um imperador presumivelmente legítimo – mais precisamente, imperatriz (Irene) – subiu ao trono em Constantinopla. Ela, estupefata, só soube do acontecimento depois do fato. Ações como essa pioraram as relações já desgastadas com o mundo de língua grega e contribuíram para o Grande Cisma do Oriente de 1054, que não foi curado em um nível oficial até 1965, na época do Concílio Vaticano II.

Após a dramática imposição de Leão III da coroa na cabeça de Carlos Magno, os papas tiveram pouco controle sobre a eleição do imperador. De fato, durante um longo período a situação se inverteu – ao ponto de o papa precisar ser aprovado, ou mesmo escolhido, pelo imperador. Mas ser coroado pelo papa foi durante séculos considerado essencial para validar a eleição imperial. A validação do imperador durou sete séculos e escapou da descrição do ofício papal apenas no século XVI.

Agindo como soldados

Como você já ouviu muitas vezes, a sociedade na Idade Média foi supostamente dividida em três categorias: monges, camponeses, e nobres, e a cada uma das quais foi atribuída uma função característica – *orare* (rezar) para os monges, *laborare* (trabalhar) para os camponeses, e *militare* (militar) para os nobres. Especialmente à medida que os séculos foram passando, essas categorias revelaram-se cada vez mais inadequadas para cobrir a variedade de ocupações que as pessoas se dedicavam. No entanto, os soldados continuavam a ser a especialidade dos membros das classes altas que, entre outras coisas, eram ricos o suficiente para possuírem seus próprios cavalos.

Os papas eram quase invariavelmente oriundos dessa classe alta. Assim sendo, não devemos ficar surpreendidos por alguns deles terem sido soldados, mas talvez fiquemos surpreendidos por saber que alguns deles exerceram as suas habilidades militares como papas. Do Papa Bento VIII (início do séc. XI) está escrito que com "seu capacete na cabeça, um casaco de correio no seu corpo, ele próprio policiava os estados papais". São Leão IX, designado papa em 1049 pelo Imperador Henrique III, foi um dos papas mais importantes de toda a Idade Média porque ele lançou o poderoso movimento que se tornaria conhecido como a Reforma Gregoriana da Igreja. Primo do imperador, ainda jovem liderou as tropas fornecidas por seu bispo em uma campanha imperial no norte da Itália. Como papa, ele pessoalmente liderou uma pequena e mal-equipada força contra os normandos ao sul de Roma, um esforço que terminou em sua rendição e captura.

O Papa Júlio II, o genial mecenas de Bramante, Rafael e Michelangelo, é, naturalmente, o mais conhecido dos papas guerreiros. Ele estava determinado a estabelecer um controle efetivo sobre os estados papais e, em 1506, em uma brilhante campanha militar liderada por ele mesmo – em armadura completa e acompanhado por seus cardeais –, ele arrancou as importantes cidades de Perúgia e Bolonha dos pequenos tiranos que as governavam. Com essa campanha vencida, ele voltou suas forças alguns anos mais tarde contra os franceses, que estavam fortemente estabelecidos no norte da Itália, e levou suas tropas a expulsá-los, com o grito de guerra *Fuori i barbari*, "Fora com os bárbaros!"

Mas, sim, os tempos estavam mudando. Com a eclosão da Reforma, poucos anos depois da morte de Júlio, os papas começaram a perceber que tinham de se comportar de uma maneira que os cristãos dos novos tempos julgavam mais condizente com seu ofício. No entanto, a guerra estava na agenda papal. Os papas do século XI ao século XVII apelaram repetidamente a cruzadas – guerras santas – contra os infiéis muçulmanos. Em 1095, no Sínodo de Clermont, no centro da França, o Papa

Urbano II lançou um apelo apaixonado – *Deus vult!*, "Deus quer!" – especialmente aos cavaleiros franceses para que pegassem em armas para ajudar o Imperador Aleixo de Constantinopla a defender a Cristandade oriental contra os turcos seljúcidas e, igualmente importante, para que as cruzadas continuassem a libertar a Terra Santa dos "infiéis". Embora tenha terminado em um terrível banho de sangue durante a captura de Jerusalém, essa é a única cruzada que pode ser considerada bem-sucedida, na medida em que capturou a Palestina e a manteve durante um século.

Mas, 50 anos depois com a queda de Edessa, o Papa Eugênio III convocou a Segunda Cruzada. Na esteira de contratempos mais sérios, o Papa Gregório VIII convocou a Terceira, e, em 1204, Inocêncio III, a Quarta, que culminou no saque e na queima de Constantinopla, não pelos turcos infiéis, mas pelos cristãos das cruzadas enviados para defendê-la. A última foi uma atrocidade que os ortodoxos nunca esqueceram. Além disso, Inocêncio foi o primeiro papa a convocar uma guerra contra os hereges, a Cruzada Albigense no sul da França.

Os historiadores geralmente listam mais cinco cruzadas na Idade Média, mas numerá-las torna-se complicado. O importante é notar que o financiamento e a organização de expedições militares para o Oriente foi uma preocupação absolutamente importante e quase constante dos papas do final do século XI em diante, mesmo que na maioria das vezes eles não tenham sido capazes de reunir apoio. Eles criaram impostos sobre os eclesiásticos em toda a Europa para ajudar a pagar as operações militares reais ou esperadas.

Em 1453, Constantinopla finalmente caiu nas mãos dos turcos, o que acrescentou nova urgência à situação. O Papa Nicolau V anunciou imediatamente uma cruzada. Nada aconteceu. Seus sucessores no início da Renascença, como Calisto III e Pio II, estavam obcecados em recuperar a cidade para os cristãos. Pio, desencorajado pelo seu fracasso em reunir reis e príncipes para a causa, decidiu liderá-la – "embora eu esteja velho e doente" – apenas para morrer em Ancona, na costa leste da Itália, enquanto aguardava navios que nunca chegaram.

Essas cruzadas medievais foram ofensivas ou guerras defensivas? Eu penso que é possível argumentar de ambos os lados. As cruzadas no início da Idade Moderna eram mais claramente defensivas. Depois da queda de Constantinopla, os turcos tornaram-se mais agressivos contra o Ocidente, e, em 1529, tinham penetrado até Viena. Enquanto isso, os seus navios vagueavam livremente pelo Mediterrâneo, que eles controlavam virtualmente. Para os papas desse período, a guerra santa contra os infiéis era indiscutivelmente mais urgente do que lidar com a Reforma. Em sua bula convocando o Concílio de Trento em 1542, Paulo III se refere à ameaça turca sob as rubricas "nosso inimigo sem Deus e impiedoso" e "nosso inimigo cruel e eterno".

Trinta anos mais tarde, Pio V convocou Veneza e Espanha para uma derrota da frota turca em Lepanto, uma batalha que as galés papais do almirante Marco Antônio Colonna travaram ao lado dos espanhóis e dos venezianos. Um século mais tarde, o Bem-aventurado Papa Inocêncio XI mobilizou uma Liga Santa contra os turcos que recuperaram a Hungria e Belgrado, a última grande iniciativa papal desse tipo. Como acabei de referir, os papas, a partir do século VIII em diante, comandaram a sua própria marinha, cujas galés eram majoritariamente tripuladas por criminosos condenados e escravos muçulmanos. Os exércitos papais (dos quais os atuais guardas suíços são vestígios) eram relativamente pequenos se comparados com os das grandes monarquias. Ainda assim, eles foram responsáveis por 40% das despesas papais no final do século XV. As forças papais travaram sua última batalha em 20 de setembro de 1870, quando fizeram uma defesa simbólica de Roma contra as tropas italianas, que então tomaram a cidade e acabaram com o poder temporal do papa.

Governando

Mas estou à frente de mim mesmo. Para a ordem interna dentro de Roma e nas cidades dos estados papais, os papas criaram várias forças policiais, das quais a mais conhecida foram os gendarmes pontifícios, por vezes conhecidos no século XIX como *"carabinieri* papais". Durante o final do século XVI, o Papa Sisto V, determinado a colocar ordem nos estados e a assegurar o controle efetivo deles, instituiu um rigoroso código de justiça que, durante o seu pontificado, levou à execução pública de centenas de bandidos. Ele também ordenou a pena de morte para aborto, incesto, sodomia e calúnia.

Sisto chegou ao extremo, mas os papas continuaram as execuções públicas até a tomada de Roma em 1870 pelo exército italiano. Se, na sua próxima viagem a Roma, você visitar o Museu de Criminologia (*Museo di Criminologia*), administrado pelo Estado, próximo à Via Giulia, você encontrará a guilhotina papal, com 12m de altura. Foi usada em 9 de julho de 1870, enquanto o Concílio Vaticano I estava em sessão, apenas dois meses antes da tomada da cidade.

Em 1588 o mesmo Papa Sisto V reorganizou a Cúria Romana em 15 departamentos, ou gabinetes, que ele chamou de "congregações", criando assim a estrutura da cúria com a qual estamos familiarizados hoje. A reorganização transformou o papado de sua forma consistorial anterior, segundo a qual as iniciativas papais eram debatidas em pleno encontro dos cardeais residentes em Roma – atuando como uma espécie de senado –, em uma monarquia mais absoluta na qual os chefes do departamento relatavam um de cada vez ao papa. Embora extraordinariamente importante, portanto, como um aumento dos poderes executivos do papa, a reorganização também revela como o governo dos estados preocupava os papas. Das quinze congregações criadas ou reorganizadas por Sisto, sete eram para os estados. Eles incluíram uma congregação para a universidade de Roma, uma para as estradas, pontes e aquedutos, e uma para a Marinha.

Você provavelmente está se perguntando neste momento se os papas já fizeram alguma coisa que hoje reconhecemos como responsabilidades importantes deles. Sim, claro que fizeram. Eu expliquei as outras responsabilidades que eles tinham para enfatizar o quanto a cultura em que viviam determinava as responsabilidades que assumiam, e também para enfatizar o extraordinário grau em que governar os estados preencheu espaço na descrição de trabalho deles por mais de um milênio.

A disputa do século III entre o Papa Estêvão e São Cipriano, bispo de Cartago, sobre a validade do Batismo administrado por hereges ou cismáticos ilustra a confiança do bispo de Roma na autoridade especial de sua sé nas questões de disciplina e doutrina, uma confiança que só se fortaleceria com o passar do tempo. A convicção se tornou generalizada, de que na doutrina, a Igreja Romana não errava. A declaração do Papa Pio IX, em 1854, de que a Imaculada Conceição da Virgem Maria era um dogma revelado por Deus para ser acreditado por todos os fiéis, foi, no entanto, tão inédita, que fez das definições de dogma um novo item na lista de tarefas papais – embora depois de apenas um outro papa, Pio XII, ter emitido outra definição semelhante.

Durante a Idade Média, os papas acrescentaram o direito de convocar um concílio ecumênico à lista das suas responsabilidades. O reconhecimento desse direito/responsabilidade foi crescendo gradualmente e foi duramente contestado. Como você sabe, os imperadores romanos (ou imperatriz, em um caso) convocaram os primeiros oito concílios ecumênicos, nos quais os papas nem sempre desempenharam papéis importantes. Mas os papas, assim como muitos outros bispos em toda a Igreja, muitas vezes convocavam sínodos ou concílios locais para lidar com questões locais ou imediatas. Na esteira da Reforma Gregoriana em meados do século XI, esses sínodos romanos, muitos que eram, começaram a assumir maior importância, porque muitas vezes lidavam com a tensa relação entre o papado e o imperador alemão e outros governantes, sobre assuntos de Estado eclesiástico que afetavam grandes áreas da Igreja ocidental.

Em retrospecto, alguns desses sínodos começaram a ser considerados ecumênicos (Latrão I, II, III e IV, p. ex.). Após o Concílio de Constança, no início do século XV, especialmente na esteira do mais recente turbulento Concílio de Basileia, os papas começaram a reivindicar expressamente o direito exclusivo de convocar tais concílios. Na época do Concílio de Trento, um século mais tarde, o direito era de modo geral, embora com certeza não universalmente, reconhecido. A reivindicação provavelmente teria tido um tempo mais difícil para crescer se não tivesse ocorrido independentemente da Igreja de língua grega. Em todo o caso, o primeiro Código de Direito Canônico (1917) consagrou o direito em termos absolutos: "Não existe um concílio ecumênico a não ser que seja convocado pelo romano pontífice... e é direito do pontífice transferir o concílio, suspendê-lo, dissolvê-lo e confirmar os seus decretos".

Durante o seu pontificado, o Papa João Paulo II canonizou 482 santos e declarou beatos 1.338 indivíduos. Se o papa, e somente o papa, tem um trabalho incontestado, canonizar santos parece ser isso mesmo. No entanto, tal como acontece com o direito exclusivo de convocar concílios, esse direito só se desenvolveu gradualmente. Só em meados do século XIII é que os papas o reivindicaram oficial e definitivamente como deles próprios. Nos primeiros séculos, todos os mártires da fé, que eram muitos, eram automaticamente considerados santos; mas, por causa de algumas afirmações possivelmente fraudulentas, os sínodos ou concílios locais realizavam o exame das evidências e se pronunciavam sobre a validade da canonização. Com o desenvolvimento do culto dos santos não mártires, as aclamações espontâneas de santidade se tornaram mais problemáticas. Novos critérios tiveram de ser aplicados. No século IX a legislação dos reis francos Carlos Magno e Luís o Piedoso especificava que, no futuro, apenas o bispo local poderia autorizar a veneração e transferir as relíquias de uma pessoa para um local de culto público.

Na sequência da Reforma Gregoriana, que implicou na determinação do papa em ser independente dos governantes seculares, desenvolveram-se as reivindicações papais. No início do século XII, a autorização do culto ocorreu em sínodos ou concílios presididos pelo papa. Quando Eugênio III, em 1146, decidiu por sua própria autoridade canonizar o Imperador Henrique II, ele deu o passo decisivo. Em 1215, o IV Concílio do Latrão, sob Inocêncio III, proibiu qualquer nova veneração de relíquias em qualquer lugar sem autorização papal. Duas décadas mais tarde, o Papa Inocêncio IV insistiu na reserva absoluta do direito ao papa porque a canonização implicava o culto ao santo de maneira solene e em toda a Igreja.

Talvez nenhum item da descrição do trabalho papal de hoje seja mais importante e tenha mais influência imediata e profunda na vida da Igreja do que a nomeação de bispos. Mesmo se eu dedicasse a minha palestra exclusivamente a esboçar, em termos mais amplos, a história complicada e volátil dessa questão, eu não lhe poderia fazer justiça. Os destaques, no entanto, são esses. Desde os primeiros tempos os presbíteros e o povo elegiam o bispo da sua cidade, um princípio em que os papas do século V, incluindo Leão Magno, insistiram. No início da Idade Média, sob o sistema feudal em evolução, os líderes locais começaram a designar homens fiéis a eles para o cargo, embora por vezes a formalidade das eleições tenha persistido.

Os papas da Reforma Gregoriana reagiram ferozmente contra essa prática, exigindo a eleição livre de bispos e abades. O confronto deles, especialmente com o imperador alemão, explodiu na Controvérsia das Investiduras, uma luta amarga que, entre outras coisas, incluiu um dos piores saques de Roma em sua história. No final, os papas tiveram de fazer algumas concessões, mas o IV Concílio do Latrão (1215) decretou que os bispos seriam eleitos pelo capítulo da catedral.

Numa virada curiosa da posição anterior deles, os papas tinham, no século XIV, concebido meios através dos quais eles próprios podiam, em muitos lugares, instalar os seus próprios candidatos. Apenas um século mais tarde, porém, com o desenvolvimento de fortes monarquias na França, Espanha e Portugal, os papas, numa série de decisões separadas, entregaram a esses reis o direito de nomeação, algo que os papas anteriores tinham se oposto amargamente. Naturalmente, eles reservaram para si próprios a aprovação final, que, na maioria dos casos, era praticamente automática.

Esse arranjo, estendido a outros monarcas, durou até a Revolução Francesa, que varreu os monarcas mesmo fora da França de seus tronos. As monarquias mais tarde retornaram na maioria dos lugares, mas nunca desfrutaram da mesma estabilidade e poder. (Você se lembra que precisamente neste momento John Carroll, o primeiro bispo nos novos Estados Unidos da América, insistiu com Roma para que ele fosse eleito pelo seu clero – a primeira e última vez que aconteceu nesse país.) No século XIX os papas fizeram concordatas com os estados protestantes, nas quais os capítulos da catedral elegeram o bispo, tendo previamente verificado que o governo não fazia objeção ao candidato.

Mas nas novas situações políticas do século XIX, que incluíram novos empreendimentos missionários, os papas pouco a pouco expandiram o seu direito de nomeação. Pio IX viu com horror a unificação da Itália, em meados do século, uma vez que necessariamente significava o fim dos estados papais. No entanto, como essa unificação também pôs fim a outras unidades políticas na Itália, entregou nas mãos do papa a nomeação dos bispos que anteriormente tinha estado nas mãos dos governantes desses estados. Em concordatas, os papas fizeram acordos diferentes com os governos, mas a tendência foi sempre no sentido de um maior controle papal. O cânon 329 do código de 1917 estabeleceu pela primeira vez na história a norma absoluta: "O romano pontífice nomeia livremente os bispos".

Outro cânon afirmou que o papa poderia conceder certos aspectos desse direito, mas a suposição era de que toda a autoridade recaía sobre o papa. O cânon correspondente do código de 1983 (377), atualmente em vigor, não é, surpreendentemente, tão absoluto: "O sumo pontífice nomeia livremente os bispos ou confirma os legítimos eleitos".

Ensinando

Papel ampliado e novos gêneros

No século XIX, os papas acrescentaram o ensino ao elenco de suas funções. Tornaram-se professores. Ou, melhor dizendo, eles se tornaram professores de uma maneira mais expandida e recém-professada. Seu principal veículo para isso era a encíclica. Eles usaram esse meio para propor, expor e elaborar posições morais, teológicas e doutrinárias de uma maneira praticamente sem precedentes. Por definição, uma encíclica é uma carta circular e, como tal, foi usada por papas e por outros da Antiguidade. Mas, no século XIX o seu significado mudou de tal forma, que emergiu como um novo gênero.

Como a encíclica moderna difere dos gêneros anteriores fornecidos pelos papas por seus pronunciamentos? A premissa geralmente subjacente aos gêneros anteriores, como bulas e breves, era que o papa era um juiz ou um distribuidor de favores. Ele decidia casos entre partes em conflito. Como disse Santo Tomás, é função do papa *finaliter determinare* – isto é, atuar como tribunal de apelação final. Ele conferia benefícios, emitia ordens executivas a respeito de práticas litúrgicas e assuntos semelhantes, e, em ocasiões relativamente raras, por si só, condenou opiniões heréticas ou ofensivas. Na medida em que o papa "ensinava", ele o fazia na maioria das vezes de maneira negativa, condenando uma opinião errada. Embora tenha havido muitas exceções, os papas geralmente não emitiam uma opinião correta ou desenvolviam alternativas. A condenação de Lutero pelo Papa Leão X na bula *Exsurge, Domine* é um exemplo famoso. Não é nada mais do que uma lista de erros de Lutero. As encíclicas papais que se desenvolveram no século XIX certamente não hesitaram em condenar os erros, mas também desenvolveram temas, como faria um professor em uma sala de aula.

Mesmo assim, na Idade Média e no início do Período Moderno, os papas raramente, por si sós, emitiam condenações como *Exsurge, Domine*. Essa tarefa coube aos concílios locais ou gerais e, depois do século XIII, às faculdades teológicas das universidades. Lembre-se que as universidades de Paris, Lovaina e Colônia condenaram Lutero independentemente de Leão X.

O aumento do uso da encíclica pelo papa é indicativo da sua crescente importância. Das duas emitidas no final do século XVIII por Pio VI ao longo de 24 anos e da emitida pelo seu sucessor ao longo de um pontificado de 23 anos, passamos para 38 por Pio IX em meados do século XIX e depois para 75 pelo seu sucessor, Leão XIII. Muitas dessas encíclicas, é verdade, tratavam de problemas ou situações locais, e algumas promoviam certas práticas piedosas. Mas o simples aumento do número indica um novo modo de autoridade do magistério papal, que comprometeu os papas a um número cada vez maior de posições sobre uma ampla gama de questões.

Enquanto isso, os papas começaram a fazer uso de outras formas de comunicação para expressar seus ensinamentos e seus pontos de vista, tais como direções a grupos de peregrinos, discursos na rádio e homilias. Desde o início da era do jato, as audiências semanais para milhares de peregrinos na Praça de São Pedro e as viagens dos papas a todos os cantos do mundo têm proporcionado ocasiões para discursos papais antes desconhecidos. O Papa João Paulo II emitiu apenas 14 encíclicas ao longo de 26 anos, um número relativamente modesto, mas o fluxo de outros documentos dele, como exortações apostólicas, cartas apostólicas e constituições apostólicas, foi considerável, para não falar das suas homilias e outros discursos.

Pio XII, em meados do século XX, foi o primeiro papa sobre o qual esse fenômeno de aumento das comunicações explodiu notavelmente em cena. Seus discursos e outros documentos enchem 20 volumes de 500 a 600 páginas cada um. Ao mesmo tempo, os papas, pelo menos tacitamente, encorajaram as congregações da Cúria Romana a emitir julgamentos, instruções e opiniões sobre questões doutrinárias e morais. A Santa Sé assumiu, assim, uma função anteriormente reservada aos teólogos e colocou-se numa relação competitiva – potencialmente adversária – com eles, sobretudo quando por vezes parecia estar agindo de forma partidária. Esse desenvolvimento ajuda a explicar os conflitos do nosso tempo entre os teólogos e o "magistério papal".

A pessoa pública

As viagens aéreas, ferroviárias e rodoviárias têm proporcionado mais ocasiões para declarações papais, mas também têm transformado os papas em líderes de grandes comícios. Desde a peregrinação de Paulo VI à Terra Santa em 1964, que foi o fim definitivo do papel de "prisioneiro do Vaticano" (papel que os papas desempenharam depois da tomada de Roma e dos estados em 1870), o papa, entre gritos e aplausos, presidiu a grandes reuniões, onde um dos principais objetivos é despertar entusiasmo e apoio para o cargo que desempenha. Graças à fotografia e à televisão, poucos são os católicos do mundo de hoje que não reconhecem o rosto do atual pontífice, e praticamente todos sabem seu nome. Promover a "lealdade ao papa" se tornou uma das principais responsabilidades dos papas, assim como levar essa lealdade ao coração agora, por vezes parece ser quase o cerne da autodefinição católica.

Essa personalidade cada vez mais pública dos papas, juntamente com a liberdade política que ganharam com a perda dos estados papais, abriu um novo papel aos papas como porta-vozes das causas que afetam a humanidade no seu conjunto. A encíclica de Leão XIII, *Rerum Novarum*, pedia salários justos e condições de trabalho humanas para todos os trabalhadores, independentemente da religião. A denúncia de Bento XV da Primeira Guerra Mundial como um "massacre sem sentido" e "uma carnificina hedionda" fez cair sobre a sua cabeça a ira dos aliados e dos poderes centrais, mas essa mobilização dos recursos do Vaticano, quase ao ponto da falência, na ajuda imparcial às vítimas da guerra, lhe rendeu respeito mesmo entre os que estavam fora do meio cristão. Talvez o tributo mais surpreendente a esse respeito seja o monumento a ele erguido na cidade muçulmana de Istambul, onde a inscrição diz, em parte, "o grande papa da tragédia mundial... o benfeitor de todas as pessoas, independentemente da nacionalidade ou da religião".

Essa nova situação proporcionou a Paulo VI, em 1965, a oportunidade de se dirigir às Nações Unidas, onde se apresentou como "um homem como vós, vosso irmão", e de lançar o seu apaixonado apelo à paz: "Chega de guerra! Guerra nunca mais! É a paz, a paz que deve guiar o destino dos povos do mundo e de toda a humanidade". A recente (e difícil de alcançar) ratificação no Vaticano II da declaração sobre a liberdade religiosa, *Dignitatis Humanae*, deu-lhe, além disso, garantia de falar com ousadia à ONU sobre direitos humanos: "O que proclamais aqui são os direitos e deveres dos seres humanos – sua dignidade, sua liberdade, e, acima de tudo, sua liberdade religiosa". Ações como essas de Leão, Bento e Paulo indicam uma modificação sutil, mas significativa, de valores e prioridades para os sucessores de Pedro.

Espero que esse rápido esboço dos ofícios mais importantes que os papas empreenderam no seu ministério petrino tenha sido esclarecedor e tenha contribuído para uma melhor compreensão do múnus papal hoje. O meu objetivo maior tem sido, através do exame de uma instituição, o papado, fazer compreender que as mudanças na cultura em geral – a cultura secular, se quiserem – têm um impacto muito mais radical na Igreja do que geralmente se considera. Mesmo os papas têm apenas um controle imperfeito sobre a direção da Igreja – controle imperfeito até mesmo sobre os modos e a agenda do cargo que ocupam.

Mas e quanto ao futuro? A história sofre mudanças repentinas, inesperadas e radicais que ninguém jamais poderia prever. Em 1517, por exemplo, quem teria pensado que um obscuro frade agostiniano, ensinando em uma universidade de terceira categoria em um remanso cultural conhecido como Wittenberg, iria, em poucos anos, colocar a Europa em seus ouvidos? Tudo o que se pode dizer com segurança em 2009 é que, em 2109, as coisas serão diferentes.

Permitam-me concluir, no entanto, mencionando um novo e surpreendente desenvolvimento possibilitado pela declaração do Vaticano II sobre as religiões não cristãs, *Nostra Aetate*. No passado, como vimos, os papas eram catalisadores dos santos contra os fiéis muçulmanos. As ações de João Paulo II significaram não apenas uma renúncia implícita, mas dramática, a qualquer coisa parecida com esse papel, mas também a assunção de outro – construtor de pontes, companheiro de peregrinação e agente de promoção do respeito e compreensão mútuos. Ele se encontrou com muçulmanos mais de 60 vezes durante o seu pontificado. Em 1985, realizou um comício com jovens muçulmanos em Casablanca, no qual disse: "Acreditamos no mesmo Deus, o Deus vivo que criou o mundo e que leva suas criaturas à perfeição". Ele foi o primeiro papa a entrar em uma mesquita (em Damasco, maio de 2000), e lançou no Vaticano cinco diálogos permanentes com grupos muçulmanos.

A esse respeito, o Papa Bento XVI é mais bem conhecido pelas suas infelizes observações em Regensburg, mas ele também tem tentado atenuar o antagonismo entre as duas religiões que a catástrofe do 11 de setembro inflamou. Como é bem sabido, ele de fato vê a religião muçulmana como uma aliada com ele contra o secularismo. Em 30 de novembro de 2006, ele esteve ao lado do Grande Mufti, na Mesquita Azul de Istambul, em um momento de oração silenciosa. Será que, no futuro, os papas terão um papel mais necessário do que construtores de pontes e agentes de reconciliação em um mundo em que o ódio e o desespero, frequentemente alimentados pelo fanatismo religioso, prevalecem tantas vezes? João Paulo II, em todo caso, assumiu essa tarefa, e Bento XVI evidencia o reconhecimento de sua urgência.

"Tu és Pedro". Como incorporado em seus sucessores através dos séculos, Pedro se tornou uma pessoa bastante notável, versátil e até mesmo imprevisível.

3
Cardeais em conclave
Uma história conturbada

Publiquei este artigo em 2005, quando os cardeais se reuniram para o conclave que elegeu o Papa Bento XVI. As observações que eu fiz permanecem válidas, creio, embora desde então outro conclave tenha escolhido o Papa Francisco.

Depois de mais de um quarto de século, cardeais de todo o mundo estão mais uma vez reunidos no Vaticano, e logo serão sequestrados "em conclave" pelo tempo necessário para eleger um novo papa. Aguardamos ansiosamente os resultados, mas não teremos informações sobre o que acontece durante o conclave, porque os cardeais juram segredo absoluto. Todo o caso, pelo menos visto de fora, será digno e ordenado, exatamente o que devemos esperar de um empreendimento tão sério. No entanto, os nossos procedimentos atuais evoluíram, precisamente porque a eleição do papa nem sempre foi digna e ordenada. Muitas vezes foi tudo, menos isso.

De acordo com a antiga tradição, o bispo de Roma, como todos os bispos, era eleito pelo clero e pelo povo da cidade que presidia, ou pelo clero com a aquiescência do povo. Temos um exemplo impressionante dessa tradição no conhecido relato da escolha de Santo Ambrósio como bispo de Milão em 373 ou 374. Enquanto o clero e o povo se reuniam para a eleição do próximo bispo, Ambrósio, então o principal administrador civil da região, estava presente para garantir que a eleição prosseguisse pacificamente. Depois de se dirigir à assembleia, ele foi saudado com o grito de que era bispo, embora, até aquele momento, não tinha sequer sido batizado. "Bispo Ambrósio!", gritou a multidão. Ele aceitou a aclamação de se tornar um dos eclesiásticos mais destacados de uma geração que incluía São Jerônimo e Santo Agostinho.

Nem todas as eleições papais foram tão fáceis. A eleição de São Dâmaso, um contemporâneo de Ambrósio, foi dura e sangrenta. Com a morte do antecessor de Dâmaso, um motim eclodiu em Roma. Dâmaso e um homem chamado Ursino foram escolhidos por duas facções diferentes entre o clero. As autoridades civis, que favoreceram Dâmaso, tiveram de intervir para resolver a disputa, mas não antes que alguns bandidos que apoiavam Dâmaso tivessem atacado partidários de seu rival, reunidos no que viria a ser a Basílica de Santa Maria Maior. Eles deixaram mais de cem mortos antes de terminarem o tumulto. Dâmaso, que teve um pontificado extraordinariamente longo, de 18 anos, se tornou um dos papas mais importantes desse período da história da Igreja, especialmente lembrado pela sua amizade com São Jerônimo, a quem encorajou na tradução da Bíblia para o latim.

A eleição do bispo de Roma, por causa da importância política e emblemática dessa sé, continuou a ser particularmente conturbada nos tempos modernos. Enquanto muitas eleições ocorreram sem incidentes, muitas outras foram marcadas por rivalidades entre partidos em conflito, e geraram confusão sobre quem deveria ser considerado o bispo de Roma. Embora tenha sido acordado que a eleição estava nas mãos do "clero e do povo" da cidade de Roma, a falta de procedimentos claros facilitou a manipulação da eleição por aqueles que queriam aproveitar para si mesmos ou para suas famílias esse prestigioso e lucrativo prêmio.

Nesse sentido, a primeira metade do século X foi particularmente problemática e sórdida, pois o controle da eleição caiu nas mãos da nobreza local na cidade de Roma e arredores. No início do século, uma mulher chamada Marózia surgiu como a governante virtual da cidade. Ela viu o depoimento do Papa João X, que em 928 foi atirado para a prisão do Castelo Sant'Ângelo, onde quase certamente foi assassinado pouco tempo depois. Marózia então garantiu a eleição de seus candidatos – o Papa Leão VI e, com sua morte, o Papa Estêvão VII. Quando Estêvão morreu, por volta de 931, ela ganhou o bispado para seu filho, João XI, um jovem provavelmente apenas no final da adolescência. Apenas um ano depois, Marózia caiu do poder nas mãos de Alberico II, príncipe de Roma, que então controlou a eleição dos próximos cinco papas, o último dos quais, João XII, era seu filho ilegítimo. João XII tinha 18 ou 19 anos quando foi eleito, e logo seria conhecido pelo que um historiador chama de "sua desinibida e debochada vida".

Enquanto isso, um forte governante secular, Oto I, emergiu nos territórios do nordeste da Europa, que acabariam sendo conhecidos como Sacro Império Romano. João XII, sob o perigo de rivais políticos e militares após a morte de seu poderoso pai, foi forçado a pedir a Oto que o ajudasse. Oto concordou, jurou proteger o papa, veio para a Itália com seu exército, e em 2 de fevereiro de 962 foi coroado imperador por João XII na Basílica de São Pedro. Primeiro de tudo, Oto se certificou de que um sínodo advertisse o papa a reformar seu estilo de vida. Assim, ele insistiu que a partir de então, o papa livremente eleito deveria, antes de sua ordenação como bispo de

Roma, pronunciar um juramento de lealdade ao imperador em reconhecimento ao papel do imperador como senhor dos estados papais. Assim começou uma longa era de forte imperialismo "alemão" preocupado com o bispado de Roma, cujo detentor era – em razão do juramento – um vassalo do imperador.

Um dos maiores pontos de virada na história das eleições papais ocorreu em meados do século seguinte. Havia três homens que diziam ser o papa legítimo. Em 1046, o devoto Imperador Henrique III entrou na Itália Central determinado a resolver a disputa e a tomar medidas para reformar a Igreja, especialmente o bispado de Roma. Ele supervisionou o depoimento de cada um dos três rivais e, em seguida, nomeou Sigério de Bamberg como papa. Sigério morreu pouco depois, assim como o homem que Henrique designou como seu sucessor. Então, em 1049, Henrique nomeou seu primo, Bruno de Toul, que recebeu o nome de Leão IX. Ele foi o primeiro dos papas reformadores que promoveram o grande movimento conhecido como a Reforma Gregoriana.

A Reforma Gregoriana foi um fenômeno complexo, mas no seu cerne estava a determinação de restabelecer a antiga legislação canônica relativa à eleição livre e adequada dos bispos pelo clero local. Em nenhum lugar essa reforma era mais necessária do que em Roma, e apenas uma medida drástica como as intervenções de Henrique poderia ter tirado essa situação do atoleiro em que estava. Henrique nomeou o sucessor de Leão, mas quando Henrique morreu em 1056, as eleições em Roma ameaçaram mais uma vez cair no caos. Foi precisamente o que aconteceu em 1059, quando surgiram dois requerentes: Nicolau II, reformador, e Bento X, apoiado pela nobreza romana.

Com a ajuda da força militar fornecida por partidos amigos, Nicolau prevaleceu. O seu grande feito foi publicar em 1059 o decreto que regulava as eleições papais, que é o núcleo a partir do qual o atual sistema se desenvolveu. Colocou a nomeação do papa nas mãos dos bispos cardeais, assistidos por cardeais presbíteros, cuja escolha seria ratificada pelo resto do clero e pelo povo da cidade. Houve, naturalmente, esforços anteriores, em grande parte malsucedidos, para assegurar a eleição ordenada e canônica do papa, mas esse decreto de Nicolau II foi o primeiro a estabelecer um mecanismo administrativo para alcançá-lo.

O que são cardeais, e por que eles foram escolhidos para serem os principais protagonistas no processo eleitoral? O significado original do termo é duvidoso e grande parte da história é obscura. Mas está claro que no século VII os sacerdotes designados para cerca de 25 das principais paróquias de Roma eram chamados cardeais. Especialmente porque era considerado apropriado para as liturgias das grandes basílicas, como

São João do Latrão, Santa Maria Maior e São Pedro, serem presididas pelos bispos, logo se tornou costume para os bispos das pequenas cidades próximas a Roma, como Óstia e Palestrina, desempenharem essa função regularmente. Com o início da Reforma Gregoriana, esses bispos começaram a ter um papel mais ativo na assistência ao papa também de outras maneiras. Embora conservassem as suas próprias visões, podiam, em razão dos papéis que cada vez mais desempenhavam em Roma, ser considerados membros do clero da Igreja de Roma. (Eles foram chamados de bispos cardeais possivelmente porque foram quase incardinados na Diocese de Roma.)

Assim, mesmo para esses "forasteiros" os bispos cardeais, a tradição da eleição pelo clero da cidade foi mantida por uma espécie de ficção jurídica. Essa mesma ficção prevalece até hoje, pois os cardeais são membros da "Santa Igreja Romana" (*Sanctae Romanae Ecclesiae*, abreviado como S.R.E.) – isto é, da Igreja da cidade de Roma. Por essa razão, cada um deles tem uma igreja "titular" designada a ele na cidade, como se ele oficiasse regularmente ali. A razão pela qual o decreto de 1059 destacou os "bispos cardeais" para o papel principal na eleição parece ter sido dupla. Primeiro, como Roma não tinha uma sé metropolitana superior a ela para aprovar a eleição, os bispos cardeais desempenharam esse cargo de uma maneira um pouco diferente ao realmente elegerem o papa. Segundo, na época do decreto, as sete dioceses "suburbicárias" estavam mais ou menos nas mãos dos reformadores. O decreto, além de fornecer o modelo básico ainda em vigor hoje, também elevou o ofício bastante obscuro do cardeal a um de importância estratégica para o futuro da Igreja. Assim, os cardeais, como os conhecemos, são uma criação do século XI.

Durante os séculos seguintes, o decreto de 1059 não foi capaz de colocar fim às eleições disputadas, e os papas e antipapas continuaram a lutar pela sé de Pedro. A mais notória dessas disputas foi o Grande Cisma do Ocidente (1376-1415), quando durante meio século grupos de reivindicantes papais, e depois três, simultânea e teimosamente insistiram em sua própria legitimidade. O Concílio de Constança finalmente pôs fim ao escândalo depondo dois dos reclamantes, assegurando a renúncia do terceiro e procedendo à eleição de um novo papa, Martinho V, que ganhou aceitação universal.

Mesmo à parte dessas eventualidades espetaculares, os cardeais algumas vezes levaram uma quantidade excessiva de tempo – meses, até mesmo anos – para as suas deliberações. Uma razão para esses atrasos foi a provisão feita pelo Papa Alexandre III, em 1179, de que uma maioria de dois terços dos votos era necessária para uma eleição válida, uma medida significativamente modificada apenas em 1996 pelo Papa

João Paulo II. De qualquer forma, as longas deliberações levaram ao "conclave". A palavra significa, como nos dizem tantas vezes, "fechado a chave", das duas palavras do latim *con* (com) e *clavis* (chave). Quando, em 1268, o Papa Clemente IV morreu em Viterbo, os cardeais reuniram-se lá para eleger o seu sucessor. A eleição se arrastou durante três anos. Como a indignação pública aumentou em Viterbo, as autoridades civis primeiro trancaram os cardeais no palácio pontifício; quando isso não funcionou, eles os colocaram em uma dieta quase de inanição. (Diz a lenda que eles também, por último, removeram o telhado.) Embora não totalmente sem precedentes, essa foi a primeira ocasião de um conclave em sentido estrito – uma eleição papal sequestrada do mundo exterior.

Gregório X, o papa eleito nesse primeiro conclave, publicou uma bula em 1274 que tornou obrigatório o estrito isolamento dos cardeais, a fim de promover uma eleição mais rápida. Ele também obrigou os eleitores ao sigilo absoluto sobre as suas deliberações. O conclave tornou-se assim oficial. A medida foi, no entanto, suspensa intermitentemente pelos papas, com maus resultados. Os cardeais levaram 27 meses, por exemplo, para eleger em 1294 um sucessor do Papa Nicolau IV, e mais de dois anos para eleger em 1316 o sucessor de Clemente V. No entanto, a prática do conclave se tornou gradualmente normativa e, como aconteceu, tais deliberações prolongadas desapareceram.

Na Idade Média também aconteceram eleições na cidade onde o papa morresse. Os papas estavam frequentemente ausentes de Roma, geralmente em uma das cidades vizinhas dos estados papais, como Viterbo ou Orvieto. O último papa a ser eleito fora de Roma (até Pio VII, em Veneza, em 1800) foi Martinho V durante o Concílio de Constança. Desde então, todos os conclaves foram realizados em Roma – na Igreja de Santa Maria sobre Minerva, depois em diferentes capelas do Vaticano e, finalmente, na Capela Sistina, erguida pelo Papa Sisto IV (1471-1484).

Os regulamentos que impunham o sigilo eram frequentemente reiterados, mas as violações eram comuns. Do próprio Papa Pio II (1458-1464) temos um relato franco e divertido de sua eleição em sua autobiografia, publicada em inglês sob o título *Memoirs of a Renaissance Pope* [Memórias de um papa renascentista]. A partir do século XV, os relatórios enviados para casa pelos embaixadores de potências estrangeiras em Roma continham informações detalhadas sobre o número de votos recebidos, os votos dos diferentes candidatos e assuntos semelhantes. Pio IV, em 1562, teve algum sucesso na redução dessas violações de confidencialidade, mas somente em eleições mais recentes é que os conclaves foram quase hermeticamente selados.

A preocupação nas eleições mais recentes tem sido a de que os dispositivos de escuta eletrônica podem estar ocultos em lugares estratégicos durante o conclave, de modo que essas áreas precisam ser "varridas" para evitar esse tipo de coisa. Apesar de tais medidas, a informação continua, de alguma maneira, a encontrar o seu caminho para o domínio público.

Na última parte do século XV foi divulgado que, de fato, vários papas foram eleitos simplesmente porque eles ou seus promotores puderam comprar votos no Colégio dos Cardeais, um abuso que culminou notoriamente com a eleição em 1494 de Alexandre VI, Rodrigo Borgia. Poucos anos depois da morte de Alexandre, o Papa Júlio II, embora ele próprio se beneficiasse do sistema, publicou uma importante bula proibindo tal prática. Essa bula parece ter sido muito eficaz.

Os governantes civis, como vimos, desempenharam um papel importante – ora prejudicial, ora benéfico – na eleição do pontífice romano. A partir do século XVI, esse papel assumiu uma nova forma. O Imperador Carlos V parece ter sido o primeiro a elaborar uma lista de candidatos aceitáveis e inaceitáveis, que forneceu aos cardeais seus amigos. Em 1590, seu filho, o Rei Filipe II da Espanha, tornou pública uma lista de sete candidatos aceitáveis, insinuando que ele contestaria a eleição de qualquer um que não estivesse na lista. Gregório XIV foi eleito entre os favorecidos por Filipe.

Assim se desenvolveu o chamado poder de veto, ou poder de exclusão, que no final do século XVII os tronos de França, Áustria e Espanha estavam reivindicando como um "direito imemorial". Esse direito permitiu que cada um deles, por meio de um cardeal designado no conclave papal, vetasse um candidato quando ele parecia estar a uma distância impressionante de vencer a eleição. Ao longo dos séculos XVIII e XIX, o veto foi ocasionalmente exercido, mas mais frequentemente por indireta e ameaça do que por ação direta. A tentativa, em 1903, do Imperador Francisco José da Áustria de impedir a eleição do Cardeal Rampolla foi, no entanto, a última gota. O novo papa, Pio X, colocou um fim absoluto à prática, proibindo todo e qualquer "veto civil... mesmo que expresso na forma de um simples desejo".

Os regulamentos mais recentes relativos às eleições papais foram promulgados em 1996 por João Paulo II. Esses regulamentos basearam-se em regulamentos semelhantes emitidos em 1975 por Paulo VI, os quais, por sua vez, se basearam nos regulamentos estipulados por Pio XII em 1945. Pio XI tinha feito seus próprios ajustes em 1922. (Eu já mencionei os regulamentos de Pio X, mas não os de Leão XIII em 1882 nem os de Pio IX em 1871 e 1878.) Em 1808, Pio VII basicamente confirmou certas disposições decretadas por Pio VI em 1782 e 1789. Não foi fácil, infere-se, amarrar todas as pontas soltas e impedir todos os abusos possíveis. (O Papa Francisco fez os seus próprios ajustes.)

Por mais importantes que sejam esses documentos dos últimos séculos, eles não desafiam dois elementos básicos que surgiram entre os séculos XI e XIII e que persistiram até hoje: cardeais e conclaves. Esses são os dois pilares em que o sistema repousa. O processo eleitoral mantém, no entanto, vestígios ainda mais antigos. A tradição fundamental que remonta aos primeiros séculos do cristianismo é, como já mencionei, que os bispos são eleitos pelo clero e pelo povo de sua cidade. De uma maneira simbólica, é isso que acontecerá em breve em Roma. O novo papa será eleito pelos membros do clero da Diocese de Roma – os cardeais da "Santa Igreja Romana". Quando ele aparecer depois na sacada de São Pedro, surgirão aplausos do povo que, percebendo ou não, estará concordando com os resultados da eleição. Aqui temos um claro exemplo de como a conhecida máxima francesa deve por vezes ser invertida: quanto mais as coisas permanecem as mesmas, mais elas mudam.

4
Reforma da Cúria Romana
Perspectivas históricas e teológicas

A reforma da Cúria Romana tem sido um problema recorrente na Igreja, desde pelo menos o século XIV. Está intimamente relacionada ao fenômeno da papalização. Durante o escândalo do Banco do Vaticano em 2013 e logo após a eleição do Papa Francisco, Il Regno, uma revista católica altamente respeitada na Itália, me pediu este artigo, que aparece em inglês.

Em meio a toda a publicidade atual sobre as falhas e fracassos da Cúria Romana e os apelos por sua reforma, precisamos recuar por um momento e colocar a situação em um contexto maior. Temos de recordar que a reforma da cúria tem sido uma questão recorrente e, por vezes, insistente na história da Igreja. O que mudou ao longo dos séculos foram os problemas que precisam de solução. À medida que a cúria mudou, os problemas mudaram.

A instituição originou-se modestamente nos primeiros séculos. O bispo de Roma, assim como outros bispos, precisava de assistência para manter registros, cuidar de correspondências e tarefas semelhantes. Como ele com o tempo reivindicou cada vez mais supervisão e jurisdição além de Roma, também aumentou o número e a autoridade de seus assistentes. Uma grande virada ocorreu em 1059, com o decreto estabelecendo os bispos cardeais como eleitores do papa, que também foi o ponto em que as reivindicações papais sobre a Igreja começaram a aumentar.

Pouco a pouco, os cardeais da *famiglia* papal começaram a se considerar como o "senado" da Santa Igreja Romana, que o papa deveria consultar sobre assuntos importantes. Suas reuniões ("consistórios") com o papa gradualmente assumiram a função anteriormente desempenhada pelos sínodos romanos em que o papa se reunia com o seu clero. A riqueza e a capacidade dos cardeais em manipularem o direito canônico em favor próprio aumentaram em conformidade.

Em 1588, o Papa Sisto V deu o passo drástico de substituir o sistema consistorial por uma burocracia – isto é, 15 congregações, cada uma com uma área específica de competência. Embora tenham remodelado esses gabinetes ou departamentos muitas vezes, os papas subsequentes não mudaram a estrutura burocrática que Sisto estabeleceu. Por conseguinte, a partir de 1588, a cúria passou a se beneficiar de todas as vantagens e de todas as desvantagens que uma burocracia ocasiona.

Outro ponto de virada – sutil, gradual e não declarado – ocorreu depois das declarações solenes de primazia e infalibilidade do papa no Concílio Vaticano I em 1870. Com essas declarações, não apenas o papa mas também aqueles que o ajudavam no governo da Igreja alcançaram um grau de autoridade e uma reivindicação de aquiescência inquestionável em suas decisões nunca conhecidas.

Quais foram as reclamações em cada estágio desse desenvolvimento? No século XII, São Bernardo se queixou da prática da cúria de "julgar na ausência do acusado, simplesmente como os seus membros desejam", e avisou o seu confrade cisterciense Papa Eugênio III sobre a verbosidade de Roma. No século XIV, a riqueza e o luxo que os cardeais desfrutavam em Avignon quando residência do papado, animavam os apelos à reforma. Somente no século XV e início do século XVI, contudo, os gritos contra a venalidade e a corrupção encontraram expressão urgente no mais alto nível de autoridade eclesiástica – nos concílios de Constança, Basileia e Latrão V.

Os reformadores agora também reclamavam do sistema de *quid pro quo* que recompensava a família e os amigos, que muitas vezes eram indignos das posições que lhes eram conferidas. Ainda mais irritante para muitos bispos e governantes foi a crescente centralização da autoridade na Santa Sé e a imposição pelo papado de cada vez mais impostos e outras exigências financeiras para financiar um tribunal papal cada vez mais ostentoso. Os reformadores pediram a eliminação da simonia da cúria que ocorria através da compra e venda de escritórios e serviços. O *Apelo à nobreza da nação alemã* de Lutero em 1520 continha um longo catálogo de abusos perpetrados pela cúria. Era um catálogo mais marcante pela sua estridência e abrangência do que por qualquer originalidade nas denúncias.

Os decretos do Concílio de Trento (1545-1563) não dão nenhuma indicação de que os bispos do concílio encontraram na cúria o maior obstáculo à medida que consideravam essencial para a reforma da Igreja – especificamente, obrigar os bispos a residir nas suas dioceses e a desempenhar ali os seus deveres pastorais tradicionais. A prática da cúria de conceder dispensas dessa obrigação em troca de dinheiro para financiar o tribunal (e, portanto, ela própria) havia, há séculos, anulado consistentemente todas as tentativas de mudar a situação.

A questão levou o concílio a uma crise tal que durante dez meses, entre setembro de 1562 e julho de 1563, não pôde aprovar um único decreto. Somente a promessa solene do Papa Pio IV de realizar a reforma necessária rompeu o impasse e permitiu ao concílio concluir seus trabalhos. Pio e alguns de seus sucessores fizeram mudanças, mas menos profundas do que os reformadores pediram. No entanto, os papas não podiam ignorar completamente o decreto de Trento que exigia a residência até mesmo dos bispos cardeais na cúria.

Depois de um período de relativa inquietude durante a longa era pós-Trento, a reforma da cúria ficou limitada à superfície durante o primeiro período do Concílio Vaticano II, em 1962. Ninguém nesse tempo acusou os cardeais da cúria de um estilo de vida extravagante. O problema foi, antes, a tentativa de alguns deles de controlarem o concílio e, de fato, imporem a sua própria agenda aos bispos. O presidente da comissão doutrinária do concílio foi o Cardeal Alfredo Ottaviani, que foi ao mesmo tempo secretário (chefe) da "Suprema Congregação do Santo Ofício da Inquisição Romana".

Suprema! A palavra não só indicava a posição da congregação entre as outras congregações, mas também sugeria uma prerrogativa de corrigir até mesmo o próprio concílio. Contra essa arrogância, como muitos bispos a caracterizaram, o concílio reagiu vigorosamente. Quando o primeiro período se aproximava do fim, a reforma da cúria – de fato, uma reforma radical – parecia quase certa de aparecer de forma proeminente na agenda quando o concílio se reuniu novamente no ano seguinte.

Pouco antes de se reunir de novo, porém, o Papa Paulo VI, eleito alguns meses antes, falou aos membros da cúria, impressionou-os com a urgência da questão e os informou de que, juntos – ele e eles –, iriam dar os passos necessários. O papa, assim, aliviou a tensão ao retirar efetivamente o tema da agenda. Mesmo assim, o assunto ferveu sob a superfície pelo resto do concílio e por vezes explodiu no chão. O intrépido patriarca melquita, Maximos IV Saïgh, a certa altura propôs, por exemplo, que a cúria se reportasse diretamente a uma comissão rotativa de bispos estabelecida para ajudar o papa no governo da Igreja. A comissão seria a *Suprema.*

No final do concílio, Paulo VI publicou *Integrae Servandae*, que deu à *Suprema* o novo nome de Congregação para a Doutrina da Fé e também lhe atribuiu a nova tarefa de promover o bom ensino e de condenar o mau. Mais tarde, ele implementou outros ajustes, como fazer com que o pessoal da cúria fosse mais internacional. As mudanças estavam longe de ser radicais.

O mesmo se pode dizer da constituição apostólica do Papa João Paulo II, *Pastor Bonus* (1989). No entanto, em 1995 ele publicou a encíclica *Ut Unum Sint* e convidou ao diálogo sobre como o sucessor de Pedro poderia desempenhar melhor o seu ministério. Ao fazê-lo, ao menos implicitamente, ele convidou ao diálogo sobre uma reforma mais profunda, presumivelmente mais radical, da cúria, como o Arcebispo John R. Quinn viu e desenvolveu tão bem em seu livro, *The Reform of the Papacy* [A reforma do papado].

Que conclusões podemos tirar dessa história? A primeira é que a cúria é um fato da vida; o pontífice romano precisa de assistência, e a cúria tem sido tradicionalmente o instrumento para fornecê-la. (Se ele precisa de assistência no grau e na forma extensiva e elaborada que atualmente está à sua disposição é outra questão totalmente diferente.) A segunda é que, como toda burocracia, esta tem de ser controlada e, de vez em quando, sofrer reformas que são mais do que meros retoques. *Ecclesia semper reformanda* aqui significa especificamente *curia semper reformanda*. A reforma da cúria é uma tarefa que deve ser feita repetidas vezes. A terceira é que a reforma encontra a resistência de um sistema arraigado.

Quem deve fazer a reforma? Para as burocracias, autorreforma significa invariavelmente nenhuma reforma. Para que a reforma seja eficaz, tem de ser feita por uma instância externa desinteressada, que não esteja envolta no sistema. Tem de ser feita por uma agência que tenha uma distância crítica em relação ao sistema e que esteja familiarizada com outros sistemas que funcionam mais eficazmente. A comissão de cardeais que o Papa Francisco nomeou para essa tarefa, bem como para questões mais amplas da Igreja, é um passo na direção correta, mas os cardeais são, eles próprios, homens da Igreja, que trabalham dentro do sistema, ainda que não dentro da cúria. Seria tão impensável complementar o trabalho deles com uma agência secular que está completamente fora da órbita da Igreja? É muito mais provável que tal agência faça perguntas que nem sequer ocorrem aos membros da Igreja.

O que precisa de reforma hoje? Essa é uma questão que ultrapassa muito as minhas competências para responder. Há, de fato, dois problemas muito profundos que parecem estar para além das competências de quase todos. Primeiro, o fato de homens e mulheres não aceitarem hoje facilmente a ideia de que um corpo distante e sem rosto de elites reivindique o direito de lhes dizer o que pensar e como se comportar. Segundo, existe hoje a dificuldade de encontrar uma justificação teológica para a cúria – ou, dito mais corretamente, existe uma dificuldade em encontrar uma ligação teologicamente crível entre Pedro, um simples pescador da Galileia, e Pedro, príncipe dos apóstolos, que dirige um grande escritório central burocrático.

Se descermos das alturas desses dois problemas para outros aparentemente mais fáceis, várias coisas parecem bastante óbvias. É preciso encontrar algum remédio para a bem divulgada falta de comunicação entre as congregações, tribunais, secretariados e outros gabinetes dentro da cúria, o que, por vezes, resulta em um trabalho com propósitos cruzados e cria a impressão de um sistema que é profundamente desorganizado e disfuncional.

Além disso, é necessário encontrar um remédio para o processo de recrutamento de pessoal da cúria, que por vezes parece funcionar mais como um sistema de patrocínio do que como um sistema baseado no mérito – um problema de longa data na cúria. O *promoveatur ut amoveatur* [promova-se para que seja removido] (quando os prelados são chamados a Roma por terem fracassado em seu território de origem) é um aspecto particularmente preocupante do problema do recrutamento. Finalmente, é necessário criar um mecanismo para garantir que os chefes dos diferentes departamentos sejam responsabilizados pelo cumprimento das suas obrigações.

Certamente existem outros problemas. Mas o que é acima de tudo necessário, é um esclarecimento da estrutura eclesiológica na qual a cúria funciona. Nas décadas anteriores ao Vaticano II, os livros didáticos sobre a eclesiologia descreviam o governo da Igreja como uma monarquia não qualificada. O papa era a cabeça absoluta de uma pirâmide hierárquica, da qual toda a autoridade dele ia para o resto da Igreja. O triunfo dessa ideia foi o resultado de um longo processo que se acelerou no século XIX e início do século XX e atingiu o seu apogeu na véspera do concílio. A própria palavra "suprema" sugere a mentalidade que agia.

O Vaticano II tentou modificar essa eclesiologia recuperando a antiga tradição sinodal e colegial da Igreja do primeiro milênio. O resultado foi a doutrina da colegialidade. Essa doutrina se tornou o para-raios do concílio. Nenhuma outra encontrou uma oposição mais implacável. Seus inimigos compreenderam seu caráter radical e suas implicações. O concílio finalmente a ratificou, mas somente depois que "uma autoridade superior" anexou uma "nota preliminar" (*nota praevia*) que desde então tem confundido os intérpretes dela e, portanto, enfraqueceu sua nitidez. Além disso, as tentativas do Concílio de dar à colegialidade uma forma de a tornar operativa na Igreja foram impedidas quando, no início do quarto período, Paulo VI instituiu o Sínodo dos Bispos, que ele definiu como um órgão puramente consultivo. A colegialidade tem imensas implicações para a cúria. Significa operar não como instâncias encarregadas da Igreja, mas as que servem as inferiores, ajudando-as a fazer o que deveriam fazer. Significa, em outras palavras, observar estritamente a regra católica da subsidiariedade: a autoridade superior só intervém quando um problema ultrapassa a capacidade de uma autoridade inferior para lidar com ele. Mais basicamente, significa ver a própria Igreja como um órgão colegial, que impõe, mesmo na *prima sedes*, a obrigação de funcionar de modo colegial em relação aos outros bispos que, como afirmou o Vaticano II, têm autoridade própria e não são vigários do papa.

Mesmo no início de seu papado, Francisco deu provas de que pretende agir de modo colegiado. Além disso, ele deu um exemplo maravilhoso do líder-servo, que é outro tema do concílio e corolário da doutrina da colegialidade. O desafio agora é traduzir esse exemplo em mudanças estruturais e depois, de algum modo, assegurar que o pessoal responsável pelo funcionamento eficaz da *prima sedes* o subscreva de todo o coração e desempenhe as suas funções de acordo com ele.

5
A beatificação do Papa Pio IX

A beatificação no mesmo dia, 3 de setembro de 2000, de dois antigos papas – Pio IX e João XXIII – foi inédita. Esse fato, por si só, teria sido suficiente para persuadir um editor de que ele precisava de um comentário sobre o significado disso. Mas o fato de que um dos papas foi Pio IX trouxe uma observação mais imperativa por causa do contexto altamente politizado de seu pontificado e das questões que ele suscita para hoje. Não surpreende, portanto, que o então editor da America, *Thomas Reese, tenha pedido este artigo para mim.*

O Papa João Paulo II beatificou e canonizou mais indivíduos do que todos os seus antecessores juntos. Como essas solenidades ocorrem com muita frequência, elas recebem uma menção perfunctória na imprensa americana. As beatificações que ocorreram em Roma, em 3 de setembro, no entanto, animaram a todos porque, embora incluíssem o Papa João XXIII, também incluíam o Papa Pio IX, que reinou de 1846 a 1878. Algumas organizações judaicas, articulistas católicos e outros, tornaram conhecido o seu choque, até mesmo indignação, por causa do chamado incidente de Mortara durante o pontificado de Pio, quase esquecido até que David L. Kertzer publicou *The Kidnapping of Edgardo Mortara* [O sequestro de Edgardo Mortara] há três anos. Em Bolonha, depois do cair da noite em 23 de junho de 1858, a polícia pontifícia chegou sem aviso prévio à casa de Mortara e tirou desta família judaica um de seus filhos, Edgardo, porque ele tinha sido secretamente batizado por uma criada cristã quando estava perigosamente doente quando criança. Apesar dos apelos angustiados dos pais de Edgardo e da indignação internacional, o menino nunca mais retornou à família. Ele se tornou quase um pupilo pessoal de Pio IX e acabou sendo ordenado sacerdote.

Mas há desconfianças em outros setores e em outras pontuações. Em 8 de julho de 2000, o *Tablet*, o conceituado semanário católico inglês, fez um editorial, "Uma beatificação longe demais", que foi incomumente expressivo em suas críticas à Santa

Sé. "Isso só pode ser visto como um movimento político, destinado a fornecer um contrapeso conservador e reacionário à beatificação de João XXIII [...] a conclusão é certamente inevitável de que a beatificação de Pio IX é obra de um pequeno grupo de ultraconservadores." Na Itália, sou informado, a esquerda política está uivando de indignação fingida, o que oculta a sua genuína alegria de que a Igreja Católica, por meio dessa ação, manifestou mais uma vez seu verdadeiro caráter fascista.

O foco em Pio jogou nas sombras o Papa João XXIII (e outros três) que serão beatificados na mesma cerimônia. No entanto, quase como antecipando a inferência do *Tablet*, Dom Brunero Gherardini, postulador da causa de Pio IX, negou publicamente que a beatificação conjunta dos dois papas seja um ato de malabarismo político. Ambos eram grandes santos, afirma ele, embora seres humanos muito diferentes. A beatificação de Pio IX é um ato de justiça adiado por muitas décadas por objeções de círculos externos à Igreja.

A controvérsia, tal como ela é, vai desaparecer em breve, e o evento será esquecido. Poucos católicos se importam de uma forma ou de outra, pois nunca ouviram falar de *Pio Nono*. Mesmo nas Marcas, região da Itália de onde veio, ele é hoje pouco lembrado e lá não tem culto entre os fiéis, o que levanta a questão de onde veio o recente impulso para a beatificação. Embora Pio IX possa se tornar um ícone para os militantes tradicionalistas, para a vida devocional dos fiéis ele quase certamente continuará, ainda que canonizado, no seu atual estado de esquecimento.

É importante fornecer uma base para compreender como chegamos ao ponto atual e examinar uma questão que vai além do próprio evento. Trata-se dos problemas e as ambiguidades inerentes à tentativa de definir a santidade hoje em dia e a sustentar modelos dela, especialmente quando as pessoas são grandes figuras públicas de tempos e culturas tão diferentes dos de hoje. Os pontos discutidos não serão nenhuma surpresa, mas poderão adquirir uma nova nitidez quando examinados com este caso em mente, inundado como está em ironias e extremos de vários tipos. Mas primeiro, o pano de fundo.

A cerimônia de Pio em 3 de setembro será um passo em uma longa e irregular estrada que começou há quase um século, quando, em 1907, os primeiros passos formais foram dados no vicariato romano. Kenneth Woodward conta a história até 1990 em grandes detalhes em *Making Saints* (1990). O apoio à causa diminuiu com o passar dos anos. Uma nova fase foi aberta em 1954, e no início dos anos de 1960 entrou no que parecia ser a sua fase final antes da aprovação papal. Mas enfraqueceu-se novamente. Revivida no início do presente pontificado, sofreu um revés quando João Paulo II, depois de receber um longo relatório, pareceu convencido pelos argumentos daqueles que se opunham a ele. Então, no ano passado o papa perguntou à Conferência Episcopal Italiana se deveria avançar, e recebeu em resposta uma afirmativa praticamente unânime. Ainda assim, o anúncio de que a beatificação iria realmente acontecer pegou de surpresa até mesmo muitos observadores do Vaticano.

As causas de beatificação e de canonização geralmente demoram muito tempo, mas por que esta se arrastou? Não por falta de informação. Na verdade, a quantidade esmagadora de testemunhos de vários tipos tem sido tanto um obstáculo quanto uma ajuda. Pio teve o mais longo pontificado na história da Igreja. Sua definição da Imaculada Conceição, a emissão do *Sílabo dos erros* e a convocação do Concílio Vaticano I fazem dele um papa extraordinariamente importante e gerou, mesmo durante a sua vida, uma imensa quantidade de documentação direta ou indiretamente relacionada a ele. Como monarca dos estados papais, suas muitas relações com líderes de outras nações o colocaram em um papel importante na história do Ocidente no século XIX. Na história italiana, ele considera o mundo secular como o obstáculo mais prestigioso e mais inflexível para a unificação do país, que finalmente ocorreu em 1870 com a tomada de Roma. A quantidade e a diversidade das informações que lhe dizem respeito podem parecer ilimitadas.

O problema tem sido como acessar esse material e ir além da vituperação e da adulação em que ele tem sido geralmente envolvido. Todo historiador que escreveu sobre ele, e o número é legião, divide sua vida (e pontificado) em duas partes: tudo até 1848, quando ele fugiu de Roma porque acreditava que estava prestes a ser destronado pelos revolucionários, e tudo o que veio a seguir. O conclave que o elegeu em 1846 o escolheu ao invés do Cardeal Lambruschini por conta das promessas de reverter as políticas reacionárias e rigidamente repressivas de Gregório XVI.

Durante os primeiros dois anos, Pio pareceu responder a essas esperanças. Os portões do gueto judaico de Roma foram desmontados. Um patriota ardente, ele ameaçou Metternich da Áustria com excomunhão quando as tropas austríacas ocuparam Ferrara. Permitiu uma consulta mais ampla na administração de Roma. Medidas como essas assumiram um tremendo significado simbólico que deu origem ao mito de um papa liberal.

Em 1848, as revoluções contra as restaurações políticas de 1815, após a derrota de Napoleão, espalharam-se pelo continente. As restaurações haviam colocado a maioria dos velhos monarcas de volta em seus tronos. Na Itália, os patriotas aproveitaram a ocasião e tentaram alistar Pio para a causa deles, mas imaginaram uma Itália unida, na qual o papa, embora tivesse independência como chefe da Igreja, não mais seria o governante de Roma e dos estados papais. A situação política era tensa e se agravou com o brutal assassinato político do primeiro-ministro de Pio, Pellegrino Rossi, nos degraus da chancelaria papal. O papa se assustou e fugiu escondido para Gaeta, ao sul de Roma.

Quando ele finalmente conseguiu, com a ajuda das tropas francesas, regressar a Roma dois anos mais tarde, parecia um homem mudado. Ele derramou alguns vestígios de simpatia pelas políticas dos liberais e se opôs a qualquer coisa moderna. Assim nasceu a imagem familiar de Pio como a própria quintessência do obscurantismo e da intransigência eclesiástica.

Alguns membros do clero católico e leigos concordaram com essa imagem, mas a maioria o viu como um herói, especialmente depois da ocupação de Roma em 1870 pelas tropas do Rei Vítor Emanuel e da retirada do papa da cidade para o setor do Vaticano como um prisioneiro autodeclarado. A simpatia por ele, impulsionada pela imprensa católica, surgiu junto com a indignação de que a Igreja tinha sido roubada de seu sagrado reino e terreno. Alguns católicos argumentaram antes e depois do evento que o papa e a Igreja estariam melhor sem essa monarquia temporal, mas Pio condenou a ideia como impiedosa.

A angústia do papa como prisioneiro do Vaticano gerou uma virtude importante e até então inédita – a lealdade ao papa. Isso não era fé religiosa em doutrinas como a primazia ou infalibilidade papal, mas lealdade a um indivíduo e às suas políticas. Graças aos novos meios de comunicação e ao drama que tantas vezes marcou o longo pontificado de Pio, os católicos conheceram o nome do papa e reconheceram o seu retrato. Pio foi a primeira megaestrela papal.

A esse respeito foi ajudado por alguns inimigos desagradáveis, contra os quais se manteve firme. O clero católico e os leigos na Alemanha encontraram nele um baluarte contra o ataque arrogante de Bismarck à Igreja do *Kulturkampf*. Na própria Itália, os principais liberais eram amargamente anticlericais e estavam fora de contato com os sentimentos religiosos da maioria dos italianos, assim como Pio estava fora de contato com realidades políticas e outras. O fechamento de escolas católicas, o exílio de alguns bispos e medidas semelhantes tomadas especialmente antes de 1870, levaram muitos católicos, mesmo quando se sentiram dilacerados pelas políticas de Pio, a vê-lo como um protetor dos valores que eles apreciavam profundamente. Além disso, em muitas partes do mundo, os católicos eram uma minoria oprimida ou menosprezada por regimes progressistas, para que eles pudessem se identificar emocionalmente com um papa que parecia estar sofrendo de maneira semelhante.

Pio promoveu a devoção ao Sagrado Coração e, naturalmente, a Maria em sua Imaculada Conceição. Embora o jansenismo, como um movimento organizado, tivesse gastado a sua força até então, havia deixado um impacto na vida católica em quase todos os lugares. Através dessas devoções, com a proclamação de Francisco de Sales como doutor da Igreja, e por outros meios, Pio ajudou a tornar a piedade em uma direção mais sincera. Após a sua morte, os católicos começaram a pedir a sua canonização. Depois, ele rapidamente sumiu das mentes populares.

Durante décadas, praticamente todas as avaliações dele foram tendenciosas, de uma forma ou de outra. Em 1952 veio o primeiro sinal de mudança. O cônego Roger Aubert, então professor no seminário de Malines, Bélgica, publicou em francês um livro sobre o seu pontificado, que utilizou uma abordagem mais desapaixonada e metodologicamente sólida, que ele seguiu em 1962 no Concílio Vaticano I. Mas depois veio a biografia de três volumes, *Pio Nono* (1974, 1986, 1990), de Giacomo Martina, professor jesuíta de história eclesiástica na Universidade Gregoriana. O trabalho de uma vida de pesquisa e reflexão, o *Pio Nono* de Martina é uma realização magistral, um relato crítico equilibrado e meticulosamente minucioso. Nenhum desses trabalhos foi traduzido para o inglês.

Com esse pano de fundo podemos passar ao segundo ponto: essa beatificação levanta de modo particularmente acentuado questões intrigantes sobre santidade e modelos de santidade, questões que não teriam sido tão fortes para as gerações anteriores. Há uma série delas, todas inter-relacionadas, de modo que lidar com uma implica sempre em lidar com outras. Somos hoje psicologicamente sábios ou, pelo menos, gostamos de pensar que somos. Como relacionamos a santidade com a saúde emocional? Temos uma consciência histórica mais nítida. Como avaliamos a santidade quando nos manifestamos em uma época cujos valores e sensibilidades religiosas parecem tão diferentes dos nossos? Subjacente a essa questão está a questão do historicismo: cada época deve ser julgada pelos seus próprios padrões? Essa é uma questão sobre relatividade. Se cada época deve ser julgada, como funciona a relação entre santidade e ortopráxis/ortodoxia quando os padrões mudam com o tempo? A questão é grave para Pio, uma vez que ele não deixou escritos espirituais que nos permitissem entrar mais diretamente em sua vida interior.

Suspeitamos da autoridade e a mantemos em altos padrões. Qual é a relação entre a piedade pessoal e as ações públicas das pessoas com graves responsabilidades para com os outros? Essa questão é especialmente crucial neste caso. No dia 3 de setembro não é apenas Giovanni Maria Mastai-Ferretti, um cristão modelar, que está sendo beatificado, mas também Pio IX, papa modelo. É também Pio IX, monarca modelo, que tinha tropas e polícia ao seu serviço. Estão em questão, naturalmente, modelos de santidade: para quem, até que ponto e com quais qualificações este é um modelo de bem-aventurado ou santo?

Vamos prosseguir com essas questões com o nosso caso. Especialmente em seus primeiros anos, Pio, descendente de uma família aristocrática, impressionou a todos com suas maneiras graciosas; mas, ainda mais, com uma serenidade de espírito que parecia irradiar dele. A alma de um anjo era o elogio resultante de um político liberal italiano. Pio, genuinamente dedicado aos pobres, era tudo menos um carreirista eclesiástico, e, ao contrário do Cardeal Antonelli, seu secretário de Estado de longo prazo, era incapaz de duplicidade. O que você viu foi o que conseguiu. Há motivos para pensar que ele é santo. Em abril desse ano, quando seu corpo foi exumado da cripta da Basílica de São Lourenço, os prelados o encontraram quase perfeitamente preservado.

Mas os santos, com talvez algumas exceções, têm as suas verrugas. Com o passar dos anos, as mudanças de humor de Pio em público e no privado se tornaram mais notáveis e mais frequentes. Em público e no privado ele começou a repreender pessoas presentes ou ausentes. Intransigente, o adjetivo tantas vezes aplicado a ele por historiadores que pouco sabem sobre sua vida, é repetidamente ecoado por Martina, o biógrafo que melhor o conhece. Pio escreveu em 1877, um ano antes de sua morte, "Eu excluo a possibilidade de qualquer relação, mesmo indireta, com homens que despojaram a Igreja". Como vigário de um Deus crucificado, ele sofreria de bom grado, mas nunca cederia.

No entanto, ele foi facilmente influenciado. Quando, em setembro de 1870, as tropas italianas cercaram Roma e estavam prontas para atacar, Pio deu ordens aos seus generais para que cedessem ao primeiro tiroteio. Nenhum sangue seria derramado. No dia anterior ao ataque, no entanto, os generais alegaram que sua honra militar exigia que eles resistissem. Pio concordou, estabelecendo a condição de que o fogo cessaria assim que o inimigo fizesse uma brecha nas defesas. Antes que a brecha fosse feita, cerca de 50 soldados perderam suas vidas.

Os inimigos que naquele dia tomaram-lhe Roma não o trataram mal, por razões próprias – pelo menos não tão mal quanto poderiam. Pela Lei das Garantias de 1871, forneceram-lhe quase a mesma resolução que os Acordos do Latrão de 1929 estabeleceram para a Cidade do Vaticano. Pio tinha boas razões para não confiar neles, mas também fechou os ouvidos a conselhos moderadores. Sua *non expedit* política, proibindo a participação católica na política da nova nação, embora de aplicação mitigada, causou angústia e confusão durante meio século.

Ele era uma pessoa de inteligência modesta. Odo Russell, o embaixador britânico na Santa Sé, afeiçoado por Pio, falou de sua mente amável, mas fraca. A educação de Pio, inocente do desafio intelectual, era rudimentar em teologia e história, o que ajuda a explicar medidas como proibir mulheres de serem membros de coros de

Igreja porque, afirmou ele, São Paulo proibiu. Até o Bispo Gherardini admite que do ponto de vista político ele não era um gênio.

No entanto, todos nós conhecemos pessoas verdadeiramente santas, cuja educação e inteligência eram bastante modestas. A santidade é um assunto do coração, não da cabeça. O problema especial que a beatificação de uma pessoa com responsabilidades públicas levanta é a forma como ela tenta compensar tais limitações, de modo a agir o mais criteriosamente possível. Isso significa, obviamente, escolher bons conselheiros. Isso sugere um círculo estranho: a perspicácia é necessária para identificar os conselheiros, estes, no entanto, devem suprir a falta de perspicácia. Tal agudeza, ou sabedoria, não parece, contudo, não ter relação com virtudes como humildade, vontade de admitir a correção.

Pio se cercou de mediocridades, principalmente adeptas de lhe dizer o que ele queria ouvir, um fato comentado por muitos contemporâneos, de outra forma, favoráveis para com ele. Como um de seus camareiros pessoais, ele escolheu Dom George Talbot, um sacerdote anglicano convertido, em cujos julgamentos ele depositou uma fé quase inqualificável. Talbot, emocionalmente instável, atiçou Pio que já desconfiava profundamente de Newman, e lhe ofereceu o conselho mais reacionário imaginável. Em 1868, ele teve de ser removido da Cúria Romana para uma instituição mental fora de Paris, onde morreu em 1886.

Isso levanta a questão da prudência de Pio no governo da Igreja, uma preocupação que aparece muitas vezes na documentação oficial por sua causa. Esse é um aspecto da relação entre a santidade e os atos públicos de um líder. Quão prudente, por exemplo, foi Pio durante o Concílio Vaticano I? Martina sustenta que a liberdade fundamental do concílio não foi comprometida. Mas ele assinala a intromissão das intervenções de Pio e as pressões emocionais que aplicou direta e indiretamente aos bispos, como quando ameaçou: "Se eles não definirem [a infalibilidade], eu mesmo farei isso". O Cardeal Guidi, um ardente infalibilista, propôs ao concílio que era o magistério papal, não a pessoa do papa, que era infalível e que esse magistério só era infalível quando exercido de acordo com o episcopado. Pio, zangado, o vestiu naquela noite com as famosas palavras: "Eu sou a Igreja! Eu sou a tradição!"

Como a maioria dos ultramontanistas, Pio via a infalibilidade como o único baluarte contra o caos moral, doutrinário, social e político que ameaçava a Igreja e a civilização em seus tempos. Liberdade, igualdade e fraternidade resumiram a ameaça. Esse grito de guerra da Revolução Francesa ecoou pela Europa no século XIX. Para Pio isso significou a inversão da ordem que Deus estabeleceu. Tinha, de fato, dado garantias de grandes atrocidades contra padres, freiras e outros. Pio viu isso como expressando a essência dos males dos tempos modernos.

Durante séculos a expressão "tempos modernos" significou pouco mais do que tempos recentes, mas particularmente no século XIX assumiu uma ideologia. O moderno implicava um processo histórico em que os tempos posteriores eram melhores do que os anteriores. Modernidade significava progresso. O progresso significou a inevitável marcha da história para longe das superstições do cristianismo ou, certamente, do catolicismo. Não admira que Pio tenha rejeitado esse conceito. Ele o substituiu pela sua antítese: os tempos modernos eram os piores dos tempos, com o pior ainda por vir. Sua visão, apocalíptica, coloca o papado à frente dos bons na luta cataclísmica.

Esse profundo pessimismo e sentido de cerco geraram o *Sílabo dos erros* de 1864. Muitos dos 80 pontos marcados pelo elenco eram tradicionais, mas a varredura mordaz do documento tirava o fôlego das pessoas. Nada, ao que parece, estava certo no mundo. Só a Igreja detinha a verdade. Os últimos seis pontos condenaram a liberdade de expressão, a tolerância religiosa, o desestabelecimento do catolicismo como religião de Estado; condenou a ideia de que a revogação do império civil da Igreja lhe permitiria funcionar mais livremente, e a ideia de que o papa podia e devia ser reconciliado com a sociedade moderna.

A Igreja tem sido, nesse meio-tempo, reconciliada com a sociedade moderna de certa maneira e, até certo ponto, Pio IX acharia totalmente incompreensível e intolerável, o que nos leva explicitamente ao aspecto historicista da nossa questão: julgamos a conduta de Pio contra os padrões de seu tempo ou dos nossos? A tomada forçada do menino Mortara de seus pais, que não tinham recursos legais contra as ações de um Estado autocrático, seria julgada pela maioria dos teólogos hoje em dia, eu acredito, como errado, como uma violação de um direito humano. No entanto, nada é mais claro do que Pio, baseando-se, ele disse, no princípio de que o espiritual tem precedência sobre o temporal, agindo de acordo com sua consciência. Ele sentiu as críticas que sua ação provocou, mas não teve escolha. Em uma carta ao jovem Edgardo, disse-lhe o quanto tinha sofrido por causa dele. Os governos da Grã-Bretanha e da França, por exemplo, protestaram e fizeram o possível para abalar a determinação do papa. Mas a imprensa católica e os prelados do mundo inteiro defenderam, inflexivelmente, a ação como boa e correta.

Tal como os seus predecessores, Pio acreditava na pena capital. Em 12 de junho de 1855, por exemplo, o Cardeal Antonelli viu um homem de aspecto duvidoso perto dele, enfiando a mão em sua camisa. Antonelli fugiu e gritou pela polícia. A polícia pegou o homem, Antonio De Felici, que na ocasião estava brandindo uma arma: um grande garfo de escultura. De Felici, conhecido como subversivo político, foi prontamente julgado pelas autoridades do governo papal, sentenciado e condenado à morte por decapitação. Além disso, parece que Antonelli interveio com o papa para que a sentença fosse comutada para prisão perpétua, mas não obteve sucesso.

Pio se opôs ferozmente à tolerância religiosa. Ele contestou as concessões extremamente modestas para a adoração que o governo espanhol estendeu aos protestantes e ficou chocado que o grande duque da Toscana, cedendo à pressão, permitiu que os judeus frequentassem a universidade. Em tudo isso, ele não seguia apenas a sua consciência, mas também o ensinamento católico padrão. É claro que suas palavras ajudaram a formar esse ensinamento. Não há necessidade de insistir na distância que os separa do ensino católico e de um consenso moral mais amplo hoje em dia. Para colocar a questão sem rodeios, a beatificação dramatiza o condicionamento cultural, dentro de limites, do que é considerado virtude. Dramatiza o caráter histórico do cânon da ortodoxia em questões morais.

Nestas poucas páginas eu tentei expor questões suscitadas pela beatificação de Pio IX, e de modo mais agudo do que a simultânea beatificação de João XXIII. Embora apenas um século separe esses dois papas, o primeiro parece quase incomparavelmente mais afastado das sensibilidades modernas. As beatificações lidam com o passado, mas são ações feitas no presente e para o presente. Pio vai, em 3 de setembro, se tornar oficialmente um modelo de santidade. Para quem esse modelo tem significado, a quem se destina? Papas? Líderes políticos? Fiéis comuns? Não importa qual seja a resposta a tais perguntas, a vida de cada santo ou bem-aventurado oferece um modelo que precisa ser traduzido para ser significativo em nossas vidas, mas no caso de Pio a tradução será especialmente complicada e trabalhosa. Que tipo de pessoa, eu me pergunto, fará o esforço por si mesma? E com que resultado?

6
Dois papas: Bento e Francisco

Quando os editores franco-belgas Lessius *recentemente decidiram que queriam traduzir a minha* History of the Popes *[História dos papas] para o francês, pediram que eu a atualizasse, ampliando os breves comentários que eu fiz a respeito do Papa Bento XVI na versão original em inglês (2006) e acrescentando um novo capítulo sobre o Papa Francisco. Este texto é o resultado.*

Bento XVI

A longa e notória enfermidade do Papa João Paulo II proporcionou muito tempo para jornalistas e outros especularem sobre possíveis sucessores. A especulação decolou quando ele faleceu em 2 de abril de 2005. Embora vários jornalistas italianos tenham previsto que o Cardeal Joseph Ratzinger seria eleito, o campo parecia, na verdade, muito aberto, sem verdadeiros candidatos à frente. Os italianos se revelaram os melhores prognosticadores.

A profunda e estreita associação de Joseph Ratzinger com o papa o recomendou a todos os cardeais que deviam sua posição a João Paulo II e que queriam continuar seu legado. Sua idade, 78 anos, poderia ser contada contra ele; mas era também um ponto a seu favor, porque parecia prometer um pontificado mais curto, depois de um extremamente longo. Além disso, Ratzinger tinha deixado uma impressão favorável sobre a forma como conduziu as exéquias de João Paulo II e orientou as congregações gerais que se realizavam antes do conclave.

Em 19 de abril de 2005 foi eleito na quarta eleição em um conclave que durou apenas 24 horas. Um cardeal argentino relativamente desconhecido, Jorge Mario Bergoglio, recebeu o segundo maior número de votos. O novo papa escolheu se chamar Bento, o que o distanciou dos seus quatro antecessores imediatos e indicou, de certo modo, uma nova trajetória. Sugeriu uma trajetória distante do Concílio Vaticano II, no qual ele participou como um jovem, mas importante teólogo, muito influente entre os bispos de língua alemã? A esse respeito, ele estava destinado a ser cuidadosamente vigiado por teólogos e religiosos, que muitas vezes discordavam de suas avaliações.

Joseph Aloisius Ratzinger nasceu na pequena cidade bávara de Marktl no Sábado Santo, em 16 de abril de 1927, o mais novo dos três filhos de seus pais. Embora seu pai, um policial, fosse severamente contrário ao regime nazista, Joseph foi recrutado para a Juventude Hitlerista após o seu 14º aniversário em 1941, uma incorporação exigida pela lei. Apesar de ter entrado para um seminário, ele foi mais tarde recrutado para o corpo antiaéreo e depois treinado em infantaria alemã. Quando os Aliados chegaram em 1945, eles o internaram em um campo de prisioneiros de guerra até a rendição da Alemanha.

Isso foi em maio. Em novembro do mesmo ano, ele e seu irmão mais velho, Georg, ingressaram no Seminário São Miguel, em Traunstein, no sudeste da Baviera, perto da fronteira austríaca, e a partir desse momento Joseph Ratzinger viveu toda a sua vida em ambientes eclesiásticos ou acadêmicos. Em 1951, quando tinha 24 anos, foi ordenado padre pelo Cardeal Michael von Faulhaber, de Munique. Dois anos mais tarde ele escreveu uma dissertação sobre Santo Agostinho na Universidade de Munique e depois de mais dois anos escreveu sua *Habilitation* sobre São Boaventura, uma conquista que o qualificou para uma cadeira universitária, que recebeu em 1959 na Universidade de Bonn. Em 1963 ele deixou Bonn para assumir um novo cargo na Universidade de Munique.

Durante o Concílio Vaticano II, 1962-1965, serviu inicialmente como *peritus* (especialista em teologia) ao Cardeal Joseph Frings, de Colônia, e depois, a partir de 1963, como *peritus* nomeado pelo papa. Durante o primeiro período do concílio, no outono de 1962, ele, em colaboração com outro teólogo alemão, Karl Rahner, compôs uma versão alternativa ao documento *De fontibus Revelatione* [Sobre as fontes da revelação divina] preparado pela comissão doutrinária oficial. Embora o empreendimento tivesse a bênção dos bispos alemães, foi considerado uma atitude ousada, que colocou o jovem teólogo diretamente no campo dos chamados "progressistas" do concílio.

No período seguinte, 1963, o Cardeal Frings criou uma sensação quando, em um discurso perante o concílio, que foi em parte escrito por Ratzinger, criticou toda a tendência centralizadora da Igreja, mas especificamente o Santo Ofício da Inquisição Romana. Afirmou então que os procedimentos do Santo Ofício "em muitos aspectos são inapropriados aos tempos em que vivemos, prejudicam a Igreja e são para muitos um escândalo". Aplausos eclodiram. "Nem mesmo por aquela congregação", continuou, "alguém deveria ser julgado ou condenado sem ser ouvido". Paradoxalmente, cerca de 20 anos mais tarde, Ratzinger se tornou o chefe da congregação que Frings criticava, agora sob novo nome de Congregação para a Doutrina da Fé. Ele se veria recebendo as mesmas críticas que Frings havia feito há muito tempo.

Mas aqueles eram dias no futuro distante. No entanto, à medida que o concílio avançava, Ratzinger começou a ter dúvidas sobre a extensão das mudanças propostas e sobre algumas das suas orientações mais fundamentais. O assunto veio à tona com o documento final "Sobre a Igreja no mundo moderno", *Gaudium et Spes*. O Padre Ratzinger liderou os bispos de língua alemã em oposição ao documento como não sendo suficientemente teológico e não suficientemente conhecedor da difusão do pecado no mundo. Como disse o Cardeal Frings, o projeto do documento ignorava o "mistério da cruz" e não advertia suficientemente contra o mal no mundo e a propensão humana ao pecado. Os alemães atribuíram o otimismo do documento ao peso indevido dado às opiniões dos bispos e teólogos franceses. À luz das críticas, o concílio reviu o esboço e, finalmente, obteve aprovação. Mas o debate revelou uma diferença significativa de ênfase entre os líderes do concílio na sua avaliação da condição humana e das realizações humanas.

Em 1966, depois do concílio, o Padre Ratzinger mudou-se de Munique para a Universidade de Tübingen. Dois anos mais tarde, em 1968, tumultos e protestos estudantis eclodiram por quase todo o mundo, um fenômeno devido a uma série de fatores. Tübingen não estava isenta da agitação, que rapidamente se radicalizou. Em abril e maio os distúrbios se tornaram tão perturbadores que muitas vezes era impossível lecionar, ou se houvesse aula, reprimir os gritos e insultos dos alunos. Ratzinger ficou impressionado; ele viu esses desenvolvimentos como desafios para a autoridade quase sagrada da cátedra e o resultado de uma rejeição do ensino católico tradicional. Os seus pontos de vista teológicos entraram cada vez mais em conflito com os dos colegas de Tübingen, como Hans Küng. No ano seguinte, ele deixou Tübingen para assumir uma posição na mais conservadora Universidade de Regensburg.

O grande ponto de virada na carreira de Ratzinger ocorreu em 24 de março de 1977, quando o Papa Paulo VI o nomeou arcebispo de Munique. Como o arcebispo eleito não tinha praticamente nenhuma experiência pastoral direta, a nomeação foi uma surpresa. Embora ele fosse conhecido como um pregador eficaz e um mentor de apoio aos seus alunos, sua reputação como teólogo foi, sem dúvida, o fator mais importante na determinação de sua nomeação. Ele escolheu como seu lema "Cooperadores da verdade" (*Cooperatores veritatis*, 3Jo 8). Explicou que o escolheu porque indicava a relação entre a sua vida anterior como professor e sua nova missão, mas também porque no mundo de hoje a verdade é negligenciada, "mas tudo desmorona

63

se a verdade estiver faltando". Com essa explicação, forneceu uma visão de como mais tarde entenderia seu papel como papa, bispo de Roma. Ele foi, em primeiro lugar e acima de tudo, um mestre e um guardião da verdade.

No ano seguinte à sua nomeação, o Arcebispo Ratzinger foi nomeado cardeal e, três anos mais tarde, mal-instalado em Munique, foi chamado a Roma pelo novo papa, João Paulo II, para ser o novo chefe da Congregação para a Doutrina da Fé (CDF). Ratzinger liderou a congregação por 24 anos, algo sem precedentes, durante os quais estabeleceu laços cada vez mais estreitos com João Paulo e se tornou a figura mais poderosa da cúria. O papa, formado na situação de cerco da Igreja na Polônia comunista, insistiu que a Igreja apresentasse uma frente unida contra aqueles que discordassem dos ensinamentos convencionais ou os questionassem. A sua posição a esse respeito certamente afetou a forma como o Cardeal Ratzinger se comportou como chefe da CDF, mas o próprio prefeito estava profundamente preocupado que a verdade prevalecesse e que a Igreja fosse purgada de ensinamentos enganadores ou perigosos. O preço a ser pago pela limpeza era talvez uma Igreja menor, porém mais pura.

Durante o mandato de Ratzinger como chefe da CDF, uma série de teólogos proeminentes foram censurados, como Leonardo Boff e Jacques Dupuis. Os escritos póstumos do padre jesuíta e escritor espiritual Anthony de Mello foram objeto de uma notificação. Revistas católicas de opinião, tais como *Stimmen der Zeit* (Alemanha), *Études* (França) e *America* (Estados Unidos), foram alvo de novo escrutínio e censura por parte da congregação. No ano do jubileu em 2000, a congregação publicou uma declaração, *Dominus Jesus*, que afirmava o papel único de Cristo na salvação humana e descrevia os seguidores de outras religiões como estando numa "posição gravemente deficiente". Esse documento ofendeu os protestantes ao afirmar que suas instituições não eram verdadeiramente Igrejas, mas "comunidades eclesiais", e criou dificuldades para as relações entre a Igreja Católica e os religiosos não cristãos.

Em 2001, quando o escândalo de abuso sexual eclodiu com grande publicidade em Boston, nos Estados Unidos, o Papa João Paulo II atribuiu à CDF a responsabilidade de investigar tais casos. Quão bem o prefeito cumpriu essa responsabilidade é calorosamente disputado. O problema continuaria a perseguir Bento, mesmo depois de ele se tornar papa. Com o passar do tempo e com a chegada do escândalo à Europa e a outros lugares, ele, forçosamente, se tornou mais consciente da amplitude e profundidade e dos graves danos que tinha causado à Igreja. Em 2004 iniciou mudanças significativas nos procedimentos da Santa Sé e, a partir de alguns quadrantes conhecidos, ganhou elogios pela sua coragem em lidar com casos difíceis. Como é sabido, como papa, agiu firmemente contra o Padre Marcial Maciel Degollado, notório pedófilo, fundador de uma congregação religiosa conhecida como Legionários de Cristo, que fora anteriormente protegido por figuras influentes no Vaticano. Na sua visita aos Estados Unidos em 2008, o Papa Bento se encontrou com as vítimas de abusos de membros do clero e recebeu elogios pela sua sensibilidade para com o sofrimento dessas pessoas.

Enquanto chefe da CDF, o Cardeal Ratzinger continuou a publicar livros e artigos sobre assuntos teológicos. De todos os seus escritos, o que suscitou mais comentários consistiu em uma série de entrevistas de 1985 concedidas a um jornalista italiano, Vittorio Messori, publicadas sob o título *Rapporto sulla fede* ["Relatório sobre a fé", ou, talvez melhor, "Relatório sobre o estado da fé"]. Foi imediatamente traduzido para as principais línguas europeias. O cardeal deplorou a confusão e o caos que, em sua opinião, dominavam o mundo católico desde o Concílio Vaticano II, uma situação parcialmente devida às interpretações errôneas do concílio como uma "ruptura" na tradição da Igreja, quando na verdade o concílio foi perfeitamente contínuo com essa tradição.

Naquele momento, ele enunciou um princípio interpretativo que repetiria outras vezes nos anos seguintes. Era um princípio que equivalia a uma minimização ou até mesmo a uma rejeição da descontinuidade na história do ensino e da prática católica. Se pressionado à sua conclusão lógica, o princípio significa que nada de importante aconteceu ou mudou na longa história da Igreja. Quando aplicado ao Vaticano II, implica que o concílio fez pouco mais do que ratificar o *status quo* e estava longe de ser o acontecimento marcante da história cristã que a maioria dos historiadores e outros intérpretes viram como tal. A apropriação por Ratzinger do princípio da continuidade, aparentemente não mitigado na interpretação do concílio, ajuda a explicar muitas das suas decisões como papa, decisões relativas à liturgia e a outros assuntos que vieram a ser descritos como "reforma das reformas [do Vaticano II]".

Como papa ele publicou três encíclicas em seu próprio nome e uma quarta juntamente com o seu sucessor, Francisco. Sua primeira, *Deus Caritas Est* [Deus é amor], afirmou que os seres humanos, criados à imagem de Deus, que é amor, eram capazes de se doar a Deus e aos outros, recebendo e experimentando o amor de Deus na contemplação. Assim, surgiu claramente um dos grandes temas de seus escritos, discursos e homilias: "amizade com Jesus Cristo". Na encíclica ele declarou: Se a amizade com Deus se torna para nós algo cada vez mais importante e decisivo, então começaremos a amar aqueles que Deus ama e que têm necessidade de nós. Deus quer que sejamos amigos dos seus amigos.

Ele difundiu essa mensagem em suas visitas apostólicas a diferentes partes do mundo. Apesar de ser um homem tímido, mais à vontade com os livros, ele (especialmente nos primeiros anos de seu pontificado) causou uma impressão favorável em suas aparições públicas, e obteve notável sucesso durante as visitas a países onde se temia uma reação negativa, como os Estados Unidos e o Reino Unido. Sempre o professor, ele, no entanto, mostrou que sabia como se comportar diante das multidões e em circunstâncias desconhecidas. Contudo, às vezes fazia declarações que suscitavam críticas e controvérsias severas.

Bento fez de longe a mais explosiva de tais declarações em 2006, em uma palestra em sua antiga universidade em Regensburg. A palestra foi intitulada: "Fé, razão e a universidade: memórias e reflexões". Durante o discurso, o papa disse: "Mostre-me exatamente o que Mohammed trouxe de novo, e lá você encontrará coisas apenas más e desumanas, como o mandamento dele de espalhar pela espada a fé que ele pregou". Embora o Vaticano tenha explicado que o papa estava citando uma fonte medieval, e não expressando a sua própria opinião, os muçulmanos reagiram com choque e raiva. A declaração provocou tumultos anticristãos em várias cidades muçulmanas e criou uma crise internacional para a Santa Sé.

O Papa Bento pediu desculpas por qualquer ofensa que tivesse cometido e fez questão de visitar a Turquia, um país predominantemente muçulmano, e rezar na Mesquita Azul. Posteriormente ele se encontrou com estudiosos muçulmanos em um seminário católico-muçulmano em Roma e fez o possível para tranquilizá-los sobre seu apreço. No entanto, o dano tinha sido feito e parecia quase impossível para ele reparar. Quando ele visitou o Brasil em maio de 2007, provocou outra controvérsia quando elogiou os missionários e colonizadores europeus, aparentemente insensível a qualquer dano que causaram aos povos nativos. O então presidente da Venezuela, Hugo Chávez, exigiu um pedido de desculpa. Mais tarde em Roma, falando em uma audiência semanal, o papa respondeu implicitamente, "não é possível esquecer o sofrimento e as injustiças infligidas pelos colonizadores à população indígena, cujos direitos fundamentais foram muitas vezes pisoteados".

Tais incidentes embaraçosos levaram até mesmo os seus mais fervorosos admiradores a concluir que o papa não estava bem servido por aqueles que lhe eram mais próximos na Cúria Romana. A suspeita foi espetacularmente confirmada quando, em maio de 2012, o jornalista italiano Gianluigi Nuzzi publicou um livro intitulado *Sua Santità: Le carte segrete di Benedetto XVI* [Sua Santidade: documentos confidenciais de Bento XVI]. O volume continha correspondências e outros documentos sensíveis. No livro, e depois na reação da mídia a ele, o Vaticano foi retratado como um viveiro de ciúmes, ambição e intriga, sobre o qual o papa exercia pouco controle. A prisão do mordomo do próprio papa como perpetrador do crime acrescentou um brilho quase hollywoodiano a todo o caso. Ao mesmo tempo, o Banco do Vaticano continuava a aparecer nos meios de comunicação social de formas desagradáveis, incluindo acusações de lavagem de dinheiro.

Tais problemas certamente afetaram o *Papa Ratzinger*. As pessoas começaram a notar o quão cansado e frágil ele parecia. Pouco depois da sua eleição, o Vaticano anunciou que ele tinha tido um ligeiro derrame, e acabou por se saber que, enquanto ainda era cardeal, tinha recebido um marcapasso. Ratzinger parecia ter cada vez mais dificuldade em caminhar e em subir escadas. Contava 78 anos quando eleito, e em 2013 dava sinais inequívocos da idade e parecia cada vez mais afastado das rotinas diárias de seu cargo.

Não obstante, em 11 de fevereiro de 2013, o Vaticano surpreendeu completamente o mundo com a notícia de que, cerca de duas semanas depois, 28 de fevereiro, Bento renunciaria ao papado devido à sua idade avançada. Nenhum papa havia renunciado desde que Gregório XII o fez sob coação em 1415, na época do Grande Cisma do Ocidente. Embora antes de Gregório outros papas tenham renunciado, poucos, se é que algum, o fizeram voluntariamente. A esse respeito, a renúncia do Papa Bento pode ser única nos anais do papado.

Após duas semanas de despedidas cerimoniais, o papa deixou o seu cargo na data especificada, e a *sede vacante* foi declarada oficialmente. O mecanismo entrou em ação para preparar uma nova eleição papal, um processo do qual Bento se absteve completamente. Ao partir, ele jurou que continuaria a servir a Igreja "por uma vida dedicada à oração". Uma vez que seus aposentos estavam prontos, "o papa emérito", como agora era chamado oficialmente, tranquilamente instalou-se em um convento no terreno da Cidade do Vaticano.

Francisco

Ninguém esperava que Bento XVI renunciasse. Ninguém esperava que Jorge Mario Bergoglio fosse eleito como seu sucessor. (Na especulação antecedente ao conclave praticamente ninguém mencionou o seu nome, apesar de ter recebido tantos votos no conclave anterior.) Ninguém esperava que o sucessor de Bento assumisse um perfil tão diferente do dele e o fizesse a partir do momento em que foi eleito. Ninguém esperava que o novo papa acendesse um entusiasmo quase maníaco e que o fizesse não apenas entre os católicos, mas também entre pessoas de outras tradições religiosas e, ainda mais surpreendente, em pessoas sem qualquer crença religiosa. De repente, uma longa era parecia ter acabado e uma nova parecia ter começado.

O Cardeal Bergoglio foi eleito na quinta votação. Por que os cardeais decidiram tão rapidamente sobre alguém que na Igreja em geral era tão desconhecido? Podemos apenas especular. Durante as congregações gerais que precederam o conclave, os cardeais, em todos os relatos, falaram francamente sobre o que parecia ser um mal-estar generalizado na Igreja, manifestado especialmente em uma administração centralizada disfuncional. Bergoglio tinha uma reputação de excelente administrador e, como pessoa, não tinha medo de tomar decisões difíceis. Ao dirigir-se aos cardeais, como fizeram muitos outros durante as congregações, ele causou uma forte impressão pela sua insistência de que a Igreja tinha de sair do seu modo autorreferencial e assumir mais resolutamente a sua missão de levar a alegria do Evangelho ao mundo.

Uma mudança era necessária. Eleger Bergoglio seria eleger um homem que seria "o primeiro" de várias maneiras importantes – um fato que sugere que ele poderia ter a perspectiva e a distância crítica para empreender mudanças mais do que estéticas. É claro que muitos papas foram "primeiros". O Papa João XXIII foi o *primeiro* papa em 500 anos a escolher o nome João. O Papa João Paulo II foi o *primeiro* papa vindo da Polônia e o *primeiro* não italiano em mais de 400 anos. Bento XVI foi o *primeiro* papa alemão desde a Idade Média. No entanto, nenhum papa nos tempos modernos foi o *primeiro* em tantas e tão significativas maneiras como Francisco. Ele é o *primeiro* papa das Américas, o *primeiro* jesuíta, o *primeiro* a usar o nome de Francisco e o *primeiro* papa em 50 anos que não participou do Concílio Vaticano II. Cada um desses "primeiros" é significativo.

Jorge nasceu em Buenos Aires, em 17 de dezembro de 1936, o mais velho de cinco filhos. Seu pai era um imigrante italiano que deixou a Itália principalmente para escapar do fascismo de Mussolini. Quando jovem, Jorge cursou o ensino médio em uma escola técnica, onde obteve um diploma de técnico em química. Após a formatura, trabalhou por vários anos no laboratório de uma empresa comercial em Buenos Aires e, para ganhar um pouco mais de dinheiro, trabalhou à noite como zelador e brevemente como segurança em um bar. Depois de entrar nos jesuítas, ele, como parte de sua formação na ordem antes da ordenação, ensinou literatura e psicologia em uma escola secundária jesuíta. Mais tarde, como superior provincial, ele teve de negociar os anos difíceis da "guerra suja" de seu país, quando até mesmo os jesuítas dividiram amargamente as lealdades. Finalmente, como arcebispo de Buenos Aires, serviu como presidente da conferência episcopal da Argentina e ouviu de seus colegas bispos os desafios que enfrentavam em seus ministérios.

Essas experiências em sua terra natal formaram esse "primeiro papa das Américas" e deram-lhe um fundo único para um sucessor de São Pedro. Buenos Aires é uma cidade deslumbrantemente sofisticada, com todos os desafios para a Igreja que tal sofisticação implica. Mas não é mais sofisticada do que muitas outras cidades ao redor do mundo, e seria difícil determinar como ser uma cidade da América do Sul torna sua sofisticação distinta. Talvez mais pertinente para Francisco do que ser da América do Sul seja o fato de estar imerso em um ambiente tão secularizado em tantos níveis diferentes. Nesse sentido, ele é diferente dos seus predecessores. Até mesmo o Papa João Paulo II, cuja vida inicial como aspirante a ator poderia parecer colocá-lo na mesma categoria, se apropriou de uma mentalidade direta de nós em conformação com um regime totalitário, uma experiência totalmente diferente da experiência de Francisco de todas as virtudes e vícios de um Estado democrático moderno.

A eleição desse primeiro papa jesuíta surpreendeu tanto os jesuítas quanto qualquer outra pessoa, e por um momento causou-lhes uma grande consternação. As lembranças ainda eram ternas na ordem do controverso mandato de Bergoglio como superior provincial dos jesuítas argentinos, quando, entre outros problemas, ele era percebido como em oposição à "promoção da justiça" que os jesuítas na época declaravam formalmente como uma dimensão de todo o seu ministério. Porém, poucos dias depois da eleição de Francisco, os jesuítas puderam abandonar suas dúvidas, e através das palavras e atos dele puderam reconhecê-lo como genuinamente um dos seus. O próprio Papa Francisco confessou ser rígido e autoritário enquanto era superior provincial dos jesuítas da Argentina. Ele deixou claro, pelas suas ações como arcebispo, que, se antes tinha dúvidas sobre a direção que a ordem tomava, mais tarde se apropriou plenamente dela e, ainda mais tarde, como papa, ele se tornou parte integrante da compreensão do seu serviço à Igreja.

Uma faceta do histórico jesuíta do Papa Francisco que é extremamente importante, mas raramente comentado, é que sua primeira atribuição importante depois da ordenação foi a de mestre de noviços para os jovens que tinham acabado de ingressar na Companhia. Em virtude desse cargo, ele se reunia com os seus noviços individualmente pelo menos uma ou duas vezes por mês durante os dois anos em que eles estavam sob seu cuidado. A principal tarefa do mestre é ajudar os noviços a aprofundarem a vida espiritual, tarefa que em geral também o auxilia em sua própria espiritualidade.

Mais importante, o mestre de noviços os conduz através do "longo retiro", dos 30 dias de oração e meditação segundo os Exercícios Espirituais prescritos por Santo Inácio. A finalidade dos exercícios é ajudar o indivíduo a assumir um compromisso sincero com o Senhor, que vai além do ritual, da rotina e da prática das "boas obras".

Obviamente que é impossível traçar o efeito que os anos do Papa Francisco como mestre de noviços tiveram sobre ele, mas as longas horas que ele, como papa, passa sozinho na capela todos os dias sugerem uma intimidade com o Senhor, que lhe dá energia e coragem para enfrentar os problemas institucionais que ele evidenciou desde os primeiros dias do seu pontificado.

Existem alguns marcadores jesuítas mais palpáveis. Quando Francisco nos diz que a Igreja deve ir "para as periferias" – isto é, para os marginalizados, os negligenciados e os não crentes – ele se baseia no vocabulário encontrado em documentos jesuítas, tanto antigos quanto contemporâneos. De acordo com seu próprio relato, há muito tempo ele encontrou inspiração em Pierre Favre, um dos primeiros companheiros de Santo Inácio. Seu comunicado, em dezembro de 2013, de que ele pretendia canonizar Favre não foi, portanto, uma surpresa. Francisco elogiou Favre pelo seu "diálogo com todos, mesmo com os mais distantes e até mesmo com os seus adversários, pela sua piedade simples, uma certa ingenuidade talvez, a sua disponibilidade imediata aos outros, o seu discernimento cuidadoso, o fato de ser um homem capaz de grandes e fortes decisões, mas também capaz de ser tão gentil e amoroso". Ao elogiar o jesuíta Favre, o Papa Francisco revelou seus ideais para si mesmo.

Ao escolher o nome de Francisco, ele deixou claro outro de seus ideais para si mesmo e para a Igreja, antes mesmo de aparecer na sacada de São Pedro na noite de sua eleição. Como ele mesmo explicou, escolheu o nome do grande santo de Assis por causa da missão de Francisco de promover a paz, sua dedicação aos pobres e seu amor pela natureza e pelo meio ambiente. Foi assim, em um gesto mais poderoso do que as palavras de uma encíclica, que ele estabeleceu essas prioridades. Além disso, não são prioridades nascidas em uma sacristia. São prioridades em consonância com a longa tradição católica, mas prioridades que, em primeira instância, olham para o bem do mundo em que vivemos, prioridades defendidas por muitas pessoas que não são católicas nem cristãs, prioridades amplamente reconhecidas como entre as mais urgentes para o gênero humano. São, no mínimo, prioridades "substantivas".

Assim, como São Francisco, *Papa Bergoglio* se comunica eficazmente tanto por gestos quanto por palavras. Quando, em 13 de março de 2003, ele apareceu na sacada de São Pedro e pediu aos milhares reunidos ali para abençoá-lo antes que ele os abençoasse, ele fez, com esse gesto, uma declaração significativa. Ao se recusar a viver no Palácio Apostólico, fez outro. Quando na Quinta-feira Santa de 2013 ele lavou os pés de uma mulher muçulmana, uma criminosa condenada, enviou à Igreja e ao mundo uma imagem inesquecível, que transmitia uma mensagem inequívoca e extraordinariamente poderosa. Mas ele também tem um dom para expressões e metáforas impressionantes, que se imprimem na memória e fazem delas ideais, como quando ele disse aos sacerdotes e aos bispos "nunca tenham medo da ternura". Ainda mais inesquecível foi a sua declaração de que eles devem se sujar com o "cheiro das ovelhas" – isto é, não devem ficar à parte e acima de seus rebanhos, mas mergulhar nos verdadeiros problemas e lutas que os membros de seus rebanhos enfrentam diariamente. A cena dolorosa que o encontrou no dia 8 de julho de 2013, durante a sua visita aos refugiados africanos na Ilha de Lampedusa, provocou-lhe o seu grito angustiado contra a "globalização da indiferença", que abafa a consciência do mundo e o torna impermeável à miséria humana. Quando ele falou da Igreja como um "hospital de campanha", onde a tarefa, imediata e urgente, é cuidar das feridas, ele ensinou uma lição viva de eclesiologia, lembrando aos católicos que a Igreja é antes de tudo um lugar de refúgio e consolo para os ensanguentados e abatidos pelas lutas, morais e outras, da vida como ela é realmente vivida. Já nos primeiros meses do seu pontificado, a misericórdia de Deus, sem limites e sempre disponível, tornou-se um tema recorrente nos seus discursos e homilias. No dia da abertura do Concílio Vaticano II, 11 de outubro de 1962, o Papa João XXIII disse aos prelados reunidos que o objetivo do concílio era mostrar a Igreja como "a mãe amorosa de todos, benigna, paciente, cheia de misericórdia e bondade", uma metáfora mais positiva do que a do hospital de campanha, mas em consonância com ela. *Papa Bergoglio*, o primeiro papa em 50 anos a não ter participado do concílio, é também o primeiro papa a ter crescido na Igreja pós-concílio e, assim, ter aceitado o concílio como um fato da vida. Seus imediatos predecessores muitas vezes pareciam incapazes de esquecer as batalhas do concílio de que haviam participado, mas o Papa Francisco não tem tais memórias. Ele ainda era um estudante de teologia enquanto o concílio estava em sessão e foi educado em seus documentos como a substância de sua formação teológica. Paradoxalmente, o fato de ele não ter participado do concílio lhe deu uma vantagem ao fornecer a distância crítica para ver com olhos claros as principais orientações do concílio.

O Vaticano II foi um acontecimento extremamente complexo e não pode ser reduzido a um *slogan*. No entanto, "diálogo", a palavra que para algumas pessoas se tornou quase sinônimo de concílio, capta a determinação conciliar em buscar a reconciliação e o consenso dentro da Igreja e com aqueles que estão fora dela. As palavras indicam tanto um ideal quanto um método. Não há dúvida de que, como Arcebispo, Bergoglio entendeu o que o termo envolvia e fez o seu melhor para colocá-lo em prática.

Em Buenos Aires, como arcebispo, realizou uma série de encontros com o Rabino Abraham Skorka, nos quais trocaram suas posições sobre uma ampla gama de temas, sem que aparentemente nada fosse excluído como fora dos limites. Em 2010 esse diálogo foi publicado mais ou menos literalmente em um volume intitulado

Sobre el cielo y la tierra [*Sobre o céu e a terra* (Paralela, 2013)]. Depois da eleição do Papa Francisco, o livro, traduzido em várias línguas, se tornou um *best-seller* internacional. Um arcebispo sentar-se com um rabino para tal diálogo teria sido totalmente impensável antes do Vaticano II. Mesmo no meio século desde o concílio, nenhum outro prelado de alto escalão ousou ir tão longe. Nenhum papa na história já teve tal experiência ou teve uma experiência até mesmo remotamente equivalente a esta.

Dentro da Igreja o diálogo encontra seu equivalente institucional no que o concílio chamou de "colegialidade". No Vaticano II, os prelados pretendiam reavivar a antiga tradição sinodal da Igreja, pela qual os bispos em nível local, trabalhando em conjunto com outros bispos do mesmo país ou província, tomavam decisões vinculantes para as suas Igrejas. Os prelados no concílio insistiram ao mesmo tempo que os bispos tinham uma responsabilidade não apenas pela sua própria diocese, mas também, em união com o papa, pela Igreja universal. O Papa Paulo VI criou o Sínodo dos Bispos como uma forma de lidar com esse ensino do concílio.

O Papa Francisco parece determinado a colocar em prática esse ensinamento, como sugere a nomeação de nove cardeais de todo o mundo para aconselhá-lo sobre os problemas que afetam a Igreja, especialmente aqueles que afetam a Cúria Romana. Ele indicou que deseja fazer com que o Sínodo dos Bispos opere com mais eficiência do que até agora e faça o mesmo nas conferências episcopais locais. Essas instituições dão substância à intenção do Vaticano II de ampliar a cooperação e a participação, o modo em que a Igreja opera tanto interna quanto externamente. João XXIII recomendava implicitamente esse modo quando disse ao concílio para apresentar a Igreja como a mãe amorosa, benigna e paciente, um ideal que Francisco obviamente interiorizou como seu. Segundo um testemunho confiável, se o Cardeal Bergoglio tivesse sido eleito no conclave em 2005, ele teria escolhido ser chamado João XXIV por causa da profunda inspiração que derivou do "papa bom", *il papa buono*.

O Papa Francisco projeta a imagem de uma pessoa não muito diferente do Papa João, com quem ele é frequentemente comparado – uma pessoa genuinamente gentil e boa, uma pessoa pronta para ouvir o que você tem a dizer, uma pessoa que não julga você precipitadamente, uma pessoa com quem você gostaria de jantar. Essas são algumas das qualidades que, nos primeiros meses de seu pontificado, fizeram dele uma figura mundial de popularidade sem precedentes. Mais de três milhões de pessoas se reuniram na Praia de Copacabana, no Rio de Janeiro, para vê-lo e ouvi-lo. Ele apareceu na capa de alguns dos jornais mais seculares do mundo. Presidentes e primeiros-ministros lutam para se identificarem com ele.

Mas o apelo dele se baseia em algo mais profundo do que sua personalidade: sua mensagem, que é essencialmente um convite implícito ou explícito para que as pessoas sejam a melhor versão própria. Desde que se tornou papa, ele fez esse convite em praticamente tudo o que disse e fez. É um convite desesperadamente necessário no mundo de hoje, talvez por essa mesma razão tenha evocado uma resposta tão grande. Francisco está longe de ser o primeiro papa a fazê-lo. No entanto, conseguiu tocar o coração das pessoas e fazer com que o melhor delas próprias parecesse estar acessível. Somente o tempo dirá qual será o resultado dessa nova página na história da instituição viva mais antiga do mundo ocidental.

Parte II

Dois concílios: Trento e Vaticano II

7
O Concílio de Trento
Mitos, mal-entendimentos e consequências não intencionais

Esta peça foi originalmente uma palestra na Pontifícia Universidade Gregoriana de Roma, em 12 de março de 2013. Foi posteriormente publicada como número 4 da Gregoriana. Resume alguns dos destaques da minha monografia sobre o concílio publicada no mesmo ano, o 450º aniversário do encerramento do concílio em 1563.

No decurso dos 450 anos que se seguiram ao seu encerramento, o Concílio de Trento, talvez mais do que muitos outros acontecimentos históricos importantes, sofreu mitos e mal-entendimentos. Eu digo "talvez mais do que muitos outros" por uma série de razões. Entre elas estava o fato de o concílio ter sido objeto de uma controvérsia viciosa e polêmica mesmo antes de sua abertura – tanto por parte dos católicos quanto dos protestantes. Os reis católicos da França, por exemplo, lançaram obstáculos após obstáculos no caminho e, de fato, boicotaram até o último momento. Além disso, o fato de o concílio ter se arrastado por um interminável período de 18 anos o tornou objeto de escárnio e sátira, por parte dos católicos e dos protestantes. Contribui para o problema o fato de os seus documentos finais serem densos, com aspectos técnicos teológicos e canônicos que os tornam extraordinariamente suscetíveis a mal-entendidos, exceto por especialistas capacitados nas sutilezas do direito canônico e do escolasticismo medieval.

Há um outro problema. Pouco depois da conclusão do concílio em 1563, o Papa Pio IV confirmou os seus decretos, mas proibiu a impressão de comentários ou notas sobre eles sem a autorização explícita da Santa Sé. Esse decreto nunca foi formalmente revogado. Então, no início do século XVII, o Papa Paulo V coletou em 50 volumes todos os materiais relacionados ao concílio que estavam disponíveis para ele e os armazenou nos arquivos do Vaticano sob o título *fondo concilio*. Esses arquivos eram fechados, privados a acadêmicos. As restrições de acesso e de comentário impossibilitaram o acesso a bolsas de estudo e pesquisas abrangentes sobre o Concílio de Trento.

A situação mudou apenas em 1880, quando o Papa Leão XIII abriu os arquivos do Vaticano. Pouco tempo depois, Görres Gesellschaft, a sociedade erudita fundada em 1876 por estudiosos católicos alemães, foi trabalhar para produzir uma edição crítica dos documentos pertinentes ao concílio. O primeiro volume surgiu em 1901. O volume final não apareceu até 2001, precisamente um século depois do primeiro. Esses enormes 18 tomos, alguns dos quais com 900 páginas, principalmente em latim e italiano, mas com uma pitada de outras línguas, finalmente forneceram a base para dissipar os mitos e mal-entendidos que envolveram o Concílio de Trento. O que eles revelaram, no entanto, foi o quão complexo era o concílio e quantas habilidades eram necessárias para desemaranhar as fontes que agora eram finalmente acessíveis.

O herói da história é Hubert Jedin, um membro da Görres Gesellschaft, que em 1949 publicou em alemão o primeiro volume de sua história do concílio, *Geschichte des Konzils von Trient*. Ele publicou o quarto e último volume cerca de 25 anos depois, em 1975. Todos os que hoje escrevem sobre o concílio estão fortemente endividados com ele, não apenas pela história, mas também por seus muitos outros escritos sobre concílio. No curso de quase um século decorrido desde a década de 1930, quando Jedin começou a escrever pela primeira vez, sua obra, não surpreendentemente, mostrou suas limitações. Ainda assim, o grande corpo de seus escritos sobre o concílio, especialmente a história, nos manteve notavelmente bem.

Os escritos de Jedin, no entanto, são todos em alemão. Os quatro volumes de sua história foram traduzidos para o italiano e para o espanhol, mas só os dois primeiros para o inglês e apenas o primeiro em francês. Não há traduções para outros idiomas, da melhor maneira que pude verificar. Além disso, os muitos e extremamente importantes artigos de Jedin sobre o concílio permanecem fechados na sua língua original. Jedin dissipou muitos dos mitos e mal-entendidos, mas para grande parte do mundo, ou mesmo para grande parte do mundo acadêmico, o que ele fez teve pouco proveito.

Com o pleno reconhecimento da minha dívida para com Jedin, tentarei dissipar alguns dos mitos e mal-entendidos. Divido o que tenho a dizer em três partes, conforme prometido no meu título. Primeiro, abordarei alguns dos principais mitos, depois alguns equívocos comuns, e, finalmente, descreverei três consequências principais do concílio que não eram pretendidas.

Antes de ir mais longe, talvez primeiro seja necessário recordar alguns fatos básicos sobre o concílio. Somente depois de negociações contenciosas é que as partes interessadas se estabeleceram na então pequena cidade de Trento, como a localização do concílio, um compromisso completamente agradável para nenhum deles. A disputa sobre o local pressagiava muitas outras divergências e conflitos de prioridades que afligiram o concílio desde o primeiro até o último momento.

O Concílio de Trento se reuniu ao longo de cinco pontificados, em três períodos distintos: 1545-1547, 1551-1552 e 1562-1563. Essa longa trajetória fez com que pouquíssimos dos bispos e teólogos que abriram o concílio em 1545 ainda estivessem vivos ou bem o suficiente para participar do período final que se iniciou 17 anos depois. Como nos concílios anteriores, os monarcas seculares estavam presentes em Trento por meio de seus embaixadores, que tornaram as preocupações de seus soberanos conhecidas e operativas nas deliberações do concílio. O Concílio de Trento não foi um caso de sacristia. Os seus resultados tiveram graves consequências políticas, bem como religiosas, para todas as partes envolvidas.

Com esse resumo muito breve do cenário podemos começar com o primeiro dos três mitos. Por *mito* refiro-me aqui simplesmente a uma crença ou opinião amplamente difundida, mas enganadora. É diferente de um simples erro ou má interpretação, na medida em que tende a ter um significado abrangente e a elevar-se a um alto nível de generalização.

Mitos

1) O concílio visava essencialmente a repressão e a disciplina social

Há evidências que justificam esse mito. Prova número um é o fato de que durante o terceiro período uma comissão do concílio trabalhou na elaboração de um novo *Índice dos livros proibidos*. A prova número dois é o famoso decreto do concílio, intitulado *Tametsi*, que pela primeira vez exigiu que os casamentos católicos fossem testemunhados por um padre, uma incursão na liberdade do cônjuge de trocar votos quando e como quisessem. A terceira exposição é o fato de que durante a chamada Contrarreforma, a espanhola, a papal e outras inquisições lançaram campanhas de vigilância e impuseram restrições em um grau desconhecido antes do concílio. O concílio deve ser o responsável.

Antes de abordar essas questões, devo colocar o concílio em perspectiva mais ampla. Em primeiro lugar, desde o início até o Vaticano II, os concílios conduziram os seus trabalhos como órgãos legislativos e judiciais – ou seja, fizeram leis e ouviram processos criminais. As leis tinham a ver com a conduta pública, e eram geralmente, mas não exclusivamente, dirigidas ao clero e, na maioria dos casos, destinadas a corrigir abusos. As leis são, por definição, uma restrição à liberdade, o que se justifica em vista de um bem maior. Trento aprovou muitas leis porque as considerou importantes para a tão necessária reforma da Igreja.

O que é peculiar sobre Trento e raramente comentado é que os bispos apontaram sua reforma principalmente para si mesmos. Havia dois abusos flagrantes no episcopado. O primeiro foi o absentismo. Antes do concílio, por exemplo, Milão – a maior, mais rica e mais importante arquidiocese da Itália – não tinha um arcebispo residente há 40 anos. O segundo era manter mais de um bispado de cada vez, de modo a recolher mais receitas do que um único bispado produz.

A grande luta em Trento foi promulgar a legislação mais rigorosa possível para corrigir esses abusos flagrantes. O objetivo era ter bispos mais pastoralmente receptivos. Os decretos disciplinares do Concílio de Trento, no seu conjunto, tratam quase exclusivamente desse problema e de um correlato, assegurando que os párocos também residam nas suas paróquias e desempenhem suas funções tradicionais. Muito pouco da legislação de Trento lida diretamente com os leigos.

E o *Índice dos livros proibidos* que o concílio tentou elaborar? Em 1559, ano de sua morte, o Papa Paulo IV emitiu o primeiro índice papal. Foi tão extremo que o seu sucessor, Pio IV, se sentiu obrigado a criar uma comissão para mitigá-lo. Enquanto isso, Pio convocou o concílio para o seu terceiro período. Por razões muito complicadas para entrar aqui, o concílio não pôde retomar imediatamente sua agenda de onde havia parado dez anos antes. Precisou girar as rodas por um tempo até que uma questão crucial do processo pudesse ser resolvida.

O papa teve a ideia de transferir a revisão do índice da comissão que tinha originalmente estabelecido e de dar o cargo ao concílio – quase como um trabalho para mantê-lo ocupado até que ele pudesse resolver os verdadeiros problemas. Muitos membros do concílio se opuseram à ideia – a revisão do índice era um desperdício de tempo do concílio, faltavam os recursos para fazê-lo adequadamente, e assim por diante. No entanto, o concílio tinha pouca escolha. Em todo caso, devemos lembrar que a revisão foi feita para atenuar o índice, não para torná-lo mais rígido.

A comissão do concílio, na verdade, não foi capaz de completar o seu trabalho sobre o índice, e, portanto, nunca submeteu o rascunho aos bispos no concílio para discussão e debate. Perante essa situação, o concílio, no último momento, confiou ao próprio papa a tarefa de concluir o trabalho. O que foi publicado após o concílio como o *Índice dos livros proibidos* nunca foi, portanto, discutido ou aprovado pelo concílio, apesar de um comitê conciliar ter fornecido os materiais básicos para tanto.

O decreto *Tametsi* ("apesar de"), exigindo um testemunho sacerdotal para a validade de um casamento celebrado por católicos, foi o único decreto de Trento que teve impacto imediato sobre os leigos. Teria sido uma típica tomada de poder pela Igreja, como por vezes é retratada, e um exemplo da injustificada disciplina de Trento sobre os leigos? A resposta a essas duas perguntas é negativa.

Todos em Trento – na verdade, todos os teólogos cristãos, protestantes e católicos, concordaram que a essência do casamento era a troca de votos entre os dois parceiros. Por que, então, Trento julgou necessário emitir um decreto sobre o assunto? Isso foi feito para tentar resolver o problema dos chamados casamentos clandestinos – isto é, a troca de votos entre os dois parceiros sem qualquer testemunha presente. O que isso significava era que alguns anos ou alguns bebês mais tarde, uma das partes, geralmente o homem, podia negar que o casamento já tivesse acontecido e passar a ter um novo cônjuge. O decreto de Trento se destinava a proteger o cônjuge inocente, geralmente a mulher, para que o outro cônjuge não pudesse, sem mais nem menos, abandonar o casamento. Foi para colocar fim a esse abuso que o concílio, depois de um acalorado debate, decidiu pelo *Tametsi*.

E as inquisições? A primeira coisa a notar é que em suas formas espanholas, romanas e venezianas, todas elas são anteriores ao Concílio de Trento. A inquisição espanhola era meio século anterior. A segunda coisa a notar é que o Concílio de Trento não as elogiou nem condenou. Não disse uma palavra sobre elas. Se o concílio era de alguma forma responsável pelo maior rigor delas após o concílio, essa responsabilidade era indireta, e no que diz respeito a nossas evidências, não intencional.

2) O concílio exacerbou a divisão religiosa

Como em todos os mitos, este contém mais do que um grão de verdade. Em retrospectiva, vemos claramente que, em seus decretos doutrinários, o concílio traçou uma linha nítida de demarcação sobre as questões contestadas, especialmente sobre os sacramentos. Para lidar adequadamente com esse mito, precisamos fazer a distinção crucial entre o que o concílio pretendia fazer ou pensava estar fazendo, e como foi interpretado ou empregado posteriormente. Tendemos a esquecer que o concílio era para ser e esperava ser um concílio de reconciliação com os luteranos. Esse era o objetivo principal que o Imperador Carlos V tinha em mente, durante uma década inteira, e tentou persuadir primeiro o Papa Clemente VII e depois o Papa Paulo III a convocar o concílio.

Embora Paulo III e seus sucessores fossem céticos quanto à possibilidade dessa reconciliação poder ser feita pelo concílio, ainda assim eles concordaram com esse objetivo. Como um gesto de boa vontade, Paulo III, logo no início do concílio, ordenou que ninguém fosse condenado pelo nome. Isso era contrário à prática de todos os concílios até aquele momento. Além disso, grandes esforços foram feitos para que os luteranos e outros representantes viessem ao concílio para defender suas posições, e, de fato, alguns luteranos apareceram no final do segundo período, 1551-1552. Nessa altura, no entanto, já era tarde demais. O luteranismo já havia se tornado um sistema religioso completo e incompatível com o catolicismo.

Mesmo com esse revés, Pio IV, quando anos mais tarde convocou o terceiro período, ainda fazia esforços que hoje poderíamos até chamar de ecumênicos. Em 1º de dezembro de 1560 ele enviou uma carta aos príncipes luteranos na Alemanha convidando-os a enviar representantes ao concílio, e no início de fevereiro dois legados papais apareceram diante deles em Naumburg para pedir apoio para o concílio. Em maio de 1561 o núncio papal Girolamo Martinengo, levando um convite do concílio para a Rainha Elizabeth da Inglaterra, foi impedido de entrar no reino com o fundamento de que a presença de um núncio na Inglaterra era ilegal e poderia dar origem a agitação.

Surpreendentemente, Pio enviou legados ao patriarca copta de Alexandria, ao patriarca grego ortodoxo em Constantinopla (Istambul) e ao patriarca armênio em Antioquia. Suas várias tentativas de alcançar o patriarca russo em Moscou foram obstruídas pelos poloneses. Você não ficará surpreso ao saber que nenhum desses esforços deu fruto.

3) O Concílio de Trento foi uma reunião obstinada que legislou sobre todos os aspectos importantes do catolicismo

Os escritos de Jedin mostraram como esse mito era contrário ao fato; mas, apesar de seus esforços, persiste até o presente. Desde os primeiros dias, os bispos mostraram a própria independência e continuaram a desafiar todos os esforços para os tornar conformes a algum programa preconcebido. Os bispos e teólogos participantes do concílio refletiram a ampla e diversificada gama de posições sobre quase todos os aspectos da doutrina e da prática que caracterizavam o catolicismo europeu da época. O concílio foi, portanto, uma tarefa controversa e extremamente difícil. Passou de uma grande crise para uma crise maior. Por um período de dez meses, de setembro de 1562 a julho de 1563, ficou tão paralisado que não pôde emitir um único decreto.

O concílio também não tentou legislar sobre todos os aspectos importantes do catolicismo da época. Já mencionei que se absteve de qualquer menção às inquisições.

Mais surpreendente do ponto de vista do século XXI, não tinha uma palavra a dizer sobre as missões estrangeiras, embora a evangelização das novas terras descobertas já tivesse se tornado uma das características mais distintivas e definidoras do catolicismo e, sem dúvida, um empreendimento de imensa importância para o futuro da Igreja. O concílio não disse nada sobre a guerra, o humanismo renascentista ou sobre muitas outras coisas. Havia uma agenda muito direta e claramente focada: afirmação da doutrina católica sobre as questões contestadas e reforma de três ofícios na Igreja – o papado, o episcopado e o pastorado.

Existem, certamente, outros mitos a respeito do concílio, mas devemos seguir para mal-entendidos, más interpretações ou informações errôneas a respeito. Estes diferem dos mitos na medida em que são muito específicos e, como questões isoladas, não têm o alcance que é peculiar ao mito. Não são, por isso, menos importantes para a compreensão de certas questões que estão vivas no catolicismo de hoje. De fato, nesse sentido, podem ser até mais importantes do que os mitos.

Mal-entendidos, más interpretações e informações errôneas

1) O concílio proibiu o uso do vernáculo na liturgia

O concílio emitiu apenas uma única linha sobre o assunto: "É errado dizer que a liturgia deve ser sempre celebrada no vernáculo". Se virarmos ao contrário, o texto diz que o latim é legítimo, mas não é necessário. Surpreendentemente, a partir da nossa perspectiva de hoje, o concílio gastou pouco tempo com essa questão. A possibilidade da liturgia vernacular não suscitou praticamente nenhuma controvérsia no concílio. Os bispos pareciam concordar com um de seus colegas, que os lembrou que na Igreja do Santo Sepulcro em Jerusalém se celebravam liturgias, como ele disse, "em todas as línguas debaixo do sol". No que diz respeito à legislação de Trento, a liturgia em língua vernácula não era um problema. Muito antes do término do concílio, no entanto, a liturgia em latim havia se tornado um sinal de identidade católica diante dos protestantes, e o decreto do concílio nunca teve a oportunidade de se tornar operacional.

2) O concílio proibiu a impressão, venda e leitura de bíblias no vernáculo

A invenção da imprensa no século XV resultou quase imediatamente na difusão das bíblias no vernáculo. A brilhante tradução de Lutero para o alemão foi apenas a mais famosa, mas longe de ser a primeira, e as opiniões dos membros do concílio diferiam acentuadamente sobre o que fazer diante dessa realidade relativamente nova. Para alguns bispos as bíblias vernaculares eram a raiz de todas as heresias, enquanto para outros eram o alimento essencial para a vida piedosa.

Para o concílio, o problema tinha ramificações políticas. Na França e na Espanha (assim como na Inglaterra) tais traduções foram proibidas por muito tempo, embora circulassem nesses lugares de forma bastante livre. Se o concílio as defendesse, o episcopado e provavelmente a coroa anulariam o decreto. Se as proibisse, a Alemanha, a Itália, a Polônia e outros lugares onde eram permitidas reagiriam de forma igualmente negativa, mas pela razão oposta. O concílio decidiu não definir e deixou a questão em aberto.

Isso foi em 1546. Mas, como mencionado, durante o terceiro período, o concílio empreendeu uma revisão do índice do Papa Paulo IV. Na recomendação do comitê, foram estabelecidas normas para a vigilância episcopal das traduções vernaculares e restrições à sua leitura. Essas regras foram incorporadas ao índice emitido após o concílio, em nome do concílio. Lembre-se, no entanto, de que o próprio concílio nunca se deteve sobre essas regras, nem as discutiu ou aprovou.

3) O concílio proibiu todas as traduções da Bíblia para o latim, exceto a vulgata

Como você sabe, a Vulgata foi a tradução latina feita principalmente por São Jerônimo no início do século V, que acabou se tornando a versão padrão no Ocidente. Como você também sabe, o Concílio de Trento declarou "autêntica" esta versão. O que o concílio pretendia com essa declaração?

Quando o concílio se reuniu, a Vulgata já era alvo de críticas mordazes por parte de estudiosos recém-formados em filologia crítica, começando com Lorenzo Valla (1407-1457) um bom século antes do encontro de Trento. Como resultado, várias novas traduções estavam em circulação, das quais a mais conhecida era a tradução de Erasmo do Novo Testamento. Muitos dos bispos de Trento estavam profundamente conscientes dos problemas com a Vulgata e eram favoráveis a uma ou outra das novas traduções. Mas o concílio precisava resolver a questão prática de qual versão usar em suas próprias deliberações. Se eles escolhessem um texto diferente da Vulgata, qual seria? Os problemas com a Vulgata foram tão graves a ponto de impedirem o seu uso no concílio e na Igreja em geral? No final, o concílio decidiu, quase como uma medida prática, usar a Vulgata, que considerou "autêntica" – isto é, confiável (ou mesmo "suficientemente confiável"). O concílio também decretou que a Vulgata fosse cuidadosamente revisada para que estivesse em conformidade com os melhores padrões filológicos.

A intervenção crucial no concílio sobre essa questão foi feita pelo Bispo Pietro Bertano, membro da comissão que redigiu o decreto. Em nome da comissão, ele explicou:

> Não consideramos abusivo o fato de haver várias e diferentes traduções da Bíblia, porque isso era tolerado nos tempos antigos e deve ser tolerado hoje... Desejamos que a edição da Vulgata seja aceita como autêntica... [mas] não rejeitamos outras versões porque não queremos restringir a liberdade cristã. Além disso, não queremos sequer rejeitar as traduções dos hereges, em conformidade com o exemplo da Igreja antiga.

Na época do decreto, o Papa Paulo III e os seus conselheiros ficaram consternados com a declaração do concílio sobre a Vulgata e disseram aos legados que achavam que o concílio tinha sido muito brando a respeito. Depois do concílio, no entanto, o decreto foi tomado como garantia para proibir outras traduções, e o artigo definido "a" foi anexado à Vulgata. Se tornou "a versão autêntica", mas obviamente o latim não tem artigos definidos ou indefinidos. O concílio disse simplesmente que a Vulgata era autêntica – isto é, suficientemente confiável.

4) Existe algo como uma "liturgia tridentina" sancionada pelo concílio

Hoje há muita confusão sobre a questão da "liturgia tridentina" e o papel do concílio a esse respeito. A verdade é que não existe essa "liturgia tridentina", no sentido de o concílio ter criado uma liturgia, revisado substancialmente a liturgia tradicional do rito romano, ou mesmo emitido qualquer coisa que hoje reconhecemos como um "decreto sobre a liturgia". Os bispos e teólogos de Trento simplesmente aceitaram as diferentes liturgias em uso na época do concílio, das quais a que prevaleceu no Ocidente desde o século XIII é, de longe, o rito romano, originalmente utilizado pela Cúria Romana.

O que preocupava os bispos era o triste estado dos livros litúrgicos desse rito. Eles estavam preocupados, particularmente, com as discrepâncias textuais nas muitas edições do missal ora em circulação. Desde a invenção dos editores de impressão, houve produção de missais em grande número, nos quais eram frequentes interpolações locais e os erros tipográficos eram abundantes. Em alguns casos, isso significava deixar de incluir partes importantes do texto. Isso, por sua vez, significava que os sacerdotes, por desconhecimento, chegavam ao ponto de omitir o Pai-nosso, outras orações importantes, ou mesmo toda a oração eucarística, o cânon da missa.

O concílio debateu brevemente o problema, mas não tomou nenhuma medida a respeito até o último momento do concílio, 4 de dezembro de 1563, quando recomendou, quase como uma etiqueta de duas palavras em um decreto maior, que o missal e o breviário deveriam ser corrigidos. Essas poucas palavras constituíram "a reforma litúrgica" do Concílio de Trento. Depois do concílio, o papa confiou a supervisão da revisão às mãos competentes do Cardeal Guglielmo Sirleto, que produziu exatamente o que o concílio pretendia – um texto confiável, conforme os melhores e mais antigos manuscritos e edições impressas. O texto em si é talvez menos importante do que a bula de Pio V que o promulgou, que ordenou a adoção universal do rito romano, a menos que outro rito tivesse prevalecido em uma determinada região ou instituição por mais de 200 anos. Falta na bula qualquer indício de que uma adaptação vernacular pudesse ser possível.

5) O concílio decretou que os sacerdotes deveriam ser celibatários

Na Igreja ocidental, o celibato do clero logo se tornou um ideal, e rapidamente começou a ser exigido de todos nas ordens maiores – do diaconado ao presbiterado e episcopado. A observância dessa disciplina estava sempre longe de ser perfeita. A questão entrou em controvérsia aberta no século XI com a Reforma Gregoriana e depois novamente no século XVI com a Reforma. Lutero declarou o celibato injustificado pela Bíblia e um exemplo de tirania papal sobre as consciências. Outros reformadores protestantes seguiram sua liderança.

Era quase inevitável que a questão fosse levantada no concílio, especialmente quando, no terceiro período, se discutiam os sacramentos do matrimônio e das ordens sacras. Responsável, no entanto, por levantar explicitamente a questão foi o sacro imperador romano, Ferdinando I, o sucessor de Carlos V. Ele foi destacado pelo Duque Albrecht V da Baviera. No início do terceiro período do concílio, os embaixadores de Ferdinando entregaram aos legados papais um memorando dele. Neste, o imperador recomendou uma série de coisas. Entre as mais urgentes delas estava a mitigação do celibato. Os legados não tomaram nenhuma ação sobre o memorando à época.

Algumas semanas mais tarde, porém, Sigismund Baumgartner, um leigo, chegou ao concílio como embaixador do Duque Albrecht. De acordo com o protocolo padrão para tais ocasiões, o embaixador dirigiu-se ao concílio para transmitir as preocupações de seu soberano. Citando informações recolhidas de uma extensa visita à Baviera em 1558, Baumgartner pintou um quadro sombrio. A grande maioria do clero era ignorante e infectada pela heresia. De uma centena, apenas três ou quatro não eram casados secretamente nem mantinham concubinas, para grande escândalo dos fiéis.

Baumgartner pediu em nome de Albrecht a permissão para o clero se casar. Ele observou que, em terras de língua alemã, católicos devotos e fiéis chegaram à conclusão de que "um casamento casto é preferível a um celibato contaminado" – *castum matrimonium contaminato coelibatui praeferendum*. A situação se deterioraria ainda mais, ele previu, a menos que, de acordo com o costume da Igreja primitiva, homens bem instruídos e casados fossem admitidos às ordens sacras. Ele acrescentou: "Afinal, não é uma lei divina que exige que os sacerdotes sejam celibatários. Como se depreende do registro histórico, homens casados foram admitidos às ordens sacras nos séculos passados – e não apenas à dignidade do sacerdócio, mas também às alturas exaltadas do episcopado".

Como era sua prática, o concílio emitiu um reconhecimento formal sobre o tema, mas depois passou para o assunto em questão. Alguns meses mais tarde, Duque Albrecht, pelos enviados que mandou a Roma, pediu diretamente a Pio IV a permissão para "homens casados honestos e instruídos cumprirem certos deveres eclesiásticos, especialmente pregando a Palavra divina". O papa respondeu que iria remeter o assunto para os legados do concílio. Quando os legados receberam a investigação do papa, consultaram quatro teólogos do concílio, que responderam que o pedido era contrário à tradição da Igreja e, na opinião deles, inadequado "mesmo para estes tempos calamitosos". Por enquanto o assunto estava parado ali.

Muitos meses depois, Georg Draskovich, embaixador do Imperador Ferdinando, se dirigiu ao concílio sobre o assunto. Ele recordou aos bispos os graves escândalos que os padres causaram por sua má conduta sexual e disse: "se quiseres jovens padres, deixa que se casem primeiro". Estranho dizer que essa intervenção não suscitou praticamente nenhuma discussão. Para o bem ou para o mal, o celibato não tinha urgência para os bispos da Itália e da Espanha, que constituíam a grande maioria dos bispos em Trento. O mesmo se aplicava aos teólogos. Quando eles apresentaram seus pontos de vista aos bispos sobre o Sacramento do Matrimônio, apenas em poucos casos tocaram nessa questão.

No documento final sobre o sacramento, o celibato não é louvado nem condenado. Simplesmente não é mencionado. O concílio decidiu não decidir. Dois cânones, no entanto, giravam em torno da questão. O cânon 10 condenou a visão de que o casamento era um estado mais abençoado do que a virgindade ou o celibato. O cânon 9 condenou a opinião de que os clérigos de ordens sacras ou membros de uma ordem religiosa que tenham feito um voto solene de castidade poderiam validamente contrair matrimônio. Essa foi uma afirmação mínima, mais jurídica do que teológica, e evitou o verdadeiro problema.

Depois do concílio, o problema pousou na mesa do Papa Pio IV. O imperador e o duque continuaram sua busca por uma atenuação do celibato, pelo menos para terras de língua alemã. Ferdinando, por exemplo, escreveu a vários cardeais que ele achava que poderiam influenciar Pio a seu favor. Após a morte de Ferdinando, seu filho, Maximiliano II, continuou o esforço, assim como Albrecht. Pio, indeciso, no início de janeiro de 1565, cerca de um ano depois da conclusão do concílio, criou uma delegação de cardeais para deliberar sobre o assunto.

Dois meses mais tarde, o Rei Filipe II da Espanha informou ao papa que ele se opunha totalmente a qualquer concessão. Argumentou que se uma mudança fosse feita para a Baviera e para o império, outras nações exigiriam isso, o que resultaria na destruição da estrutura hierárquica da Igreja. Nos poucos meses que lhe restavam antes de sua morte, Pio procrastinou. Mas quando seu sucessor, Pio V, que fez saber imediatamente em sua eleição que ele estava determinado a não fazer nenhuma concessão ou admitir qualquer mudança, a questão morreu.

Consequências indesejadas

Estou certo de que todos vocês nesta sala experimentaram a lei das consequências indesejadas nas suas próprias vidas, como resultado das decisões que vocês tomaram. É assim que funciona: você está diante de uma decisão. Você pesa as razões para escolher uma alternativa em detrimento de outra. Finalmente, você toma sua decisão. Mesmo quando essa foi a decisão certa, você logo percebe que isso implica em consequências, boas ou más, que você não previu e certamente não pretendeu. O que é verdade para as decisões da nossa vida pessoal também vale para as decisões tomadas pelas instituições. Foi certamente verdade para o Concílio de Trento. Descreverei três delas. As duas primeiras foram consequências para a cultura católica no sentido amplo do termo. A última foi uma consequência que afetou diretamente o papado, mas depois afetou profundamente a trajetória da história da Igreja Católica daquele ponto em diante.

1) Catolicismo e continuidade histórica

O Concílio de Trento, involuntariamente, deu um forte impulso a um viés distintivamente católico em relação ao passado que, de fato, tinha começado a surgir antes mesmo do concílio. Os reformadores protestantes, começando por Lutero, acusaram a Igreja Católica de ter rompido completamente com o Evangelho. Para

Lutero, o fato de que a Igreja não pregava a justificação apenas pela fé, como ele a entendia, significava que a continuidade com o verdadeiro ensinamento do Novo Testamento tinha sido rompida. Além disso, pela sua exaltação do papado e pela sanção da tirania papal, a Igreja tinha rompido ainda mais radicalmente com o ensino de Cristo e dos apóstolos.

Os apologistas católicos imediatamente se apressaram para contrariar essa acusação, insistindo na continuidade ininterrupta da Igreja com a era apostólica. Pela maneira como Trento falou, especialmente sobre os sacramentos, apoiou o argumento dos apologistas. No cânon 6 do seu decreto sobre o Sacramento da Penitência, por exemplo, o concílio afirmou que "desde o princípio" a Igreja havia exigido a confissão secreta dos pecados de alguém a um sacerdote, em conformidade com o mandamento de Cristo. Como sabemos, porém, essa prática se desenvolveu séculos mais tarde em mosteiros e se tornou generalizada no Ocidente apenas nos séculos XI e XII.

Quando o concílio afirmou que na Igreja Católica "a antiga, absoluta, e, sob todos os aspectos, perfeita fé e doutrina da Eucaristia havia sido mantida", estava apenas tornando totalmente explícito um aspecto de seu ensinamento que, em geral, sustentava seus pronunciamentos doutrinais. O que Cristo e os apóstolos transmitiram, a Igreja reteve e sempre reteve inalterado. Nunca nenhum concílio anterior insistiu tão frequente e explicitamente na continuidade do seu ensinamento com o autêntico passado cristão. Ao fazer isso, o concílio ajudou a desenvolver a mentalidade católica, relutante em admitir mudanças no curso da tradição da Igreja. Embora certamente haja um sentido em que os católicos crentes podem e devem subscrever a reivindicação da continuidade da Igreja, em sua forma indiferenciada, ela voa diante de evidência incontestável.

De qualquer maneira, uma mentalidade peculiarmente católica a esse respeito se tornou mais plenamente cristalizada algumas décadas depois do concílio com a publicação de obras como a do Cardeal Cesare Baronio, *Anais eclesiásticos*, que foi uma resposta às narrativas luteranas que tentavam provar que o catolicismo representava uma ruptura com a era apostólica e com a Igreja primitiva. Essa mentalidade está conosco hoje, em lugares altos e baixos.

2) Depois do concílio, o catolicismo emergiu como a mais sensual das Igrejas

Muito antes da Reforma, os cristãos devotos reagiram contra a superstição grosseira, até mesmo carnal, de muitas práticas religiosas da época e buscaram uma experiência religiosa mais genuína. Ou seja, eles procuravam uma religião mais espiritual do que a que viam ao seu redor. A coleção de devotos axiomas e meditações que ficou conhecida como *A imitação de Cristo*, em circulação a partir do início do século XV, rapidamente se tornou popular. A chamada feita no primeiro capítulo, embora tradicional, assumiu uma nova urgência: "Retira o teu coração do amor das coisas visíveis e volta-o para o amor das coisas invisíveis".

Erasmo, o grande humanista do início do século XVI, contribuiu para esse movimento com suas sátiras sobre relíquias falsas, peregrinos crédulos e aparições questionáveis da Virgem Maria e de outros santos. Ele, e outros humanistas, buscavam uma religião mais espiritual que se distanciasse do sensual, especialmente em suas formas mais grosseiras e ostensivas. Em grande parte, por influência de Erasmo, a palavra latina *caerimoniae* adquiriu o significado pejorativo de "pequenos rituais triviais" que eram mais uma distração do que um auxílio à verdadeira devoção. As estátuas dos santos eram tão suscetíveis de conduzir à idolatria quanto à emulação, que, segundo Erasmo, era o único aspecto correto do culto dos santos.

Somente com a Reforma, no entanto, essa tendência tomou um rumo destrutivo. Começou em Wittenberg com Andreas Karlstadt, um dos discípulos de Lutero. Ele condenou as imagens de Cristo e dos santos como uma violação do primeiro mandamento e persuadiu o conselho municipal de Wittenberg a retirar todas as imagens das igrejas da cidade. Lutero, que estava longe de Wittenberg na época, anulou a ordem quando voltou e rompeu abertamente com Karlstadt. Não no luteranismo, dessa forma, mas especialmente no calvinismo, eclodiram programas autoconscientes e amplamente destrutivos de iconoclastia. Esses programas foram particularmente completos em algumas cidades da Suíça e em toda a Escócia. No terceiro quarto do século XVI, os calvinistas franceses, os huguenotes, ganharam força considerável na França, e começaram a destruir imagens nas igrejas em todos os lugares em que podiam.

O mundo mediterrâneo de Itália, Espanha e Portugal estava praticamente intocado por esse movimento, o que explica por que a veneração das imagens sacras não foi tema no Concílio de Trento até depois da chegada dos franceses no último período do concílio. Os franceses trouxeram consigo a exigência de que o concílio emitisse um decreto declarando as imagens sacras não apenas legítimas, mas também úteis para a instrução e a devoção. Por causa da insistência francesa, o concílio, no último momento, cumpriu e produziu seu famoso decreto. Este demorou tanto para vir do comitê responsável pela sua formulação que o concílio teve tempo apenas para carimbá-lo, sem sequer um momento para discuti-lo ou debatê-lo. Em todo caso, tratava-se de uma afirmação resoluta das imagens sacras, permitindo que as igrejas e outros lugares sejam adornados com elas.

Nas últimas décadas, esse decreto tem sido amplamente discutido por historiadores da arte. Eles tenderam a se concentrar na estipulação de que "toda lascívia e apelo sensual" sejam evitados em imagens sacras, e se as imagens são sobre pessoas ou eventos bíblicos, elas devem ser fiéis aos textos sagrados. Essas disposições são certamente importantes e tiveram um impacto na arte, nos artistas e nos seus mecenas. O caso mais conhecido diz respeito ao *Juízo final* de Michelangelo na Capela Sistina. Depois do concílio, em uma tentativa de observar o decreto, o Papa Pio IV fez pintar a nudez frontal do famoso afresco. Esse é o *Juízo final* que você vê na capela hoje, mesmo depois das restaurações recentes. Mas casos semelhantes de mutilação são poucos, mesmo em dioceses com bispos zelosos em implementar as reformas de Trento.

Devemos recordar: apesar do aviso do decreto sobre possíveis abusos que, de fato, consiste em apenas algumas palavras em um longo decreto, a mensagem geral do decreto é positiva. Essa mensagem, certamente não inesperada, caiu docemente nos ouvidos dos artistas e de seus mecenas, e removeu das terras católicas uma ameaça que tinha devastado outras. De acordo com o princípio sacramental distintivo do catolicismo, o espiritual é mediado para nós por sinais materiais.

Como o cenário político, militar e religioso estava mais ou menos estabilizado no final do século XVI, os dois mais importantes centros de produção artística – Itália e Flandres – estavam seguramente em mãos católicas. E nessa época a Espanha começava a emergir como outro centro importante, também firmemente em mãos católicas. No início do século XVII, à medida que o gosto artístico foi entrando gradualmente na era barroca, os artistas se tornaram ainda mais propensos a revelar cada vez mais a carne humana. Pense em Caravaggio e Carracci. Nenhum artista daquele tempo revelou mais carne ou glória na beleza do corpo humano do que Peter Paul Rubens, o artista preferido dos jesuítas naquela época, um devoto católico que participava diariamente da missa.

Em seu decreto sobre o sacrifício da missa, o concílio deu voz a um princípio geral que desfazia a abordagem da adoração. Essa afirmação, embora menos comentada, é talvez igualmente importante para revelar a posição do concílio em relação ao sensual. Diz: "uma vez que a natureza humana é tal que não pode elevar-se à meditação das realidades divinas sem ajuda material, a santa mãe Igreja tem, por esse motivo... proporcionou certas coisas como bênçãos simbólicas, luzes, incenso, vestimentas e muitos outros objetos rituais... pelos quais a majestade deste grande sacrifício é realçada e as mentes dos fiéis são despertadas por tais sinais visíveis de devoção religiosa à contemplação dos altos mistérios nele escondidos".

Essa passagem e o decreto sobre as imagens professavam uma estreita relação entre o corporal e o espiritual, podendo assim justificar e, portanto, promover as melhorias materiais do culto divino, uma característica que afastou de forma impressionante o culto católico da maioria dos seus homólogos protestantes. Eles, além disso, promoveram apreciações culturais profundamente diferentes em terras protestantes, ao contrário das católicas, que persistiram ao longo dos séculos. Em outras palavras, havia mais em jogo do que teologia. Ou, melhor dizendo, a teologia nesse caso teve profundas repercussões na cultura.

3) O concílio reforçou o prestígio e a autoridade do papado

O Concílio de Trento tinha dois objetivos principais: a reforma da Igreja para torná-la mais eficaz pastoralmente e a afirmação dos ensinamentos católicos que os protestantes rejeitavam. A Reforma Protestante foi um movimento complexo, e reformadores diferentes rejeitaram diferentes doutrinas e práticas católicas. Havia, no entanto, uma doutrina que todos rejeitaram sem exceção: o primado do papa. De fato, "nenhum papa" se tornou quase o grito de guerra deles. O topo da agenda de Trento, portanto, deveria ter sido um decreto sobre o papado. Mas Trento nunca o emitiu. Não fez porque não pôde fazê-lo. Os bispos e teólogos presentes em Trento discordaram muito sobre como o ofício papal deveria funcionar. Certamente todos os presentes em Trento acreditavam na primazia papal. Caso contrário, eles não teriam vindo a um concílio que foi convocado pelo papa e presidido por seus legados. Mas, como funcionava a primazia papal, quais poderiam ser seus limites legítimos e, sobretudo, como se relacionava com o próprio concílio, eram assuntos sobre os quais não havia acordo em Trento.

No entanto, era uma questão que fervilhava por baixo da superfície quase desde o momento em que o concílio abriu até o momento em que fechou. Ameaçou emergir em vários momentos diferentes e em conexão com vários problemas que o concílio teve de enfrentar. O mais grave e contínuo desses momentos durou dez meses, e surgiu em conexão com o objetivo principal da reforma do concílio – fazer com que os bispos residissem em suas dioceses e ocupassem apenas uma de cada vez.

Não faltou legislação clara sobre o assunto. No seu primeiro período, o próprio Concílio de Trento tinha aprovado uma forte medida a esse respeito. Mas quando se reuniu 17 anos mais tarde, nada havia mudado. A lacuna era a dispensa da lei concedida pelo papado. Os papas precisavam de dinheiro, e uma de suas principais fontes eram ofertas ou estipêndios oferecidos em troca de dispensas. Foi a tentativa do concílio de restringir de alguma forma essa prática, interpretada em Roma como uma incursão ilegítima na autoridade da Santa Sé, que dividiu o concílio em duas facções diametralmente opostas. Essa divisão levou o concílio à sua crise mais grave em sua longa história, a crise que mencionei que durou dez meses.

Além disso, se concentrarmos a nossa atenção não neste ou naquele decreto do concílio, mas em todo o corpo, especialmente na legislação da reforma de Trento, fica claro que seu objetivo fundamental era reforçar a autoridade não do papado, mas do bispo local. No entanto, depois do concílio, o papado começou a gozar de um novo prestígio entre os católicos e a exercer sua autoridade em novas áreas da vida da Igreja.

Isso é notável na medida em que, antes e durante o concílio, os três papas que convocaram os três períodos foram frequentemente responsabilizados e fortemente criticados pelos católicos por obstruírem o progresso do concílio e, na verdade, por serem o principal obstáculo às reformas da Igreja que se queria estabelecer. Uma vez terminado o concílio, porém, os católicos que durante o concílio o ridicularizaram, começaram agora a se reunir em torno dele. O Papa Pio IV começou a receber crédito por levar esse corpo de frações a uma conclusão bem-sucedida. Além disso, na pressa de terminar o concílio, os bispos confiaram ao papado certas tarefas que não tinham tido tempo de completar ou mesmo de empreender. Inadvertidamente, o concílio entregou ao papado uma descrição de funções um pouco mais ampliada.

Como mencionado, o concílio confiou ao papado a conclusão do novo *Índice dos livros proibidos*. Quando Pio IV promulgou o novo índice alguns meses depois do fim do concílio, ele, com efeito, e provavelmente involuntariamente, não apenas emitiu uma revisão de um documento criado pelo seu antecessor, mas também estabeleceu uma nova instituição papal que a partir daquele momento teria uma vida ininterrupta na Igreja até meados do século XX.

O concílio também confiou ao papado a revisão do missal e do breviário. Essas duas tarefas pouco a pouco foram se alargando, de modo a contemplar outros livros litúrgicos, incluindo o Pontifical e o Ritual. Não surpreendentemente, por conseguinte, em 1588, o Papa Sisto V deu um passo significativo e fundou a Congregação para os Ritos, uma ação que implicitamente, mas inconfundivelmente, redefiniu o papel do papado em relação ao culto católico. Pela primeira vez, forneceu ao papado um instrumento para a supervisão permanente de todas as questões possíveis relativas à liturgia e aos sacramentos. Essa congregação, agora com um novo nome, ainda existe.

Quando o concílio terminou, não ficou claro quem tinha a responsabilidade principal pela implementação de seus decretos – eram os governantes seculares, os bispos locais ou o papado? Nos documentos do concílio podem ser encontradas justificativas para todos, e, de fato, todos os três não só reivindicam essa autoridade, mas também ativa e efetivamente a perseguem. Nessa disputa, o papado certamente não ficou para trás.

Os núncios papais eram embaixadores da Santa Sé junto aos monarcas de toda a Europa. Muito antes do concílio, o papado tinha feito uso efetivo deles; mas, depois do concílio, fortaleceu e formalizou ainda mais a instituição e a usou para pressionar a implementação do concílio de acordo com sua própria interpretação. O núncio representava o papa e servia às vezes como um contrapeso à hierarquia local. Esse desenvolvimento foi parte integrante do novo impulso de energia que o final bem-sucedido do concílio injetou na empresa papal. Tal como acontece com outras instituições no mundo moderno, a Igreja também se moveu para padrões de crescente centralização da autoridade. É discutível até que ponto esse desenvolvimento se deveu diretamente ao Concílio de Trento. No entanto, o concílio certamente contribuiu para isso. Como outros desenvolvimentos posteriores, este pode, em parte, ser descrito como uma das consequências não intencionais do concílio.

8
Bispos e teólogos no Concílio de Trento
Uma lição para hoje

Enquanto eu escrevia o meu livro sobre o Concílio de Trento, fiquei impressionado com a diferença entre o papel que os teólogos desempenharam ali e o que desempenharam no Vaticano II. Naturalmente, a função essencial deles era a mesma: aconselhar os bispos sobre as questões teológicas e doutrinais em jogo em uma determinada medida. Mas a maneira como desempenharam esse papel foi notavelmente diferente nos dois concílios. Acredito que entender a diferença lança luz sobre as origens do relacionamento às vezes tenso hoje entre teólogos e bispos. Esse é o ponto deste artigo que publiquei na revista America, *em 31 de outubro de 2011.*

O ano de 2013 marcará o 450º aniversário do encerramento do Concílio de Trento. Estou escrevendo um livro sobre o concílio para contribuir de maneira modesta para a observância do aniversário. Mas estou fazendo isso também porque acredito que, neste caso, como em muitos outros, o que aconteceu no passado oferece perspectivas úteis sobre o presente. O que aconteceu em Trento pode ajudar católicos e observadores fora da Igreja a refletir sobre a tensão atual entre o magistério e os teólogos e sugerir melhores maneiras de lidar com isso. O problema não é novo na Igreja, mas hoje certamente é grave.

Suas raízes são profundas no passado, com origem nos séculos XII e XIII com a fundação das universidades. Até então, os bispos, que quase invariavelmente vinham dos estratos sociais superiores da sociedade, tinham seu estilo literário de educação como seus pares. Se tudo corria bem, eles dirigiam suas habilidades literárias para expor o texto da Bíblia e assim se tornarem qualificados para ensinar na Igreja. Santo Agostinho e Santo Ambrósio se encaixam nesse molde. Embora esses bispos devessem, por si mesmos, dedicar tempo ao estudo da filosofia, a cultura deles permanecia geral, indistinguível em estilo da de outros líderes da sociedade. Eles eram o equivalente aos "cavalheiros estudiosos" de épocas posteriores. Não tinham diplomas universitários porque não havia universidades.

Essa situação confortável mudou drasticamente na Alta Idade Média, quando a ciência grega, recentemente importada, desafiou a Bíblia como fonte de todo o conhecimento. A reflexão sobre a "página sagrada" nunca mais seria tão fácil, pois a relação entre "razão e revelação" se transformou em um novo e direto confronto. Esse confronto continuou no presente – em diferentes formas, certamente, mas em formas ainda mais exacerbadas. Não há respostas fáceis para conciliar as questões decorrentes desse embate, especialmente no século XXI, intelectual e tecnologicamente complicado.

Justamente quando se deu o primeiro confronto e, até certo ponto, por causa dele, surgiu a universidade. O objetivo da nova instituição era a formação profissional, incluindo profissionais na página sagrada. Na Universidade de Paris, a faculdade de teologia foi uma das três escolas profissionais, juntamente com direito e medicina. Para concluir completamente o curso de teologia poderiam ser necessários cerca de 15 anos. Foi nessa faculdade que os muitos problemas que surgiram da nova problemática da razão e da revelação invadiram o cenário mais sereno da contemplação da página sagrada. A disputa, não a contemplação, era o exercício universitário padrão.

Note que esses novos profissionais da teologia não eram do episcopado. A maioria dos bispos e futuros bispos continuaram a ser educados nas antigas formas; alguns, no entanto, obtiveram diplomas universitários em direito canônico, uma disciplina que logo foi considerada mais apropriada para eles do que a teologia. Assim, aconteceu que os bispos, os tradicionais mestres da fé, geralmente não possuíam os conhecimentos técnicos necessários para lidar com as questões cada vez mais desafiadoras suscitadas no discurso sobre a "doutrina sagrada". Eles tiveram de se apoiar em profissionais.

Em um esboço aproximado, essa é a origem da tensão entre magistério e teólogos que experimentamos hoje. A relação entre essas duas classes de mestres nem sempre foi, obviamente, tensa. É onde o Concílio de Trento pode ser instrutivo. Permanece como um importante exemplo de cooperação. O Concílio Vaticano II também fornece um exemplo de cooperação, mas em Trento os teólogos desempenharam um papel mais formalmente reconhecido e tiveram menos limitação.

No Vaticano II, o papa nomeou diretamente todos os peritos oficiais, os especialistas em teologia, embora os bispos fossem livres para trazer os seus próprios. Os teólogos sentaram-se com os bispos nas comissões que prepararam os documentos. Embora tivessem uma influência considerável nessas comissões, foram oficialmente advertidos de que só deveriam falar quando falassem com eles. Eles nunca se dirigiram aos bispos nas sessões plenárias na Basílica de São Pedro. Isso foi reservado exclusivamente aos membros do episcopado.

Os procedimentos em Trento foram diferentes de duas formas significativas. Primeiro, o papa nomeou apenas dois ou três teólogos do concílio. Os demais foram nomeados pelos bispos, pelos monarcas e pelas ordens religiosas. Durante o segundo período do concílio, 1551-1552, por exemplo, o papa nomeou 2; os bispos, 15; o santo imperador romano, 7; a Rainha Maria da Hungria (irmã do imperador), 9; e as ordens religiosas, 22.

Segundo, o papel que os teólogos desempenharam na preparação dos decretos doutrinários diferiu. O procedimento foi o seguinte:

Para começar, um ou mais teólogos, designados para a tarefa pelos legados papais que presidiram o concílio, resolveram os principais pontos em questão na doutrina em discussão. Esses pontos, breves e pontuais, geralmente equivalentes a apenas uma ou duas frases, foram depois entregues aos outros teólogos e bispos.

Em segundo lugar, na presença da assembleia completa dos bispos, os teólogos por sua vez, um a um, apresentaram suas opiniões sobre os artigos. As apresentações individuais podiam durar duas ou três horas. Essas reuniões, chamadas congregações de teólogos, eram realizadas de manhã e à tarde, e às vezes duravam várias semanas seguidas. Embora os bispos não fossem obrigados a assistir a essas sessões, a maioria assistiu. Eles ouviram em silêncio e escutaram uma ampla gama de opiniões.

Um exemplo ilustrará a diferença entre os dois concílios. O conceito de tradição (Concílio Vaticano II) ou de tradições (Trento) foi tratado em ambos. No Concílio Vaticano II, a comissão doutrinária preparatória, composta por bispos, elaborou um projeto de decreto que foi depois submetido aos outros bispos reunidos em São Pedro. Dois teólogos – Karl Rahner, SJ, e Joseph Ratzinger – estavam convencidos de que toda uma escola de pensamento sobre o assunto havia sido excluída *a priori* da consideração. Sentiram-se, portanto, compelidos a criar um texto alternativo, que circulou em uma base não oficial entre os bispos. Em Trento a primeira ação foi em ordem inversa: os teólogos examinaram o problema, enquanto os prelados escutaram silenciosamente.

Terceiro, só então é que os bispos, agora bem-informados sobre as opções teológicas disponíveis, abordaram os artigos de forma semelhante em série. Quando eles terminaram, uma delegação de bispos, juntamente com consultores teólogos, elaborou um projeto de documento, que foi então debatido pelos bispos, alterado conforme necessário, e finalmente aprovado. Foi um procedimento longo, muitas vezes enfadonho, mas resultou em decretos que foram plenamente informados e bem-pensados.

Os bispos de Trento eram típicos do episcopado católico da época. Eles tinham pouca formação acadêmica em teologia, embora, de outra forma, pudessem ser bem-educados de acordo com os padrões da época. Se tinham diplomas universitários, esses diplomas tendiam a ser em direito canônico. Os teólogos de Trento, no entanto, vieram exclusivamente de universidades ou instituições equiparáveis, e alguns eram homens de grande distinção. Eles não foram escolhidos a dedo para promover uma perspectiva particular, mas representaram uma amostragem aleatória de "escolas" teológicas. Os bispos fizeram bem em ouvi-los antes de procederem às suas próprias deliberações.

Desde o início do século XX, praticamente todos os bispos já eram formados em seminários. A esse respeito, são diferentes dos bispos que participaram de Trento. No entanto, poucos têm diplomas superiores de teologia, em um tempo em que a situação cristã se tornou complexa numa extensão anteriormente inimaginável. Agora, como nunca, a cooperação e o respeito mútuo são importantes. A esse respeito, acredito que o Concílio de Trento possa dar uma lição a ambas as partes.

9
O Concílio de Trento e o *Juízo final* de Michelangelo

O decreto do Concílio de Trento sobre as imagens sacras atraiu, nas últimas décadas, um interesse considerável dos historiadores de arte. Imediatamente após o encerramento do concílio, a nudez frontal masculina no Juízo final de Michelangelo, na Capela Sistina, foi repintada. Neste artigo, eu explico a relação entre o documento do concílio e a repintura. O artigo foi originalmente uma palestra proferida na Filadélfia, na reunião de outono da Sociedade Filosófica Americana, em 18 de novembro de 2011.

O *Juízo final* de Michelangelo é uma das mais famosas pinturas do mundo, de um dos artistas mais conhecidos do mundo, e está localizada em um dos espaços mais proeminentes, a Capela Sistina. Foi o Papa Clemente VII (1523-1534) que encarregou Michelangelo de pintar "a ressurreição" para a parede traseira da capela, atrás do altar. Por *ressurreição*, ele não quis dizer a ressurreição de Cristo, mas sim a ressurreição dos bem-aventurados no "último dia", conforme professado no credo, que conclui, "creio no Espírito Santo, na santa Igreja Católica, na comunhão dos santos, na remissão dos pecados, na ressurreição da carne, na vida eterna".

Clemente morreu antes que Michelangelo pudesse iniciar o projeto, mas o seu sucessor, o Papa Paulo III (1534-1549), renovou a encomenda. O artista completou o afresco em 1541 com grande aclamação. Foi admirado por seu poder religioso. Paulo III, supostamente, pôs-se de joelhos quando viu a obra pela primeira vez e exclamou: "Ó Senhor, não me imputes os meus pecados quando tu vieres no dia do Juízo". Foi igualmente admirado pela genialidade de Michelangelo em repensar e executar um tema padrão na pintura medieval. O Cardeal Francesco Coronaro escreveu que se Michelangelo lhe desse um quadro de alguma das figuras, ele pagaria o que lhe pedisse.

Embora encomendada como "a ressurreição", a pintura sempre foi conhecida como *O Juízo final*, o que é apropriado porque a ressurreição e o julgamento estão na tradição cristã, mas são dois aspectos da mesma realidade. Você se lembrará que a pintura mostra muita carne nua, o que é, obviamente, uma marca registrada do trabalho de Michelangelo. A exposição aqui é, no entanto, apropriada de acordo com a versão latina do credo que Michelangelo e todos os associados com a corte papal teriam conhecido: não "ressureição do corpo", como os ingleses a têm, mas "ressureição da carne", *carnis resurrectionem*. Mas a pintura como vemos hoje não é exatamente como foi vista em 1541, quando mostrou ainda mais carne, incluindo nudez frontal completa de algumas figuras masculinas. Temos uma boa ideia de como era originalmente a pintura a partir de uma gravura contemporânea de Giulio Bonasone. Embora muito elogiada quando o público foi autorizado a vê-la, foi também fortemente criticada pela nudez. Os críticos acharam especialmente angustiante a configuração das figuras de Santa Catarina de Alexandria e de São Brás, à esquerda na pintura, abaixo da mão esquerda de Cristo. Catarina parecia estar olhando cautelosamente por cima do ombro dela, como se estivesse intuindo que Brás estivesse contemplando algo malicioso em relação a ela.

Entre os críticos estava o mestre papal de cerimônias, Biagio de Cesena, que supostamente chamou a atenção de Paulo III para o fato de que a pintura era mais apropriada para uma taberna ou uma casa de banho do que para a capela do papa. Pietro Aretino, o poeta e satírico, foi outro. Ele pronunciou uma crítica bem divulgada sobre a indecência da pintura na "capela mais sagrada do mundo". No entanto, o *Juízo* permaneceu intocado por mais de duas décadas, através dos pontificados de Paulo III, Júlio III, Marcelo II e Paulo IV, e a maior parte do pontificado de Pio IV.

Isso mudou em 1564, quando Pio IV empregou Daniel de Volterra, um importante pintor e discípulo de Michelangelo, para resolver o problema. No processo, os órgãos genitais foram discretamente cobertos e o grupo Catarina/Brás foi reconfigurado. O resultado foi a pintura mais ou menos como a vemos hoje.

O Concílio de Trento terminou em 1563, o ano antes da repintura. Qual é a conexão entre esses dois eventos? Responder a essa pergunta é o encargo da minha conversa de hoje. Eu certamente não sou o primeiro a abordar isso. Na verdade, a discussão da relação é um ponto de partida da literatura histórico-artística.

Influente a esse respeito tem sido o julgamento do historiador italiano Romeo De Maio, que, em seu *Michelangelo e la Controriforma* [Michelangelo e a Contrarreforma] (1978), disse: "O Juízo foi discutido durante o debate sobre as imagens sacras, que aconteceu em Trento durante a vigésima quinta sessão do concílio, de 11 de novembro até 3 de dezembro [1563]... o fato de que logo após a conclusão do concílio a 'revisão' do Juízo foi encomendada... mostra que em Trento a discussão da pintura estava viva" (p. 39).

O livro de De Maio refletiu e deu um forte impulso à ideia de que a pintura de Michelangelo foi destacada no concílio por críticas especiais, e até sugeriu que a pintura incitou o concílio a publicar o seu decreto sobre imagens. Essa ideia se tornou sabedoria em grande parte da literatura sobre a pintura e persistiu até o presente. Tentarei mostrar agora que apenas uma palavra na declaração de De Maio é verdadeira, o que não significa, contudo, que não haja qualquer ligação entre o concílio e a pintura.

O Concílio de Trento foi convocado pelo Papa Paulo III em 1545 por insistência do Imperador Carlos V. Convocou os bispos católicos da Europa para responder à Reforma Protestante e se reuniu ao longo de 18 anos em três períodos distintos: 1545-1547, 1551-1552, e 1562-1563. Três papas diferentes convocaram cada um dos três períodos, mas nenhum deles jamais pisou em Trento. Em vez disso, nomearam legados para presidir em seus nomes.

O concílio teve uma história extraordinariamente conturbada, sugerida pelas rupturas em três períodos, e passou de uma significativa crise para uma crise ainda maior. Papas, reis e rainhas, os imperadores do Sacro Império Romano, bispos e protestantes lançaram obstáculos de todo tipo no caminho, incluindo a guerra ou a simples ameaça. A escolha da então pequena cidade de Trento como local de encontro foi, em si mesma, o resultado de um acordo difícil, que não foi satisfatório para nenhuma das partes envolvidas. (O nome latino para Trento é *Tridentinum* – daí o adjetivo "tridentino".)

Quanto ao decreto de Trento sobre as imagens sacras, a primeira coisa a notar é que ele não foi ocasionado por um desejo de regular a qualidade ou o decoro da arte em questão, mas para afirmar a legitimidade de tal arte em face de explosões graves de iconoclastia. A segunda coisa a notar é que o concílio, embora tenha aprovado um decreto sobre as imagens sacras, nunca em sessão plenária discutiu o assunto. Por que esse foi o caso? Em resumo, o concílio estava ocupado com outros assuntos que considerava mais importantes – a saber, as grandes questões doutrinárias suscitadas mormente por Lutero e o problema urgente da reforma da Igreja, especialmente do episcopado (o que significava, basicamente, fazer com que os bispos residissem em suas dioceses e fizessem os seus trabalhos).

Além disso, a grande maioria dos prelados do concílio era da Itália, mais de dois terços durante o último período do concílio, seguidos a grande distância por prelados da Espanha e depois de Portugal. Nesses países, a iconoclastia era praticamente desconhecida. Ao contrário do que a literatura histórico-artística por vezes sugere, não só as imagens eram um assunto sem importância no concílio, mas até o momento final não eram um assunto para a grande maioria dos participantes do concílio.

O mesmo não aconteceu com a França, onde a iconoclastia havia eclodido desde 1520. Essa explosão foi pouco mais do que um sintoma da infiltração mais geral e precoce de ideias protestantes na França e especialmente na capital. Em resposta à situação, Antoine Duprat, cardeal arcebispo de Sens, convocou em 1527 o sínodo (ou concílio) local mais importante do século XVI antes de Trento. Embora os seus decretos fossem vinculativos apenas nos arredores locais, eram amplamente conhecidos e respeitados pelos reformadores católicos, como é confirmado pela invocação em Trento, mesmo pelos prelados italianos e espanhóis, quando serviam aos seus propósitos.

Realizado em Paris, o Concílio de Sens, como é conhecido, emitiu muitos decretos sobre uma ampla variedade de assuntos. Dois desses decretos diziam respeito às imagens sacras. A primeira foi a longa mas tradicional justificação de sua utilidade para a instrução e devoção. O segundo, muito mais curto, tratava da qualidade delas: "Para que nada de impróprio acontecesse na Igreja de Deus, parecia correto e razoável [decretar] que, por causa da sensualidade de algumas imagens [*lascivas*] e de seus desvios da verdade da Escritura, no futuro, nenhuma seria colocada nas igrejas a menos que o bispo ou seu vigário aprovassem de antemão e visitassem a igreja". Essa foi a primeira vez no período em que a questão foi levantada de maneira influente em um documento eclesiástico oficial, embora local.

Apesar da agitação religiosa no reino, os franceses tentaram desde o início impedir a convocação de Trento e praticamente a boicotaram, tanto é que somente foi iniciada em 1545. O Rei Francisco I viu o concílio fortalecendo a mão de seu inimigo, o Imperador Carlos V. Seu filho e sucessor, Henrique II, viu da mesma maneira e boicotou o segundo período, 1551-1552. Porém, dez anos mais tarde, em novembro de 1562, depois da morte de Henrique, e depois do terceiro período do concílio já em curso por dez meses, uma delegação relativamente pequena, mas importante, chefiada pelo Cardeal Charles de Guise, finalmente chegou a Trento.

A situação religiosa no reino havia se tornado desesperadora, e até a viúva de Henrique II, a rainha regente Catarina de' Medici, percebeu que recorrer ao concílio era inevitável. Enquanto isso, a iconoclastia eclodiu mais uma vez quando os calvinistas franceses, os huguenotes, ficaram mais fortes.

Mesmo na rápida deterioração da situação religiosa e política na França, a rainha regente esperava anteriormente, de forma irrealista, acalmar os ânimos, reunindo os dirigentes dos partidos huguenotes e os católicos para que, através da conversa, pudessem resolver as suas divergências no Colóquio de Poissy, de 31 de julho a 9 de outubro de 1561. Entre muitas outras questões, a veneração de imagens foi muito debatida. O colóquio nada resolveu.

Em desespero, Catarina convocou outro colóquio, que se reuniu em seus próprios aposentos, no Castelo de Saint-Germain, alguns meses depois. O primeiro item da agenda foi a veneração de imagens, sobre a qual os teólogos da faculdade de teologia da Universidade de Paris tinham preparado uma *sententia* (uma "opinião" ou "posição escrita"). A *sententia* era fundamentalmente uma longa justificativa das imagens sacras. No entanto, incluiu a seguinte advertência, possível ou provavelmente em eco de Sens: "Também não é de modo algum um pequeno abuso se as imagens são pintadas e retratadas de forma indecente e sensualmente atraente [*impudica et lasciva*] e em desacordo com a castidade e o caráter reto dos homens e mulheres santos que as imagens representam".

O colóquio do castelo foi, no entanto, um fracasso absoluto e imediato, quebrando o primeiro item da agenda, a veneração de imagens, que Catarina tinha considerado como uma das questões mais fáceis de resolver. Como mencionado, um novo surto de iconoclastia eclodiu quando a França se dirigiu para os 30 anos de guerra civil, as "guerras francesas de religião". Catarina estava agora convencida de que não tinha uma alternativa a não ser apoiar a participação francesa no concílio.

Em 13 de novembro de 1562, por conseguinte, "o cardeal de Lorena", Charles de Guise, chegou a Trento com doze bispos, três abades e dezoito teólogos. Essa pequena delegação, que mais tarde foi um pouco ampliada, mostrou-se extremamente influente, devido em grande parte à forte personalidade de De Guise, que a partir de então desempenhou um papel no concílio, atrás apenas do dos próprios legados papais.

Em 3 de janeiro de 1563, pouco mais de seis semanas após a chegada dos franceses, eles apresentaram aos legados um memorando de 34 artigos sobre a reforma, um dos quais (n. 29) tratava, sem surpresa, das imagens:

> Porque surgiram iconoclastas no nosso tempo, homens que acreditam que as imagens devem ser destruídas, o que resultou em graves perturbações públicas em muitos lugares, o concílio deve tomar medidas para assegurar que os fiéis sejam devidamente instruídos no ensino da Igreja sobre a veneração de imagens. O concílio deve igualmente tomar medidas para eliminar os abusos e as práticas supersticiosas que têm crescido a esse respeito.

Os legados levaram as propostas francesas muito a sério e, no início de fevereiro, enviaram a Roma um relatório, com artigo por artigo, elaborado por um comitê de 11 pessoas, como a sua resposta considerada. No número 29, a comissão simplesmente disse "que o assunto seja tratado no catecismo". Ou seja, o concílio não deveria aceitar isso. Seria difícil minimizar uma questão de forma mais eficaz do que essa.

Pio IV respondeu aos legados mais rápido do que podiam desejar. Em 13 de fevereiro sua resposta a cada um dos 34 artigos chegou a Trento. O comentário sobre alguns deles foi longo, mas sobre o número 29 foi simplesmente "os legados mais reverendos responderam bem". Ou seja, eles relegaram o assunto para o catecismo. Uma coisa é clara: nem os legados de Trento nem o papa de Roma viam as "imagens" como uma preocupação.

As propostas francesas, como documentos semelhantes dos bispos espanhóis e do Imperador Ferdinando I, irmão e sucessor do Imperador Carlos V, nunca foram apresentadas ao plenário do concílio, nem foram distribuídas aos bispos para análise. As imagens, portanto, ainda não estavam na agenda. Outros assuntos tiveram precedência durante o resto do ano e absorveram a atenção de todos.

Com o passar dos meses, Pio instou os legados a concluírem rapidamente o concílio. Embora muitas questões ainda tivessem de ser resolvidas, eles conseguiram, em meados de novembro, fixar o dia 9 de dezembro como a data final para o concílio, o que significava que em apenas três semanas todos os assuntos tinham de ser concluídos, um objetivo que para muitos ali parecia altamente irrealista. Mas, mesmo assim, nenhuma ação foi tomada em relação às imagens.

Finalmente, na manhã de domingo, 28 de novembro, o Cardeal Charles de Guise, vendo que o tempo estava se esgotando rapidamente, apareceu nos aposentos dos legados e exigiu categoricamente que o concílio promulgasse um decreto sobre a veneração de imagens. Na manhã seguinte, 29 de novembro, os legados estabeleceram um comitê sob a presidência de De Guise para tratar do problema, bem como de uma série de outros assuntos, tais como indulgências, jejum, e a veneração de santos e relíquias. Nessa altura, restavam apenas oito dias úteis se o concílio terminasse em 9 de dezembro. Durante esses dias, o concílio tinha muitos outros negócios para tratar além dos assuntos comprometidos com a nova deputação. A agenda foi sobrecarregada quase ao ponto do absurdo.

Contudo, no final da noite do dia seguinte, 30 de novembro, chegaram notícias de Roma de que o Papa Pio IV estava tão gravemente doente que sua vida estava em questão. Na manhã seguinte, 1º de dezembro, os legados insistiram para que o concílio fosse concluído imediatamente; que o dia seguinte, 2 de dezembro, fosse o último dia de trabalho do concílio; e que as solenidades finais do concílio fossem realizadas nos dias 3 e 4 de dezembro, conhecidas como Sessão Vinte e Cinco. ("Sessão" designa um dia ou, neste caso extraordinário, dois dias, principalmente cerimoniais, quando os documentos já debatidos, emendados e, em princípio aprovados, foram formalmente aceitos. Não foi o longo período que De Maio designou.)

Essa mudança na data de encerramento significou que a deputação teve apenas um dia para completar suas muitas tarefas. Para o decreto sobre as imagens, entretanto, De Guise tinha consigo a *sententia* que os teólogos de Paris tinham preparado para o colóquio em Saint-Germain. Se não fosse por ele, não é de todo certo que o concílio teria abordado a questão, ou, se o tivesse feito, que o decreto seria formulado da forma como foi – isto é, que incluiria uma disposição sobre remover das imagens toda a lascívia. O longo decreto que o comitê formulou e o concílio aprovou posteriormente é, no entanto, em substância, uma validação retumbante das imagens. Lê-se em parte:

> E eles [os bispos] devem também ensinar que as imagens de Cristo, a virgem Maria e outros santos devem ser colocadas e guardadas, particularmente nas igrejas, e que a devida honra e reverência lhes sejam mostradas, não porque se crê que nelas haja alguma divindade ou poder... mas porque a honra que lhes é mostrada se refere às pessoas que representam... Toda superstição deve ser retirada da invocação dos santos, da veneração das relíquias e do uso das imagens sacras. Todos os que visam ao lucro básico devem ser eliminados. Toda lascívia [*lascivia*] deve ser evitada, para que as imagens não sejam pintadas ou adornadas com charme sedutor [*procaci venustate*].

Não há registro da deliberação do comitê que formulou o decreto. Mas quando o decreto é examinado em sua totalidade, fica clara a sua dependência textual da *sententia* de Saint-Germain. Em particular, a *lascivia* ("fascínio sensual") no texto tridentino, uma palavra muito discutida na literatura artístico-histórica, é uma simples reformulação de *impudica et lasciva* no texto de Saint-Germain, que em si mesmo foi provavelmente um eco das *lascivas* no decreto do Concílio de Sens.

Na tarde do dia 2 de dezembro, o concílio, em uma sessão plenária de trabalho, recebeu o decreto juntamente com tantos outros, que não havia tempo para comentar sobre nenhum deles. No entanto, todos foram considerados merecedores de aprovação final.

Assim, tudo o que sabemos sobre a construção de um texto que teve tanta influência sobre os artistas e mecenas, e que nos últimos cem anos gerou tanto comentário acadêmico, é que foi praticamente o produto exclusivo da preocupação francesa; que Charles de Guise foi o principal agente na evolução; que foi de modo geral baseado na *sententia* de Saint-Germain; que foi montado com uma pressa quase desesperada; que foi aprovado pelo concílio sem exame ou debate; que a iconoclastia, não um desejo de regular o decoro artístico, foi a força motivadora por trás dele; e que nos registros do concílio não há uma única menção de um pintor ou uma pintura – nem mesmo de Michelangelo e de seu *Juízo final*.

Depois de 4 de dezembro, os bispos deixaram Trento para ir para casa com o mandato autoimposto para implementar o decreto do concílio. O Papa Pio IV, como bispo de Roma, sentiu-se sob o mesmo mandato, evidentemente, mas talvez de uma forma ainda mais urgente por causa da preeminência de sua sé e por causa da necessidade que ele certamente sentiu de tranquilizar o mundo de que a dura crítica que o papado tinha recebido no concílio e, especialmente a amarga crítica que ele próprio tinha recebido por ser o maior obstáculo à reforma, não se justificavam. Agora totalmente recuperado de sua doença, ele, em 30 de dezembro de 1563, criou uma delegação de cardeais para revisar os muitos decretos do concílio para ver o que poderia e deveria ser colocado em prática imediatamente em Roma. A deputação se reuniu três vezes entre 18 e 21 de janeiro e tratou de uma ampla variedade de questões.

Em sua reunião final, em 21 de janeiro de 1564, entre muitos outros assuntos, emitiu uma breve recomendação sobre imagens: "As imagens na Capela Apostólica devem ser cobertas, como [deve ser feito] em outras igrejas [de Roma] se elas mostrarem algo obsceno ou obviamente falso, de acordo com o decreto do concílio".

O que se seguiu foi basicamente o que vimos, a pintura sobre algumas das figuras no *Juízo final* e a remodelação mais drástica de Santa Catarina e São Brás. Na literatura sobre a relação entre o concílio e essas ações, houve uma confusão considerável. Alguns estudiosos identificaram erroneamente a ação da deputação romana como uma ação do próprio concílio. Outros, até o presente, seguem De Maio, afirmando que o *Juízo* foi discutido pelo nome no concílio. Erros como esses, infelizmente, se tornaram verdades estabelecidas em estudos sobre a pintura, e foram passados para inúmeros turistas que visitam a Capela Sistina. Além do artigo 29 do memorando francês sobre a Reforma e a correspondência entre Trento e Roma a respeito disso, as imagens sacras e a arte em geral não foram publicadas em Trento, até que a cortina já estivesse descendo sobre o concílio.

A notoriedade do *Juízo* facilmente explica a ação da deputação romana após o concílio. Desde o momento da sua revelação, 23 anos antes, tinha sido duramente criticada, embora muito admirada, pelas suas figuras nuas e era objeto de controvérsia pública, pelo menos desde a publicação da carta de Pietro Arentino de 1545, deplorando a indecência das imagens "na mais sagrada capela sobre a terra". A pintura ofensiva na Capela Sistina era *O Juízo*, mesmo que houvesse, é claro, outros nus na capela. No teto, não apenas os enigmáticos *ignudi* de Michelangelo, mas também a nudez frontal em sua *Embriaguez de Noé*, escaparam de tais críticas e da repintura.

Somente em 21 de janeiro de 1564, um mês e meio após o término do concílio, temos um documento que relaciona o decreto do concílio com o *Juízo*. Além disso, é nesse momento que a aplicação mais geral do decreto para a Diocese de Roma foi oficialmente colocada em movimento. Embora os artistas e mecenas tenham sido levados a sentir a pressão do regulamento, não há exemplo de nenhuma outra pintura em Roma a ser desfigurada como resultado disso.

Na mesma época, outros bispos conscientes começaram a trabalhar na implementação dos novos deveres que o concílio lhes havia imposto. Os bispos na Itália agiram de acordo com o decreto sobre a arte sacra, continuando o seu apadrinhamento entusiástico para si mesmos e para as Igrejas que presidiam. Há apenas alguns exemplos isolados de qualquer desfiguração de arte já existente. Isso está longe de dizer, no entanto, que a advertência do decreto sobre "imagens sensuais" permaneceu letra morta, ou que não serviu de base para o importante fenômeno cultural conhecido como "arte tridentina".

10
Dez maneiras seguras de misturar os ensinamentos do Vaticano II

Como todo bom historiador sabe, interpretar documentos nunca é fácil, um ponto que eu trouxe no capítulo 7, sobre os mitos e interpretações errôneas do Concílio de Trento. Aqui eu chamo a atenção para dez suposições comuns sobre o Vaticano II que levaram a sérios mal-entendidos sobre o concílio. Publiquei o artigo na America, no dia 4 de fevereiro de 2013, no final do pontificado do Papa Bento XVI, momento em que se questionavam as orientações mais básicas do concílio.

Não é fácil interpretar qualquer grande acontecimento, por isso não é surpreendente que hoje haja desacordo sobre como interpretar o Vaticano II. Aqui, quero virar a questão ao contrário para indicar como não a interpretar. (Naturalmente, leitores astuciosos verão que essa é apenas uma maneira sorrateira de fazer pontos positivos.) Alguns desses princípios são, de fato, de interesse direto apenas para historiadores ou teólogos. As questões subjacentes a eles, no entanto, devem ser motivo de preocupação para todos os católicos que apreciam a herança do concílio. Esses dez princípios negativos são simplesmente uma forma sarcástica de nos lembrarmos do que está em questão nas controvérsias sobre a interpretação desse evento.

1) Insistir que o Vaticano II era apenas um concílio pastoral

Esse princípio está errado por duas razões. Primeiro, ignora o fato de que o concílio ensinou muitas coisas – a doutrina da colegialidade episcopal, por exemplo, que não é uma questão pequena. Era, portanto, tanto um concílio doutrinal quanto um concílio pastoral, ainda que ensinasse em um estilo diferente dos anteriores. Em segundo lugar, o termo pode ser usado para sugerir uma qualidade efêmera, porque os métodos pastorais mudam de acordo com as circunstâncias. Por isso, consciente ou inconscientemente, a palavra "pastoral" remete o concílio a um *status* de segunda categoria.

2) Insistir que foi uma ocorrência na vida da Igreja, não um evento

Essa distinção tem força em certos círculos. A sua importância é mais bem demonstrada por um exemplo: uma professora recebe um ano sabático, que passa na França. A experiência amplia a sua perspectiva. Ela volta para casa enriquecida, mas retoma suas rotinas anteriores. O período sabático dela foi uma ocorrência. Mas suponha que, em vez disso, lhe seja oferecido um cargo de reitora em uma instituição diferente da sua. Ela aposta nisso, se move, desiste de ensinar, e em seu novo emprego aprende novas habilidades e faz novos amigos. Esse é um evento, uma virada significativa no caminho.

3) Banir a expressão "espírito do concílio"

Certamente a expressão é facilmente manipulada, mas precisamos lembrar que a distinção entre espírito e letra é venerável na tradição cristã. Devemos, portanto, relutar em jogá-la no lixo. Mais importante, o espírito, devidamente compreendido, indica temas e orientações que impregnam o concílio de sua identidade, porque não se encontram em um documento, mas em todos ou quase todos. Assim, o "espírito do concílio", embora solidamente baseado na "letra" dos documentos do concílio, transcende qualquer um deles. Isso nos permite ver a mensagem maior do concílio e a direção que ele apontou à Igreja, que era em muitos aspectos diferente da direção anterior.

4) Estudar os documentos individualmente, sem considerá-los parte de um corpo integral

Não posso nomear ninguém que insista neste princípio, mas esta tem sido a abordagem padrão nos documentos desde que o concílio terminou. Obviamente, para entender o *corpus*, é preciso primeiro entender as partes componentes. Assim, o estudo de documentos individuais é indispensável e constitui o primeiro passo para a compreensão do *corpus*. Muitas vezes, porém, até mesmo os comentadores pararam nesse ponto e não investigaram como um texto específico contribuiu para a dinâmica do concílio como um todo – isto é, para o seu "espírito". Sem muito esforço, é fácil (e imperativo) ver a relação em temas e mentalidades, por exemplo, entre o documento sobre a liberdade religiosa e o documento sobre a Igreja no mundo moderno.

5) Estudar os 16 documentos finais na ordem de autoridade hierárquica, não na ordem cronológica em que foram aprovados no concílio

Os documentos naturalmente têm vários graus de vinculação (constituições antes de decretos, decretos antes de declarações). Mas esse princípio, quando tratado como exclusivo, ignora a natureza intertextual dos documentos – isto é, a sua interdependência – um construído sobre o outro na ordem em que fizeram a sua jornada através do concílio. O documento sobre os bispos, por exemplo, não pôde ser introduzido no concílio até que o documento sobre a Igreja estivesse fundamentalmente em vigor, especialmente por causa da importância crucial da doutrina da colegialidade debatida na *Lumen Gentium* (Constituição Dogmática sobre a Igreja). Os documentos, portanto, parafrasearam, emprestaram e se adaptaram um ao outro à medida que o concílio avançava. Assim, eles foram um todo coerente e integral e precisam ser estudados dessa maneira. Não são um amontoado de unidades isoladas. Brincar com um dos documentos, portanto, é brincar com todos eles. (Infelizmente, a última edição da tradução amplamente utilizada dos documentos do concílio, organizada por Austin Flannery, OP, imprime-os em ordem hierárquica e não cronológica.)

6) Não prestar atenção à forma literária dos documentos

Uma característica que mais obviamente distingue o Vaticano II de todos os concílios anteriores é o novo estilo com que formulou as suas promulgações. Ao contrário dos concílios anteriores, o Vaticano II não funcionou como um órgão legislativo e judicial no sentido tradicional desses termos. Estabeleceu certos princípios, mas não produziu, como os concílios anteriores, um corpo de ordenanças prescrevendo ou proscrevendo modos de comportamento, com penalidades ligadas à sua não observância. Não julgou criminosos eclesiásticos e não emitiu vereditos de culpado ou inocente. Caracteristicamente empregou um vocabulário novo para os concílios, um vocabulário repleto de palavras que implicavam em colegialidade, reciprocidade, tolerância, amizade e busca de pontos em comum. Em vez de ignorar essa característica distintiva, a explicação e a análise da literatura dos documentos parecem ser indispensáveis para a compreensão do concílio.

7) Ater-se aos 16 documentos finais e não prestar atenção ao contexto histórico, à história dos textos, ou às controvérsias que lhes dizem respeito durante o concílio

Este princípio permite que os documentos sejam tratados como se flutuassem em algum lugar fora do tempo e do local, podendo ser interpretados em conformidade. Somente examinando o trabalho que o decreto sobre a liberdade religiosa, por exemplo, experimentou durante o concílio, a ponto de parecer que não podia ser aprovado, é que podemos compreender seu caráter pioneiro e seu significado para o papel da Igreja no mundo de hoje. Além disso, existem documentos para além dos 16, que são cruciais para compreender a direção que o concílio tomou, tais como o discurso do Papa João XXIII ao abrir o concílio, "A Igreja Mãe se alegra", e a "Mensagem para o mundo", que o próprio concílio publicou no preciso momento em que estava começando. Esses dois documentos abriram o concílio, por exemplo, à possibilidade de produzir a *Gaudium et Spes*.

8) Proibir o uso de quaisquer fontes "não oficiais", tais como os diários ou a correspondência dos participantes

Sem dúvida, as fontes oficiais – os textos finais e os vários volumes da *Acta Synodalia*, publicado pela Imprensa Vaticana – são e devem continuar sendo o primeiro e mais confiável ponto de referência para a interpretação do concílio. Mas os diários e as cartas dos participantes fornecem informações que faltam nas fontes oficiais e, às vezes, explicam melhor as reviravoltas repentinas do concílio. A utilização de tais documentos não é uma inovação nos estudos. Os editores da magnífica coleção de documentos relativos a Trento, a *Concilium Tridentinum*, não hesitaram em incluir diários e correspondências, que se mostraram indispensáveis para compreender esse concílio e são utilizados por todos os seus intérpretes.

9) Interpretar os documentos como expressões de continuidade com a tradição católica

Como uma ênfase na interpretação dos documentos do concílio, isso é correto e precisa ser insistido. O problema surge quando esse princípio é aplicado de uma maneira que exclui qualquer continuidade – ou seja, qualquer mudança. É um absurdo acreditar que nada mudou, que nada aconteceu. Em 22 de dezembro de 2005, o Papa Bento XVI fez uma correção a tal exclusividade, quando disse no seu discurso à Cúria Romana que o que era necessário para o Vaticano II era uma "hermenêutica da reforma", que ele definiu como uma "combinação de continuidade e descontinuidade em diferentes níveis".

10) Faça da sua avaliação do concílio uma profecia autorrealizável

Esse princípio não se refere tanto à interpretação incorreta do concílio, mas ao emprego de avaliações para determinar como o concílio será agora implementado e recebido. O princípio é perigoso nas mãos de qualquer pessoa, mas especialmente perigoso nas mãos daqueles que têm autoridade para tornar operativa a sua avaliação. Nesse sentido, o "*slogan* do partido" no romance de George Orwell, *Mil novecentos e oitenta e quatro*, acerta na mosca: "quem controla o passado controla o futuro; quem controla o presente controla o passado".

11
O que aconteceu e o que não aconteceu no Vaticano II

Tal como no Concílio de Trento, os mitos e mal-entendidos sobre o Vaticano II começaram ainda mesmo enquanto o concílio estava em andamento. O interesse da mídia no concílio foi agressivo, e os jornalistas traduziram o concílio em termos que os seus leitores pudessem entender. Embora os seus relatórios tendessem a ser precisos na medida em que foram, frequentemente perdiam as questões importantes e as implicações mais profundas do que o concílio estava tentando fazer. Este artigo, publicado no Theological Digest, foi uma palestra que proferi na Universidade Saint Louis, em 28 de abril de 2008, pouco antes da publicação do meu livro sobre o concílio.

Muitas coisas aconteceram – e não aconteceram – no Vaticano II, como era de se esperar deste maior encontro da história do mundo. Quatro coisas cruciais não aconteceram porque foram explicitamente excluídas da agenda pelo Papa Paulo VI: a consideração do celibato sacerdotal, a consideração do controle da natalidade, a reforma da Cúria Romana e o estabelecimento de uma instituição que fundamentava dentro da realidade social da Igreja a doutrina da colegialidade que o concílio tinha estabelecido. Nenhuma dessas quatro tinha aparecido nas recomendações para a agenda que os bispos enviaram ao Vaticano antes da assembleia conciliar, apesar de eles terem tratado sobre as duas últimas durante o concílio, por vezes até no solo da São Pedro.

Outra coisa não aconteceu: o concílio não conferiu à Virgem Maria um novo título, como corredentora ou medianeira de todas as graças, como muitos bispos haviam pedido. A piedade mariana estava no seu ponto mais alto da história da Igreja na véspera do Vaticano II. Um dos 70 documentos originais que os bispos deviam tratar quando o concílio abriu era sobre Maria. O que fazer com ele? Alguns bispos queriam incorporar o material à Constituição Dogmática sobre a Igreja para mostrar Maria como membro ideal, enquanto outros queriam honrá-la com seu próprio documento. Isso foi uma questão explosiva e divisiva. Na votação mais próxima do concílio, com uma margem de apenas 40 votos, o concílio decidiu incorporar a declaração ao documento sobre a Igreja, onde forma o último capítulo. Nesse capítulo, o concílio não lhe conferiu um novo título nem definiu qualquer novo dogma mariano.

Há outra questão de extrema importância do tipo que "aconteceu pela metade". Em 1979, cinco anos antes de sua morte, o teólogo jesuíta alemão Karl Rahner falou do Vaticano II como a abertura de uma terceira época da história cristã. A primeira época foi o breve período do judeu-cristianismo, que começou a arrefecer tão cedo quanto a pregação de Paulo aos gentios. A segunda ocorreu desde então até o Vaticano II, o período do helenismo e da Igreja europeia. O terceiro período, o pós-concílio atual, é o período da Igreja mundial.

O concílio realmente iniciou esse novo período? À primeira vista, parece que não. O que impressiona no Vaticano II não é nenhum papel proeminente desempenhado pelas "novas Igrejas" das antigas colônias, mas como esse papel era dominado pelos europeus. As figuras principais eram quase exclusivamente do continente, e as poucas que não eram, como o jesuíta americano John Courtney Murray e o Arcebispo Paul-Émile Léger de Montreal, eram europeus no sentido amplo. O concílio foi ainda mais profundamente eurocêntrico na medida em que as questões que tratou tiveram origem na história da Europa Ocidental.

A Europa, as suas preocupações e o legado da sua história constituíram o quadro em que o Vaticano II se moveu. Os coloridos e astuciosos bispos das antigas Igrejas do Oriente Médio, especialmente os melquitas, às vezes instigavam e por vezes envergonhavam os padres do concílio em uma perspectiva mais ampla e apontavam como era paroquial o quadro geral de referência.

Mesmo assim, ao revisitar a história e as tradições da Igreja ocidental, o concílio esteve por vezes empenhado, não necessariamente de propósito, em transcender as suas determinações europeias. O debate sobre o latim foi uma revisitação dos debates da era da Reforma, mas o resultado teria repercussões na Igreja mundial. O abrandamento do papel de Tomás de Aquino no currículo dos seminários – e no discurso filosófico em geral – revisitou a exaltação de Tomás no século XIX e teve principalmente em vista uma maior abertura a outras filosofias europeias. Mas também abriu uma janela para filosofias e abordagens não europeias.

De importância direta, naturalmente, foram as recomendações específicas do concílio para a adaptação aos costumes e culturas locais. Na Constituição sobre a Sagrada Liturgia, o primeiro documento aprovado pelo concílio, surge a linha crucial:

"A arte de nossos tempos, de todas as raças e países, deve ter livre-alcance na Igreja". Essa abertura e adaptação explícitas não eram propriamente lemas do concílio, mas ocorreram com frequência suficiente para sinalizar que uma visão mais ampla estava tentando atravessar.

Se esses são alguns acontecimentos importantes que não aconteceram ou que aconteceram pela metade, o que aconteceu então? Muita coisa! Distintivo do concílio era o amplo alcance dos assuntos que ele abordou. Pronunciou-se sobre dezenas de particularidades, tais como o uso do órgão durante a missa; os salários dos sacerdotes; a relação da Igreja com as artes; os limites geográficos das dioceses; os diáconos casados; a validade de celebrações com os não católicos; a legitimidade do armazenamento de armas nucleares; o momento apropriado para benzer a água batismal; as traduções da Bíblia; e assim por diante – quase, poderia parecer, até o infinito.

Todos os assuntos tratados pelo concílio devem, naturalmente, ser levados a sério. No entanto, alguns são certamente de maior importância. Por onde começar? O melhor lugar é com os temas gerais tratados nos 16 documentos finais do concílio. Em seguida, indicar 16 áreas onde o concílio estava envolvido e sobre as quais tomava decisões. Isso é óbvio e importante. No entanto, durante e depois do concílio, ninguém pensou que o que o concílio disse sobre a mídia de massa (em um documento que, mesmo quando estava sendo discutido, muitos bispos acharam apagado) se comparava em importância ao que dizia sobre o relacionamento da Igreja com muçulmanos e judeus.

Parece haver um consenso entre os estudiosos sobre quais eram essas questões mais importantes. Foram eles que geralmente, mas nem sempre, geraram o debate mais acalorado durante o concílio. Essas questões estão contidas no documento sobre a liturgia, com os tipos de mudanças que determinou e impactaram imediatamente o crente comum nos bancos da igreja; no documento sobre a Palavra de Deus (ou Revelação), com a promoção do novo papel da Bíblia na piedade católica e validação dos métodos modernos de exegese; no documento sobre a Igreja, com a descrição da Igreja como "povo de Deus" e a afirmação da doutrina da colegialidade episcopal; no documento sobre o ecumenismo, com a ênfase no que os católicos e outros cristãos têm em comum e o encorajamento de relações cordiais na esperança de realizar uma nova unidade cristã (considerada como o fim da Contrarreforma); no documento sobre as religiões não cristãs, especialmente o islamismo e o judaísmo, com a sua deploração da intolerância religiosa em todas as suas formas; no documento sobre a liberdade religiosa, que afirmou o direito de cada ser humano de abraçar a religião que a consciência da pessoa ditar como a melhor (considerado como fim da era constantiniana); e no documento sobre a Igreja no mundo moderno, onde a dignidade humana é exaltada e a responsabilidade de cada pessoa no planeta de trabalhar por um mundo melhor é apresentada em detalhe.

Dessa forma, o concílio lutou com problemas profundos que ainda nos afetam, e chegou a decisões e orientações que, em sua maioria, não perderam nenhuma relevância para nossa vida. Mas se quisermos entender o concílio, precisamos nos aprofundar em três pontos que estão embaixo destas questões; são assuntos transversais, que subjazem a elas: (1) Em que circunstâncias a mudança é apropriada na Igreja, e com quais argumentos pode ser justificada? (2) Qual é a relação do centro com a periferia, que, na sua forma mais concreta, é a relação entre o papado (incluindo a cúria) e o resto da Igreja, especialmente os bispos? (3) Não importa como a autoridade é distribuída, qual é o estilo ou o modelo segundo o qual ela deve ser exercida?

O problema da mudança

A primeira questão, a mudança apropriada, tornou-se aguda no século XIX por causa da nova consciência histórica característica daquele período (i. é, a nova consciência de discrepâncias entre passado e presente) e dos debates sobre o significado dessas discrepâncias, especialmente para a Igreja. As vozes principais no concílio estavam muito mais conscientes do que suas contrapartes nos concílios anteriores das profundas mudanças que ocorreram na história da Igreja. Além disso, o Vaticano II tomou algumas decisões que pareciam contrariar o ensino aceito, como na questão da relação Igreja-Estado.

O sentido mais agudo na mudança histórica que estava operativa no concílio pode ser capturado por três palavras vigentes na época – *aggiornamento* (do italiano, atualização ou modernização), desenvolvimento (um desdobramento – no contexto, por vezes quase equivalente ao progresso ou evolução), e *ressourcement* (do francês, literalmente, volta às fontes). Um pressuposto básico, absolutamente crucial, está subjacente a todos esses três termos, tais como foram utilizados no concílio: a tradição católica é mais rica, mais ampla e mais maleável do que a forma como no passado foi frequentemente interpretada e apresentada, especialmente durante o século XIX e início do século XX. Os três termos se sobrepõem em significado, e um é frequentemente usado quando outro é significado. Mas em geral eles olham para o presente (*aggiornamento*), para o futuro (desenvolvimento), e para o passado (*ressourcement*). Todos estão preocupados com a mudança e, no contexto de uma Igreja relutante em admitir a mudança, operam como um sinônimo suave para ela.

O *Aggiornamento*, atribuído ao Papa João XXIII como um objetivo que ele tinha para o concílio, foi, dos três termos, o mais invocado para descrever o que era o Vaticano II. Em vários decretos, o Vaticano II determinou que algumas expressões da prática religiosa deveriam ser mudadas para adequá-las à "nova era" que o concílio viu se abrir.

Em certo nível, isso não era novidade. O IV Concílio do Latrão (1215), por exemplo, legitimava as mudanças feitas por razões de "necessidade urgente ou utilidade evidente" – *urgens necessitas vel evidens utilitas*. Mas o *aggiornamento* do Vaticano II era especial de várias maneiras, particularmente porque nenhum concílio anterior tinha tomado o equivalente de *aggiornamento* como um lema, como um princípio amplo e não como uma rara exceção.

No entanto, embora *aggiornamento* fosse o termo mais amplamente invocado para explicar o que aconteceu no Vaticano II, era o menos radical dos três, já tinha sido aceito como princípio, e, como tal, não encontrou resistência no concílio. A discordância surgiu apenas sobre a extensão e a adequação da atualização em casos específicos.

E quanto ao desenvolvimento? Esse termo reflete um fenômeno do século XIX. (Afinal, era o período de Darwin.) O *Ensaio sobre o desenvolvimento da doutrina cristã*, de John Henry Newman (1846), foi a declaração clássica sobre o assunto. Recebido com suspeita nos círculos católicos quando publicado pela primeira vez, o livro foi, em 1962, amplamente aceito como quase a exposição definitiva do assunto. Na época do concílio, quase todos os bispos tinham uma familiaridade genérica com o conceito e, em princípio, aceitavam a sua legitimidade.

Desenvolvimento é geralmente entendido como avançar ainda mais em um determinado caminho, como aconteceu quando a definição da Assunção de Maria (1950) seguiu a definição anterior da sua Imaculada Conceição (1854), um movimento que levou à esperança generalizada de uma nova definição mariana no concílio. A ideia de desenvolvimento é agradável ao progresso, especialmente como um esclarecimento adicional ou maior eflorescência. Foi usada para explicar as definições marianas em 1854 e 1950 e, particularmente, para justificar o crescimento da autoridade papal desde os tempos mais remotos até a sua culminação com as definições de primazia e infalibilidade papais no Concílio Vaticano I, assim como da bolota vem o carvalho. Tomou o presente como norma para compreender o passado, e procurou no passado evidências para confirmar o presente.

Os bispos frequentemente invocavam a ideia – ou pelo menos usavam o termo – nos debates na Basílica de São Pedro. Encontramos uma adoção explícita e crucial na

Constituição sobre a Revelação Divina, *Dei Verbum*: "A tradição que vem até nós dos apóstolos progride na Igreja com a ajuda do Espírito Santo". Há um crescimento na compreensão das realidades e palavras que estão sendo transmitidas. A tradição neste sentido não é inerte, mas dinâmica.

A Declaração sobre a Liberdade Religiosa, *Dignitatis Humanae* (Igreja-Estado), justifica a sua posição dizendo que está envolvendo ou desenvolvendo (*evolvere*) o ensino de papas anteriores sobre o assunto. Talvez o maior problema que o documento encontrou no plenário do concílio, no entanto, foi que o seu ensino parecia não ser mais um passo no caminho, mas o abandono do caminho tradicional por um diferente (e de fato proibido). Os papas do século XIX tinham repetidamente condenado a separação entre Igreja e Estado – era uma "loucura" para Gregório XVI – e agora o concílio tinha proposto tal separação como um desenvolvimento legítimo do ensino católico papal. Para os críticos, isso pareceu um truque, se não totalmente desonesto. Daí a oposição vigorosa e sustentada que quase naufragou o documento.

Se o desenvolvimento toma o presente como ponto de partida e olha para o futuro para mais do mesmo, *ressourcement* é cético em relação ao presente por causa do que descobriu no passado. Implica um retorno às fontes tendo em vista não confirmar o presente, mas fazer mudanças para conformar o presente a um passado mais autêntico ou mais apropriado, um retorno a uma tradição mais profunda. Ele toma o passado como norma para julgar e corrigir o presente. Enquanto o desenvolvimento é entendido como mover coisas ao longo de um determinado caminho, *ressourcement* implicitamente diz que não vamos mais nos mover ao longo do caminho X. Estamos voltando para a bifurcação na estrada e agora, em vez disso, estamos seguindo o caminho Y, um caminho melhor. Ou *ressourcement* pode significar que vamos apenas descansar um pouco no caminho ou até mesmo nos acomodarmos permanentemente nesse ponto e não ir mais longe, declarando um beco sem saída – foi o que aconteceu no concílio com o ímpeto de definir mais doutrinas sobre Maria.

A palavra *ressourcement* foi um neologismo, cunhado pelo poeta francês Charles Péguy no início do século XX e adotado em meados do século por estudiosos na França associados à *nouvelle théologie*, um movimento teológico extremamente importante para a forma que o Vaticano II tomou. Mas, diferentemente da teoria do desenvolvimento, que só foi diretamente proposta no século XIX, *ressourcement*, com nomes diferentes, tinha desfrutado de uma história verdadeiramente venerável na Igreja ocidental, e de um modo mais geral, na cultura. (Já ouviu falar de Renascimento?) Fez sua primeira aparição dramática no século XI com a Reforma Gregoriana.

Em meados desse século, uma série de papas reformadores liderou uma vigorosa campanha de mudança em nome da restauração de uma disciplina canônica mais antiga em relação ao celibato clerical e à eleição livre dos bispos.

Um retorno às fontes foi o que levou os reformadores protestantes a procurarem restaurar o autêntico Evangelho que, na opinião deles, a Igreja papal tinha obscurecido e pervertido. No catolicismo, o retorno às fontes (*ressourcement*) estava por trás dos esforços de Prosper Guéranger no século XIX para restaurar a liturgia, e estava por trás do reavivamento do Papa Leão XIII do estudo de Tomás de Aquino. Na véspera do Vaticano II, o *ressourcement* impulsionou o surgimento dos estudos bíblicos, patrísticos e litúrgicos.

Das três maneiras de lidar com o passado, o *ressourcement* foi a mais tradicional, mas também a mais radical. Foi também a mais difundida no concílio. Está na base da Constituição sobre a Sagrada Liturgia. O princípio fundamental da reforma litúrgica era a participação de toda a assembleia na ação sagrada, princípio derivado da antiga prática litúrgica. Desta, igualmente, derivou-se a restauração da dignidade da primeira parte da missa, a Liturgia da Palavra. A aplicação e a acomodação de tais princípios ao presente, o *aggiornamento*, foi uma consequência, não um ponto de partida. Em outras palavras, o concílio não se propôs a "modernizar" a missa.

Outros exemplos são muitos. Na Declaração sobre a Liberdade Religiosa, o concílio saltou sobre as condenações do século XIX da separação da Igreja e do Estado para aprofundar a tradição, aplicando o princípio absolutamente fundamental de que um verdadeiro ato de fé tinha de ser livre, não o resultado da coerção, e enfatizando o princípio antigo e inconteste de que os indivíduos devem seguir as suas próprias consciências nas escolhas morais e religiosas.

Nenhuma instância do *ressourcement* foi mais central para o drama do Vaticano II e suas aspirações do que a volta à colegialidade episcopal (i. é, o ensino de que os bispos como coletividade têm responsabilidade junto com o papa pelo governo geral da Igreja). Os proponentes viram a colegialidade como uma recuperação de um aspecto tradicional da vida da Igreja que tinha sido cada vez mais marginalizado no Ocidente desde o final da Idade Média, e praticamente empurrado para fora do mapa eclesiástico pela definição do Vaticano I de primazia papal. Embora a Igreja nunca tivesse definido oficialmente a colegialidade como constitutiva da Igreja, durante séculos a colegialidade foi entendida como modo de operação. Especialmente no primeiro milênio, a Igreja funcionou colegialmente em centenas de sínodos ou concílios locais, e, naturalmente, nos grandes concílios ecumênicos.

119

As relações centro-periferia

A colegialidade nos leva ao cerne da segunda questão sob as questões do Vaticano II, a relação entre centro e periferia – aqui, entre a primazia papal e a autoridade dos bispos residentes na periferia (i. é, em suas sedes locais). No entanto, é impossível falar adequadamente de colegialidade sem ao mesmo tempo falar de *ressourcement*. Falar de colegialidade, além disso, é, implicitamente, levantar a terceira questão sob as questões, o estilo em que a Igreja opera – um estilo monárquico ou um estilo colegial. A colegialidade, a questão do para-raios no concílio, manifesta a relação íntima entre as três questões subjacentes.

A reivindicação de legitimidade da colegialidade no Vaticano II certamente não veio à tona independentemente dos desenvolvimentos políticos do pós-guerra na Europa. A democracia cristã, em suas formas parlamentares, floresceu com a bênção de Pio XII e de João XXIII. Ambos os papas falaram eloquentemente sobre a forma como a participação no processo político conferia dignidade humana e agora era uma responsabilidade moral. Os bispos europeus e norte-americanos vieram ao Vaticano II com experiência direta de política participativa. No entanto, a colegialidade tinha reivindicações muito melhores sobre os bispos do que o fato de ser uma espécie de *aggiornamento* em sintonia com a correção política do Ocidente contemporâneo, afinado com "os sinais dos tempos".

O ressourcement e o desenvolvimento entraram em conflito sobre a colegialidade. No Ocidente, a primazia papal se "desenvolveu" gradualmente numa linha constante e quase contínua até o século XIX, quando acelerou a uma velocidade quase de tirar o fôlego (para a Igreja!) e resultou nas definições papais da Imaculada Conceição e da Assunção; no crescimento e na ascendente autoridade exercida pelas congregações da Cúria Romana; na devolução da nomeação dos bispos quase exclusivamente nas mãos dos papas; e, naturalmente, em 1870, nas definições de primazia e infalibilidade.

Através dos séculos no Ocidente, a colegialidade, pelo contrário, não se "desenvolveu". Sobreviveu, mas entrou em um lento processo de atrofia. Foi operante até o século XX nos sínodos provinciais e nacionais, tais como os vários concílios de Baltimore nos Estados Unidos, e foi reconhecido no fato de que os papas dirigiam as suas encíclicas aos seus "veneráveis irmãos", os bispos. Mas se enfraquecia cada vez mais. Agora, no Vaticano II, um processo de *ressourcement* ou renascimento o havia recuperado. Os seus proponentes colocaram a colegialidade lado a lado com a primazia papal, conforme definida do Vaticano I, e classificaram as duas como compatíveis, como em grande medida tinham sido em uma era muito anterior. Na opinião desses proponentes, que era a visão da grande maioria dos bispos no concílio, a colegialidade era um aprimoramento da primazia e um auxílio ao seu bom funcionamento.

Uma pequena minoria, mas inabalável no concílio, não acreditou nessa opinião. Esse tipo de *ressourcement*, apesar de todas as belas palavras dos oradores para a maioria, lhes pareceu limitar as definições solenes do Vaticano I e ameaçar a forma como a Igreja funcionava em seu centro. A colegialidade, na visão do concílio (estamos falando aqui de 10% ou menos), era impraticável, inaceitável, perigosa, e agora, depois das definições de 1870, talvez até mesmo herética. A primazia e a colegialidade eram irreconciliáveis. A compreensão minoritária do primado às vezes parecia, para dizer de forma cruel, se identificar com a monarquia absoluta que possuía toda a autoridade na Igreja, que se esvaía em sangue ou recolhia à vontade. Os padres conciliares que assim pensavam e falavam opunham-se à colegialidade por motivos teológicos e lógicos sinceros, mas não é por acaso que os líderes entre eles eram da cúria ou associados a ela. Trabalhavam no e para o centro.

A maioria dos padres conciliares certamente não insistiu em uma declaração sobre a colegialidade apenas para mencionar um ponto teológico. Eles o trouxeram à tona, como outro *ressourcement*, porque teve repercussões práticas na forma como a Igreja funcionava. Queriam corrigir o que viam como o desequilíbrio entre a autoridade exercida especialmente pelo Vaticano e a própria autoridade deles como sucessores dos apóstolos. A agitação pela colegialidade era a instância suprema no concílio do esforço para moderar – para travar ou reverter – o impulso centralizador da instituição eclesiástica. Procurou dar aos da periferia uma voz que tivesse mais autoridade, não só em casa, mas também no centro.

Embora as declarações em vários documentos do concílio insistindo na autoridade das conferências episcopais para regular os assuntos em nível nacional ou regional tenham validado uma instituição que já funciona na maioria das partes da Igreja (reflexões um tanto pálidas dos antigos concílios nacionais ou sínodos), essas declarações também tentaram reforçar essa autoridade. Elas representam, portanto, mais um esforço para contrariar as forças centrípetas. A Constituição sobre a Sagrada Liturgia, por exemplo, afirmava que, embora a supervisão da liturgia pertença em última instância à Santa Sé, pertence em primeira instância às conferências episcopais em várias partes do mundo. Fazendo a mesma observação em termos diretos, a Constituição Dogmática sobre a Igreja afirmou que os bispos "não devem ser considerados vigários do romano pontífice, porque eles exercem os poderes que possuem por direito próprio". Ou seja, os bispos não são administradores de filiais ou de escritórios locais do Vaticano. O exercício do seu poder por autoridade intrínseca ao seu ofício é um corolário da doutrina da ordenação episcopal que o concílio afirmou, que explica em grande medida por que razão a minoria do concílio se opôs tão ferozmente à doutrina.

Os documentos do concílio tendem, no entanto, a falar suavemente sobre a relação centro-periferia. Neles, a relação entre os bispos e a Santa Sé é desenvolvida apenas uma vez, em um breve parágrafo do Decreto sobre o Ofício Pastoral dos Bispos. A passagem não fornece nenhum indício da intensidade dos sentimentos dos bispos sobre esse tema, e é um bom exemplo de quão enganosa é a superfície plácida dos documentos que são apresentados ao mundo. Não são os documentos, portanto, que revelam o quão polêmico era o assunto, mas a narrativa das batalhas pelo controle do próprio concílio – como você pode ler em meu livro *O que aconteceu no Vaticano II* (Loyola, 2014).

Mas a colegialidade não era apenas um ensinamento voltado para modificar os mecanismos centrais de funcionamento da Igreja. Foi também um caso específico que fundamentou e apontou para uma tendência mais geral – medidas para promover relações mais colegiais em toda a Igreja, como encontrado, por exemplo, no Decreto sobre o Ofício Pastoral dos Bispos e no Decreto sobre a Vida e Ministério dos Presbíteros, que pediam a criação pelos bispos de conselhos diocesanos, nos quais os sacerdotes cooperassem no governo da diocese. Embora os documentos insistissem que a relação entre o bispo e seus sacerdotes era hierárquica, os sacerdotes ainda são descritos consistentemente como colaboradores dos bispos. O bispo os deve considerar "como irmãos e amigos". Pio X tinha, em 1907, proibido os sacerdotes de se reunirem, exceto com a permissão explícita (e raramente concedida) do bispo, enquanto o decreto do concílio sobre os presbíteros encorajava precisamente o contrário. Esse decreto, assim como o Decreto sobre o Apostolado dos Leigos, encorajava a participação de leigos, sacerdotes e religiosos em concílios de vários tipos em níveis paroquial, diocesano e nacional.

Estilos de autoridade

A questão do centro-periferia se mistura assim com a terceira *questão sob a questão*, sobre o estilo da Igreja. Com que estilo a Igreja se comunica e opera? Como se apresenta e como "faz negócios"? Qual é a sua personalidade? O estilo literário dos documentos do Vaticano II é o que, à primeira vista e mais profundamente, distingue esse concílio de todos os outros. Os bispos do Vaticano II, seguindo a orientação de João XXIII, consistente e repetidamente descreveram o concílio como sendo de natureza pastoral, e procuraram um estilo para os documentos em conformidade com esse objetivo. Os líderes da maioria vieram com uma clara ideia de que o estilo era, na medida do possível, para ser bíblico e reminiscente do modo literário dos Padres da Igreja, e no segundo período, após uma luta, conquistaram o seu ponto de vista. Se a colegialidade é o primeiro grande *ressourcement* do concílio, o segundo é a recuperação de um estilo de discurso. Esses dois *ressourcements* estão, de fato, intimamente relacionados.

A adoção de um novo estilo, que era realmente um renascimento de um estilo antigo (a Bíblia e os Santos Padres), foi o mais abrangente dos muitos *ressourcements* em que o concílio se envolveu. Foi ao mesmo tempo um repúdio a outros estilos e ao Senado Romano como o modelo implícito para o que um concílio é e faz. O repúdio ao modelo do Senado Romano foi, assim, outro exemplo de como o concílio era "o fim da era constantiniana".

Ao longo dos séculos, os concílios fizeram uso de uma variedade de gêneros literários, mas praticamente todos eles evidenciam características derivadas das tradições legislativas e judiciais do discurso desenvolvidas nas tradições jurídicas da Antiguidade romana. Os gêneros em grande medida eram, ou se assemelhavam muito, a leis e a sentenças judiciais. Ao mesmo tempo que asseguravam uma crença correta e reforçavam um comportamento apropriado, especialmente do clero, as decisões do concílio não eram e não podiam ser separadas de assegurar a ordem pública na sociedade em geral, e por essa razão as autoridades seculares se comprometeram a fazer cumprir essas decisões. As decisões foram a "lei da terra", bem como a lei da Igreja.

Duas suposições fundamentais estavam em jogo. Primeiro, os concílios eram órgãos judiciais que ouviam casos criminais e emitiam sentenças, e qualquer pessoa considerada culpada era devidamente punida. Segundo, eram órgãos legislativos que emitiam portarias que, como em qualquer lei, eram aplicadas sanções por falta de cumprimento. No primeiro concílio ecumênico (Niceia, 325), esse padrão adquiriu a sua forma definitiva.

Em Niceia, o modelo de um concílio como forma eclesiástica do Senado Romano se desenvolveu plenamente porque o concílio foi convocado pelo Imperador Constantino, foi realizado em seu palácio, e seguiu os protocolos romanos. Constantino lidou com o concílio de maneiras inconfundivelmente semelhantes às maneiras que ele e outros imperadores romanos posteriores lidaram com o Senado, embora ele tenha dado aos bispos maior independência e tratado as decisões deles com maior respeito. Mesmo nos últimos concílios do Ocidente Latino, em que o imperador desempenhou um papel muito reduzido ou mesmo nenhum, o modelo do Senado, embora geralmente não reconhecido como tal, persistiu até o Vaticano II. Foi esse modelo jurídico-legislativo que o Vaticano II modificou radicalmente. Ao fazê-lo, redefiniu, em grande medida, o que era um concílio. Trata-se, obviamente, de uma mudança de grande importância, mas cujas implicações ficaram inexploradas. Essa desatenção tem contribuído para a confusão e desacordo sobre como interpretar o evento. Levou a uma incapacidade de descrever convincentemente o que às vezes é chamado de "o espírito do concílio".

Entre as muitas formas literárias utilizadas pelos concílios ao longo dos séculos estavam confissões de fé, narrativas históricas, bulas e breves, sentenças judiciais contra criminosos eclesiásticos, e assim por diante. A forma mais caracteristicamente empregada por Niceia e por muitos concílios subsequentes, no entanto, foi o cânon, que geralmente era uma norma prescritiva relativamente curta, que muitas vezes trazia consigo a punição pelo não cumprimento. O cânon 27 do Concílio de Calcedônia (451) ilustra a questão: "O sínodo sagrado declara que aqueles que levam as meninas sob pretexto de coabitação ou que são cúmplices ou cooperam com aqueles que as levam, devem perder sua posição se são clérigos, e devem ser anatematizados se monges ou leigos".

O Concílio de Trento, no século XVI, emitiu cerca de 135 cânones relativos à doutrina, para não falar das suas prescrições semelhantes em relação à disciplina eclesiástica. Típico dos cânones doutrinários de Trento é o cânon 1º da missa: "Se alguém disser que um sacrifício verdadeiro e adequado não é oferecido a Deus na missa... que seja anátema".

Mesmo esses cânones doutrinários não atacam diretamente o que uma pessoa pode acreditar, pensar ou sentir, mas sim o que ele ou ela "diz" ou "nega" – isto é, algum comportamento observável. Eles não estão preocupados com a interioridade como tal. Como qualquer boa lei, os cânones e seus equivalentes foram formulados para não terem ambiguidade, traçando linhas claras entre "quem está dentro" e "quem está fora", "quem é culpado" e "quem é inocente". Às vezes retratam aqueles que estão "de fora" como inimigos de pleno direito, como fez o decreto do V Concílio do Latrão (1512) contra os cardeais que tinham tentado depor o Papa Júlio II: "Condenamos, rejeitamos e detestamos cada um desses filhos da perdição". O Concílio de Constança (1418) denunciou o teólogo inglês John Wycliffe como um "inimigo devasso" da fé e um "pseudocristão", e entregou a sua disciplina a João [Jan] Hus para ser queimado na fogueira.

Esses são exemplos extremos, mas por essa razão, ilustram melhor a questão. Embora se deva levar em conta muitas diferenças, os concílios de Niceia por meio do Vaticano I tinham um estilo característico de discurso composto de dois elementos.

O primeiro era um gênero literário – o cânon e seus equivalentes. O segundo era o vocabulário típico do gênero e apropriado a ele. Este consistia em palavras de ameaça e intimidação, palavras de demarcação nítida, palavras de denúncia a um criminoso, palavras de um superior falando a um inferior – ou a um inimigo. Consistia em palavras de poder. Esse vocabulário não era restrito aos concílios. No final da Era Moderna, aparecia consistentemente nos pronunciamentos papais, tais como o *Sílabo dos erros* de Pio IX e a encíclica *Pascendi* de Pio X.

Os cânones e afins lidam com o exterior; contudo, na medida em que são inspirados por princípios religiosos, deve-se presumir que não são desprovidos de relação com a conversão interior. Por vezes, a mudança de comportamento pode ser o primeiro passo de uma mudança de coração. Além disso, leis rigorosas e punições severas são por vezes necessárias para que um abuso de longa data possa ser erradicado. Os bispos de Trento tinham consciência de que não podiam reformar o episcopado (i. é, eles mesmos) sem fortes sanções. Eles agiam em conformidade e com bons resultados.

Havia outra tradição linguística em jogo nos documentos do concílio. Desde o início, os conceitos da filosofia grega também afetaram o vocabulário. Especialmente na Alta Idade Média, quando mestres como Pedro Lombardo e Tomás de Aquino desenvolveram a grande mudança no método teológico (conhecido como Escolástica), os aspectos dialéticos e analíticos da tradição filosófica ocidental começaram a desempenhar um papel ainda maior nos pronunciamentos dos concílios. A dialética é a arte de provar um ponto, de ganhar um argumento e de mostrar como o seu adversário está errado. Ela se expressa no silogismo, no debate e na disputa. Embora mesmo quando, como é o caso de Tomás de Aquino, a reconciliação é o objetivo final, tem uma vantagem adversária. É, além disso, um apelo à mente, não ao coração. Sua linguagem é abstrata, impessoal e a-histórica. Não pode ter sucesso no seu objetivo sem um vocabulário técnico preciso e sem a utilização de definições inequívocas. A esse respeito, é semelhante à tradição legislativo-jurídica. Ambas pretendem traçar linhas de definição firmes e intransponíveis.

O Vaticano I evitou em grande medida a linguagem escolástica. O Vaticano II também não emitiu anátemas nem vereditos de "culpado da acusação". O Sínodo Romano de 1960, dois anos antes da abertura do Vaticano II (como supostamente o ensaio geral para o concílio), emitiu 775 cânones; o Vaticano II, nem um. O concílio passou da dialética de ganhar um argumento para o diálogo de encontrar um terreno comum. Passou da metafísica abstrata para o "como ser" interpessoal. O Vaticano II foi um evento de linguagem que marcou, manifestou e promoveu um sistema de valores que modificou o sistema de valores em vigor. Dizia implicitamente, por exemplo, que é melhor trabalhar juntos como semelhantes do que lutar por diferenças, como tinha sido feito até agora.

O estilo de discurso que o concílio adotou foi, como o dos anteriores, também composto de dois elementos essenciais – um gênero e um vocabulário apropriado e expressivo daquele gênero. O gênero pode ser identificado com precisão; é conhecido e praticado em muitas culturas desde tempos imemoriais, mas claramente analisado e suas características cuidadosamente codificadas por autores clássicos como Aristóteles, Cícero e Quintiliano. É panegírico – a pintura de um retrato idealizado para suscitar admiração e apropriação. Era um gênero antigo no discurso religioso, usado extensivamente pelos Padres da Igreja e depois revisitado no século XX pela "nova teologia" (*nouvelle théologie*). Era um gênero literário ou retórico, não filosófico ou jurídico, e, portanto, tinha objetivos totalmente diferentes e se apoiava em pressupostos diferentes. Seu propósito não era tanto o de esclarecer conceitos, mas o de aumentar a apreciação de uma pessoa, de um evento, de uma instituição ou de um ideal. Seu objetivo não era ganhar um argumento, mas ganhar um consentimento interno. Se a maior parte dos discursos de 4 de julho são exemplos seculares do gênero no seu pior momento, *Gettysburg Address* e *Second Inaugural Adress* de Lincoln são exemplos do seu melhor. Em *Gettysburg*, Lincoln tentou simplesmente trazer apreciação para o que estava em jogo na guerra, e, por consequência, louvar como nobre e digno de grande custo.

Embora os documentos do concílio, tendo sido elaborados por comitês, estejam longe de ser obras-primas literárias e não sejam estilisticamente consistentes, em sua orientação geral se encaixam no modelo panegírico. Esse é o estilo deles. Defendem ideais, dos quais tiram conclusões e, muitas vezes, explicitam as consequências práticas. Esse é um estilo suave, se comparado com o estilo contundente dos cânones e do discurso dialético. É voltado para a persuasão, e a persuasão busca a reconciliação. Os persuasores e reconciliadores não comandam do alto; mas, até certo ponto, se colocam no mesmo nível dos persuadidos ou reconciliados.

Esses são alguns dos traços do gênero, e são característicos do discurso do Vaticano II. Assim como os gêneros tradicionais usados pelo concílio, a manifestação mais concreta de seu caráter é o vocabulário que o Vaticano II adotou e fomentou. Em nenhum outro lugar o contraste entre o Vaticano II e os concílios precedentes é mais manifesto do que no vocabulário – nas palavras que mais caracteristicamente empregou e nas que evitou.

Que tipo de palavras evitou? Palavras de alienação, exclusão, inimizade; palavras de ameaça e intimidação; palavras de vigilância e punição. Embora o caráter hierárquico da Igreja seja repetidamente enfatizado e as prerrogativas do papa reiteradas quase obsessivamente, a Igreja nunca é descrita como uma monarquia ou os membros da Igreja como súditos – um afastamento significativo do discurso eclesiástico anterior.

Que tipo de palavras emprega? Palavras atípicas do vocabulário dos concílios anteriores. Ocorrem de maneira muito consistente e insistente para serem mera fachada. Não ocorrem aqui e ali, mas são um fenômeno generalizado. Podem ser divididas em categorias, mas as categorias são imperfeitamente distintas umas das outras. Elas se sobrepõem e se entrecruzam, criando pontos iguais ou relacionados.

Existem palavras horizontais como "colegialidade", que se confundem com palavras de igualdade como "povo de Deus" e "sacerdócio de todos os fiéis". A colegialidade é particularmente importante porque, embora possa ser tomada, tal como aqui, como uma imagem que representa uma orientação geral, no concílio também teve um conteúdo específico. Isso exemplifica bem a ilegitimidade de separar estilo de conteúdo. Afinal, o estilo é o derradeiro veículo do significado. Não adorna o significado, mas é intrínseco a ele. Atrevo-me a dizer que o meio é a mensagem? O estilo, em suas duas partes componentes de gênero e vocabulário, é a chave interpretativa por excelência. Um poema é lido de forma diferente de um tratado médico.

As palavras de reciprocidade são abundantes – cooperação, paternidade, colaboração, diálogo e conversação. Surpreendente na Constituição Pastoral sobre a Igreja no Mundo Moderno é a admissão sem precedentes de que, assim como o mundo aprende com a Igreja, a Igreja aprende com o mundo, em uma relação de reciprocidade. As palavras de humildade se repetem, começando com a descrição da Igreja como peregrina e talvez terminando com a redefinição consistente de governar para igual servir. Embora o termo "mudança" quase não apareça como tal nos documentos do concílio, outras palavras que implicam movimento histórico fazem uma aparição notável em um concílio pela primeira vez no Vaticano II – palavras como desenvolvimento, progresso e até mesmo evolução.

A última categoria é composta das palavras de interioridade, como "carisma", "inspiração", "alegrias e esperanças, dores e angústias", que são as conhecidas palavras de abertura da Constituição Pastoral sobre a Igreja no Mundo Moderno. Poucos termos ocorrem mais frequentemente do que "dignidade" – dignidade da pessoa humana, das aspirações humanas, da cultura humana. Particularmente impressionante entre as palavras voltadas para o interior é a "consciência". Cito essa mesma constituição: "No fundo das suas consciências, os indivíduos descobrem uma lei que não fizeram para si mesmos, mas que estão obrigados a obedecer, cuja voz, sempre os chamando a amar, a fazer o bem e a evitar o mal, toca no coração deles" (n. 16).

O Vaticano II foi sobre a jornada anterior.

Para mim, talvez o aspecto mais notável da *Lumen Gentium*, a Constituição Dogmática sobre a Igreja, seja o capítulo 5, "A vocação universal à santidade". Nenhum concílio anterior jamais falou sobre esse apelo, em grande medida porque o gênero e o vocabulário inibiram tal discussão. A *Lumen Gentium*, no entanto, estabeleceu a agenda para o concílio, liderando o caminho para que o apelo à santidade se tornasse um dos grandes temas que permeiam os documentos, ajudando assim a fazer com que fossem documentos *religiosos*, de modo notavelmente diferente dos documentos dos concílios anteriores. A santidade é algo mais do que a conformidade externa com códigos de conduta aplicáveis. Santidade: está entre as palavras mais íntimas!

Os valores que o novo vocabulário expressa são tudo menos novos na tradição e no discurso cristão. São, de fato, mais comuns do que os seus opostos, mas são novos nos concílios. Ao promover os valores que expressa, o concílio não negou a validade dos valores contrastantes. Se o Vaticano II é distinto pela ênfase difundida nas relações horizontais, por exemplo, também é digno de nota pela sua insistência correlativa na vertical. Não procurou o deslocamento, mas sim a modulação.

No entanto, quando tanto o gênero quanto o vocabulário são levados em conta no Vaticano II, eles transmitem uma mensagem notavelmente consistente: que uma mudança de modelo e, com ela, uma mudança de valor ocorreu, ou, mais precisamente, está lutando para ocorrer. O gênero, juntamente com o seu vocabulário apropriado, também imbui o Vaticano II com uma coerência interna que foi pioneira para as assembleias eclesiásticas. Os documentos conciliares jogam uns com os outros, respondem uns aos outros e foram moldados para serem coerentes entre si em princípios e em estilo. São notavelmente intertextuais.

Essa coerência, imediatamente reconhecida pelos participantes do concílio e pelos comentadores, foi muitas vezes dita na vaga expressão "espírito do concílio". Por espírito se entendia uma visão norteadora e uma orientação transversal que transcendia as particularidades e era, portanto, uma chave para compreendê-las e interpretá-las adequadamente. A imprecisão do "espírito" é trazida à terra e tornada palpável e verificável prestando atenção ao estilo do concílio, prestando atenção à sua forma literária e vocabulário únicos, e desenhando as implicações da forma e do vocabulário. Por meio de um exame da "letra" (forma e vocabulário), é possível chegar ao "espírito".

Na sua orientação geral, na sua visão, no seu espírito, conforme articulado especialmente no seu vocabulário mais característico, o concílio ensinou como a Igreja deveria fazer negócios no futuro. Ao fazer isso, elaborou um perfil do cristão ideal, válido para cada um de nós. Estabeleceu também um padrão e um ideal extraordinariamente elevados do tipo de mundo para o qual somos chamados a trabalhar.

O concílio foi muito mais do que quantia de ajustes superficiais da Igreja Católica ao chamado mundo moderno, muito mais do que mudanças nas formas litúrgicas, e certamente muito mais do que jogos de poder entre os altos eclesiásticos. Tinha uma mensagem que era tradicional e ao mesmo tempo radical, profética e ao mesmo tempo gentil. A mensagem fala, creio eu, ao nosso mundo de hoje – um mundo devastado pela discórdia, retaliações, ódio, bombas, ataques preventivos, guerras, ameaças de guerras, como se nunca tivesse fim. A mensagem do concílio é profundamente contracultural e, ao mesmo tempo, responde aos anseios mais profundos do coração humano: a paz na terra. A vontade de Deus para com os homens.

12
Diálogo e identidade do Vaticano II

Por ocasião do quinquagésimo aniversário da abertura do Vaticano II, a Universidade de Georgetown promoveu uma conferência de três dias sobre o concílio. Como nota de abertura da conferência, em 11 de outubro de 2012, eu dei esta palestra, que mais tarde foi publicada no Origins. Nesse meio-tempo, o assunto se tornou ainda mais oportuno com a eleição do Papa Francisco, que enquanto arcebispo de Buenos Aires manteve seu famoso diálogo com o Rabino Abraham Skorka, uma iniciativa absolutamente inédita por parte de um prelado católico. O diálogo deles foi publicado e, após a eleição de Francisco, se tornou um best-seller. O título traduzido é Sobre o céu e a terra.

No ano de 1525, Martinho Lutero publicou o seu tratado intitulado *De servo arbitrio* [Sobre a servidão do arbítrio]. Foi uma resposta virulenta à *De libero arbitrio* [Sobre o livre-arbítrio] de Erasmo, que tinha aparecido no ano anterior. O trabalho de Erasmo foi uma tentativa irênica de pôr fim à controvérsia já existente sobre a relação entre graça e liberdade que ameaçava separar a Europa. Erasmo concluiu sua peça com um compromisso que ele esperava que levaria todas as partes no grande tumulto a concordarem: atribuir virtualmente tudo em justificação à graça, e apenas um pouco ao livre-arbítrio. Ao propor essa solução, Erasmo prosseguiu dizendo que, em questões tão complexas, ele acreditava que as afirmações apodíticas e intransigentes de Lutero pareciam estar batendo em todos os lugares sobre cada tópico, fazendo mais mal do que bem. Erasmo afirmou de forma muito eloquente que, em assuntos cruciais como a justificação, ele "favoreceu a moderação".

Aos olhos de Lutero, Erasmo não poderia ter falado em termos mais condenatórios. Não se pode ser moderado em questões de vida ou morte. Era preciso falar com ousadia, não com delicadeza. Para Lutero, a abordagem de Erasmo era a de um cético, de uma pessoa incerta de suas crenças. Contra essa abordagem, Lutero deixou voar toda a fúria de seu desprezo. Paz a qualquer preço – era disso que tratava realmente Erasmo. Se o compromisso de Erasmo sobre a justificação, que concedeu algo, por menor que fosse o livre-arbítrio, não o fez impiedoso, a sua aversão às afirmações certamente o fez.

Lutero, em suas próprias palavras: "Não se deleitar com afirmações não é a marca de um coração cristão. Na verdade, é preciso se deleitar em afirmações para ser cristão de todo... tira as afirmações e tirarás o cristianismo". O Espírito Santo, não cético, não escreveu dúvidas e opiniões em nossos corações, mas "afirmações, mais seguras e certas do que a própria vida e toda a experiência. Não aceitamos nem aprovamos o caminho moderado e intermediário de Erasmo".

Hoje em dia nós, pós-modernos delicados, provavelmente sentimos mais parentesco com Erasmo do que com Lutero, mas o que dizer da insistência de Lutero de que a afirmação é o modo adequado do discurso cristão? Penso que se examinarmos a linguagem dos patriarcas e dos profetas, incluindo o Profeta Jesus, encontraremos um discurso apodítico e assertivo. Os profetas proclamam a sua mensagem. Eles não a sugerem. Não apresentavam razões para isso, nem convocam discussão sobre isso. É pegar ou largar – mas por sua conta e risco.

"Não cometerás adultério". Sem discussão. "Ama o teu próximo como a ti mesmo". Sem discussão. "Tu és Pedro". Sem discussão. "Ouvistes o que foi dito, eu, porém, vos digo..." Sem discussão. Esse é o discurso profético na sua forma mais crua e poderosa, a proclamação absoluta e intransigente. É um discurso essencialmente de cima para baixo, cujo paradigma subjacente é inflexivelmente vertical.

Nós, pós-modernos, sabemos que esse modo de discurso não se restringe à Bíblia, nem é uma coisa do passado. Nós o encontramos todos os dias quase de inúmeras maneiras, das quais *slogans* publicitários são os mais óbvios. Há gerações que a Coca-Cola proclama que é "a pausa que refresca". É mesmo? Quem disse? Por quê? Essas são perguntas que nem pensamos em fazer. Muitas vezes encontramos *slogans* mais sérios, mas igualmente intransigentes, como "apoiar nossas tropas".

O discurso religioso, para seu crédito, pelo menos nos permite saber o que está acontecendo – nos permite saber que estamos lidando com afirmações cruas. Não falamos na missa de "proclamar [afirmar] o Evangelho"? Ao fazermos isso, dizemos que agimos como "proclamadores da Boa-nova", e os anunciadores gritam a verdade, pura e simples. Eles não pedem discussão sobre isso. Depois de terminar a minha homilia na missa, eu não sorrio para a congregação e pergunto: "Você acha que eu estou no caminho certo? Alguma pergunta?"

O discurso religioso pode legitimamente usar afirmações apodíticas porque se baseia em uma autoridade superior e inquestionável: a autoridade do próprio Deus. Dessa autoridade, não tem recurso. Ela está acima e além do que nossas pobres faculdades humanas podem compreender e, portanto, deve ser aceita em suas afirmações severas, por vezes contraintuitivas. "Bem-aventurados os pobres em espírito". "Perdoa setenta vezes sete".

Uma vez que Jesus prometeu estar com sua Igreja em todas as eras, e ainda prometeu o Espírito Santo para guardar a Igreja do erro, não devemos nos surpreender que a Igreja tenha se apropriado das características do discurso profético como sendo propriamente seu. O Papa Pio IX, por exemplo, *proclamou* a doutrina da Imaculada Conceição, e Pio XII *proclamou* a doutrina da assunção corporal de Maria. Eles não estavam colocando os dogmas em discussão.

Mesmo os decretos dos concílios anteriores ao Vaticano II evidenciam essa mesma característica. Esses concílios se consideravam essencialmente órgãos legislativos e judiciais. Eles fizeram leis e deram veredictos de culpados ou inocentes em casos criminais. Nenhum desses dois tipos de pronunciamentos é um convite ao diálogo. Tão somente afirmam. Em seus cânones, que eram ordenanças curtas e a forma mais característica de discurso do concílio, eles estabeleceram a lei. A fórmula é a seguinte: "Se alguém disser tal e tal, que seja anátema". "Se alguém deve fazer tal e tal, que seja anátema." Saiam! Sem discussão!

Se a afirmação é uma forma tão característica do discurso cristão – talvez até mesmo a forma autêntica – como pode o Vaticano II fazer um diálogo tão grande, que parece ser o oposto de afirmação e proclamação? Diálogo é sinônimo de conversa. O primeiro objetivo é simplesmente entender o outro – saber de onde ele ou ela está "vindo", para usar a expressão vulgar. O diálogo consiste em falar e ouvir. E, depois de ouvir, deixar entrar o que ouviu. Enquanto o diálogo implica que cada um dos parceiros inicia a conversa mantendo certas posições e até convicções, também parece implicar uma vontade de ser afetado pela conversa – de aprender com o outro, de ser enriquecido pelo outro e, em certa medida, de repensar as próprias posições ou convicções.

Na história do discurso cristão, existem exemplos desse estilo de discurso, de tais conversas? Nas Escrituras hebraicas existem vários exemplos de Moisés conversando com o Senhor, até mesmo quando "um homem fala ao seu amigo" (Ex 33,11). Mas o exemplo mais conhecido dessa conversa é Abraão negociando com o Senhor, enquanto tentava convencê-lo a não destruir Sodoma e Gomorra. "Se houver, porventura, cinquenta justos na cidade, destruirás ainda assim e não pouparás o lugar por amor dos cinquenta justos que nela se encontram?" O Senhor responde que não irá destruir se houver cinquenta justos. Então Abraão pergunta se houver cerca de quarenta e cinco justos, e assim por diante, até que Abraão reduz para dez justos (Gn 18).

No Evangelho segundo Lucas, Jesus, após sua ressurreição, dialoga com os discípulos a caminho de Emaús. No Evangelho segundo João, Jesus dialoga com Nicodemos, por exemplo, e com a mulher samaritana junto ao poço. Contudo, esses diálogos não correspondem com o que o diálogo significou no século XX, porque são momentos de ensino para Jesus, voltados para justificar a sua posição. Assim, embora a Bíblia evidencie uma ampla variedade de formas literárias, é difícil encontrar exemplos de diálogo no sentido moderno.

No entanto, para os católicos, assim como para algumas das principais Igrejas cristãs, a Bíblia não fica sozinha, como se estivesse fora do amplo arco da cultura humana. Quando, no início do século III, o feroz apologista cristão Tertuliano perguntou: "O que Atenas tem a ver com Jerusalém?" – isto é, o que as reivindicações transcendentes da Bíblia têm a ver com a cultura humana da Antiguidade clássica – respondeu categoricamente que Jerusalém não tinha nada a ver com Atenas. Ao longo dos séculos, outros pensadores cristãos o seguiram, naquilo que talvez possa ser chamado de formas de "agostinismo cultural". Lutero certamente se encaixa nessa tradição, assim como os jansenistas e muitos outros. Por mais complexa que seja essa tradição, e instanciada de múltiplas maneiras na longa história do cristianismo, ela pode, no entanto, ser caracterizada como uma tradição ou cultura de alienação. Ela se afastará e procurará criar um lugar, por menor que seja, puro e imaculado.

Desde o início, no entanto, Atenas e Jerusalém tiveram, forçosamente, condições de falar. O Novo Testamento não foi escrito em hebraico ou aramaico, mas em grego, a língua de Atenas. À medida que o cristianismo foi se espalhando pelo mundo helenístico, os seus convertidos vieram até ele com a cultura de Atenas, da qual eles não podiam se livrar, e que nós não podemos abandonar vivendo na cultura do século XXI. Os Padres da Igreja – tais como Ambrósio, Jerônimo, Gregório Magno, e, sim, Agostinho – estavam imersos nessa cultura, e foi através das lentes dessa cultura que eles entenderam e defenderam a fé de Jerusalém.

A educação deles foi a educação literária e retórica que dominou o mundo mediterrâneo desde o terceiro século antes de Cristo até o início da Idade Média. Essa educação culminou na retórica, a arte da persuasão. Esta é muito diferente da prática da afirmação, e essa arte estava, em princípio, desnorteada por tal prática. Os padres e os outros cristãos daqueles séculos, no entanto, foram capazes de, enquanto cristãos, colocar de alguma forma as duas juntas e fazê-las trabalhar como parceiras.

Aqui está o ponto: essa parceria pode ser entendida como uma forma de diálogo, uma troca na qual cada um dos parceiros é afetado pelo outro, de diferentes maneiras e em diferentes graus. Parece-me que o fenômeno é o diálogo em um alicerce. Era um diálogo cultural que, para os cristãos, não se restringia de maneira alguma à era patrística. Assumiu uma forma mais explícita e direta com o escolasticismo medieval.

O problema intelectual central do empreendimento escolástico era como conciliar a Bíblia com o aprendizado grego, mais particularmente com a filosofia de Aristóteles, que era praticamente desconhecida no Ocidente até o final do século XII. Essa filosofia desafiou doutrinas fundamentais que a Igreja cristã derivara da Bíblia. Aristóteles não conhecia a criação nem a graça; no entanto, parecia ter algo a dizer que valia a pena ouvir e, de fato, aprender. Desse ponto de vista, o empreendimento escolástico era radicalmente dialógico. Era, além disso, apesar das críticas viciosas que os teólogos escolásticos muitas vezes dirigiam uns aos outros, fundamentalmente um empreendimento reconciliador. Recusava-se a descartar o outro como sendo, em princípio, ignorante e ímpio. Pelo contrário, queria fazer do outro um parceiro – talvez um parceiro júnior, mas ainda assim um parceiro. Se a tradição agostiniana pode ser chamada de uma tradição de alienação, esta tradição pode ser chamada de uma tradição de reconciliação.

Agora vamos para o Renascimento, que é definido como o renascimento artístico e literário que ocorreu nos séculos XV e XVI, começando na Itália, mas rapidamente avançando para o resto da Europa. Um renascimento artístico: muitos de vocês já estiveram na Capela Sistina e viram o teto pintado por Michelangelo. Você certamente se lembra dos painéis que representam cenas dos primeiros capítulos do livro do Gênesis, como a criação de Adão. Você prestou atenção aos grandes retratos dos profetas que previram a vinda de Cristo, como Isaías e Jeremias, que emolduram essas cenas de Gênesis? Também notou que alternando com os retratos dos profetas estavam retratos das sibilas, aquelas sacerdotisas de origem obscura da Antiguidade pagã? A crença era antiga e forte de que, de alguma maneira, por alguns meios misteriosos, as sibilas também previram a vinda do Salvador, embora de formas mais veladas do que os profetas hebreus. Pense nisso! Na capela do próprio papa! Salvando a verdade fora das Escrituras canônicas!

Porém, mais pertinente para os nossos propósitos é o reavivamento literário do Renascimento conhecido como humanismo. Nele encontramos outra cultura de reconciliação, mais consistentemente integrada em Erasmo, justamente conhecido como "o príncipe dos humanistas". Erasmo desprezou o sistema escolástico. Como os escolásticos, porém, ele também estava envolvido em um empreendimento dialógico. O humanismo foi uma tentativa de retroceder no tempo sobre os escolásticos medievais, com seu estilo latino bárbaro, e substituir esse estilo pelo "bom estilo" dos escritores da Antiguidade grega e romana – substituí-lo precisamente por aqueles autores que tinham formado os Padres da Igreja e que eles haviam estudado. Na superfície, o que Erasmo e os outros queriam recuperar era um bom estilo, mas para eles o bom estilo não podia ser separado dos bons costumes. De fato, os antigos valiam a pena recuperar porque sustentavam altos padrões morais que, além disso, eram capazes de promover por meio de seu atraente estilo de falar e escrever.

Ao recuperar o bom estilo – ou seja, ao causar seu ressurgimento ou renascimento – os humanistas também recuperaram da Antiguidade uma forma literária específica que era desconhecida na Idade Média: o diálogo ou o colóquio. Em 1448 Lorenzo Valla publicou o livro *De vero falsoque bono* [Sobre o bem verdadeiro e falso], um diálogo de três dias entre um estoico, um epicurista e um cristão. Foi um trabalho importante para a época e ajudou a promover o gênero.

Mas o mestre do diálogo era Erasmo. Ele escreveu dezenas deles, muitos dos quais agradavelmente satíricos. Mas também escreveu alguns mais sérios, dos quais o mais sublime é intitulado *Convivium religiosum* [Convívio religioso]. Nele, um grupo de amigos, todos devotos fiéis, se reúne em uma vila para uma refeição e uma conversa – uma conversa sobre fé e interesses literários, que obviamente se concentram nos clássicos e nos Padres da Igreja. *Convivium religiosum* não é apenas um exemplo de diálogo interpessoal, mas também exemplifica um diálogo cultural subjacente, pois os amigos refletem sobre a relação entre sua fé cristã e os autores clássicos que tanto estimam.

A certa altura, os amigos discutem um texto de São Paulo. Um deles pergunta se pode interpor algo de "um escritor profano" (Cícero, no caso) em "uma conversa tão religiosa". Outro lhe responde: "Ah, tudo o que é devoto e contribui para uma vida piedosa não pode ser chamado de profano". E então ele continua dizendo: "e talvez o espírito de Cristo esteja mais difundido do que nós entendemos e a companhia de santos inclua muitos que não estão no nosso calendário. Não posso ler os ensaios de Cícero sobre a amizade e a velhice sem abençoar aquele coração puro, inspirado como era pelo alto".

Mais tarde, outro amigo comentou as palavras de Sócrates antes de beber a cicuta, conforme registrado no *Fédon* de Platão. Ele refletiu que, porque em sua vida Sócrates havia tentando agradar a Deus, disse que poderia enfrentar a morte serenamente. Um amigo então se junta: "Um espírito admirável, certamente, em alguém que não conheceu Cristo nem as Sagradas Escrituras. E assim, quando leio tais coisas de certos homens, não posso deixar de exclamar 'Ó, Santo Sócrates, roga por nós'".

Eu menciono Erasmo porque ele nos fornece um claro exemplo daquilo a que poderíamos chamar de mentalidade dialógica. No *Convivium religiosum* a discussão é entre um grupo de cristãos, mas eles revelam que, como cristãos, estão envolvidos em um nível profundo de diálogo com o outro, com o não cristão, ao qual estão escutando atentamente. No entanto, quando Erasmo morreu em 1536, a forma de diálogo como discurso religioso estava fadada a não se recuperar. Era muito frágil, urbano e aberto para sobreviver à amarga polêmica da Reforma e da Contrarreforma. Como forma de discurso religioso, o diálogo não voltaria a ser favorável até o século XX.

Assim, embora o escolasticismo e o renascentismo humanista fossem diferentes um do outro, e, de fato, muitas vezes amargamente antagônicos, compartilhavam uma característica importante: ambos eram movidos por uma dinâmica reconciliadora. Ambos olharam para o outro com olhos curiosos, por vezes admiradores, e procuraram aprender ao encontrar com aquele outro.

Erasmo, contudo, é importante para o século XX e para o Vaticano II por outra razão, estreitamente relacionada. O seu empreendimento intelectual tem uma semelhança impressionante com o empreendimento de meados do século XX na França conhecido como *la nouvelle théologie* – com grande impacto no concílio.

Erasmo trabalhou para alcançar três objetivos interligados: (1) Ele queria colocar o discurso cristão na linguagem da Escritura e dos Padres – ou seja, afastar o jargão escolástico com uma linguagem que fosse compreensível para as pessoas comuns e que fosse imediatamente dirigida a viver uma vida devota. (2) Como um empreendimento estreitamente relacionado, ele queria reformar o método teológico para derivá-lo mais diretamente da Escritura – tal como entendida por ele e seus colegas humanistas, não como uma base de dados de textos de prova a partir da qual se pode construir uma catedral na mente, mas como textos historicamente delimitados que tinham de ser compreendidos no seu contexto histórico e na integridade de suas formas literárias. A esse respeito, ele e os seus companheiros humanistas foram os grandes precursores do método histórico-crítico que atingiu a maturidade no século XX. (3) Ele, portanto, queria restaurar as práticas de piedade aos modelos predominantes na Igreja primitiva, o que implicava promover a leitura da Bíblia como uma das principais práticas desse tipo. Não é por acaso que Henri de Lubac, um dos arquitetos da *nouvelle théologie*, tanto estimava Erasmo.

Parece, porém, que somente no contexto cultural do início e meados do século XX poderia o diálogo religioso emergir novamente como um modelo viável, ou mesmo indispensável, para o discurso cristão. Nesse sentido, destacam-se duas características do contexto do século XX. A primeira é o multiculturalismo e a segunda, prima do multiculturalismo, o pluralismo religioso. O mundo sempre foi multicultural, evidentemente, mas apenas com a facilidade de viajar e de se comunicar do século XX é que isso se tornou um fato inevitável da vida.

Além disso, especialmente com o fim da Segunda Guerra Mundial, o imperialismo cultural praticado pelas grandes potências ocidentais terminou e "o fardo do homem branco" foi desprezado como uma forma de opressão. Infelizmente, no século XIX e no início do século XX, os missionários, tanto protestantes quanto católicos não tinham sido inocentes de promover a cultura de suas terras de origem quase tão ardentemente quanto promoviam o Evangelho. Nesse aspecto, as Igrejas estavam agora em um momento de crise. Os missionários perceberam que precisavam se desfazer de seus preconceitos culturais e levar em consideração as culturas onde estavam evangelizando. Eles tinham de aprender com o outro.

Nessa mesma época, o pluralismo religioso tinha se tornado igualmente um fato da vida. Os guetos religiosos que por vezes englobavam até mesmo grandes nações haviam se dissolvido em grande parte. As pessoas se envolviam diariamente com pessoas de outras Igrejas cristãs, bem como de sinagogas e, em alguns lugares, de mesquitas. Nesse contexto, as afirmações absolutas de direitos exclusivos à graça de Deus perderam credibilidade. Seriam os judeus realmente uma raça amaldiçoada por Deus? Ou ainda seriam os muçulmanos, como disse o Papa Paulo III em 1542, "nosso inimigo eterno e sem Deus"?

Era realmente verdade que não havia "nenhuma salvação fora da Igreja?" Isso significava que o meu amado companheiro luterano estava destinado ao inferno? Embora o axioma da não salvação há muito tempo fosse objeto de debate e qualificação, ainda era mantido por alguns em seu significado mais literal e não qualificado, como ficou claro na década de 1940 no famoso Caso Feeney. O Padre Leonard Feeney, um jesuíta da província da Nova Inglaterra, administrava um Centro Católico em Cambridge, Massachusetts, a cerca de 30m da entrada da Universidade de Harvard. Feeney pregava a doutrina da não salvação em alto e bom som, no sentido não adulterado. A menos que uma pessoa fosse um membro de fato da Igreja Católica, ela estava destinada ao inferno. O presidente da Universidade de Harvard não se divertia com o pensamento de que ele e praticamente todos os associados a Harvard naquele época estavam eternamente perdidos.

Ele apelou para o arcebispo. O arcebispo encaminhou o caso para o Vaticano. O Santo Ofício teve finalmente de intervir. Decretou que, por mais que o axioma devesse ser entendido, não deveria ser entendido no sentido absoluto que Feeney lhe atribuiu: ou seja, a menos que uma pessoa fosse um membro da Igreja Católica, ela não poderia ser salva. O Santo Ofício ensinou ainda que uma pessoa poderia ser membro da Igreja, e assim, ser salva, *voto et desiderio* – por alguma forma misteriosa conhecida apenas por Deus.

Relacionada com o fenômeno do pluralismo religioso estava a crescente e mais difundida consciência, no final da Segunda Guerra Mundial, do horror do Holocausto – esse crime contra a humanidade indescritivelmente perverso que ocorreu na Alemanha cristã, onde mais de 40% da população era católica e outros 40% protestantes. Como isso pôde ter acontecido? Que responsabilidade as Igrejas tinham por isso? Talvez a prática de desonrar outras religiões e de tratá-las como inimigas por definição e como fora do manto da graça salvadora de Deus tenha algo a ver com isso.

Assim, o meio cultural estava pronto. Mas o diálogo precisava de uma voz. Essa voz foi fornecida sobretudo pelo pensador religioso e filósofo Martin Buber. No início, Buber publicou dois trabalhos que desafiaram radicalmente o quadro objetivo e impessoal de referência em que a filosofia ocidental tradicionalmente abordava as questões humanas. O primeiro, publicado em 1923, foi intitulado *Ich und Du* [*Eu e Tu*]. O segundo foi um ensaio intitulado *Zwiesprache* [*Diálogo*], publicado em 1929. Em trabalhos posteriores, Buber passou a criticar Aristóteles e Tomás de Aquino pelo caráter abstrato de seus sistemas, que afastava os indivíduos das situações da vida real em que tinham de tomar decisões.

Para as abstrações dos grandes sistemas filosóficos, Buber substituiu as relações nas quais a mutualidade e a partilha de experiências e crenças eram as marcas registradas. Nessas relações, a forma privilegiada de comunicação era o diálogo. Ele definiu o diálogo de maneiras diferentes, porém mais eficazmente como "conversa... de uma pessoa de coração aberto para outra pessoa de coração aberto". O diálogo para Buber não era um estratagema, não era uma técnica, mas a expressão superficial dos valores centrais da honestidade, curiosidade e humildade. Esses valores são diferentes daqueles encontrados no contrário do diálogo, no monólogo.

As obras de Buber atraíram um grande número de leitores e influenciaram direta e indiretamente os pensadores cristãos. No ano anterior à abertura do concílio, o jovem teólogo católico Hans Urs von Balthasar publicou *Einsame Zwiesprache: Martin Buber und das Christentum* [Diálogo solitário: Martin Buber e o cristianismo], no qual elogiou Buber como "uma das mentes mais criativas do nosso tempo" e como "o originador do princípio do diálogo". Mas a ideia e o ideal do diálogo já estavam em ampla circulação naquela época. De fato, um ano antes de Von Balthasar publicar o seu livro, o teólogo americano jesuíta Gustave Weigel observou que o diálogo aparecia tão frequentemente em revistas e mesmo em jornais que começava a parecer "sectário e passageiro". Weigel não poderia prever o importante papel que o diálogo iria desempenhar no Vaticano II, juntamente com seus ideais relacionados de parceria, cooperação, e, naturalmente, seu sinônimo, conversa, ao ponto de podermos – como fazemos agora – falar dele em termos da própria identidade do concílio.

Dito isso, é importante notar que a palavra como tal apareceu relativamente tarde nos documentos do concílio. O Vaticano II já estava na metade do caminho. Somente após a publicação da primeira encíclica do Papa Paulo VI, *Ecclesiam Suam*, em 6 de agosto de 1964, pouco antes da abertura do terceiro período do concílio, o diálogo apareceu e tornou-se imediatamente uma das categorias mais características, aparecendo em dez dos 16 documentos finais, em alguns dos quais, como a Constituição Pastoral sobre a Igreja no Mundo Moderno, é quase um lema.

Para o diálogo, a encíclica foi sem dúvida o grande marco. Ela validou o diálogo como uma categoria legítima e necessária na vida da Igreja. Era uma categoria até então desconhecida nos pronunciamentos oficiais, mas agora tinha o apoio oficial e, de fato, entusiástico do próprio sumo pontífice. Este foi, com ou sem intenção, um movimento ousado de um papa cauteloso.

Paulo VI se apropriou do termo de Buber, parece, por meio da mediação de seu amigo, o proeminente filósofo teólogo Jean Guitton, um leigo francês. O diálogo aparece 77 vezes na encíclica, e o seu significado e aplicação ocupam completamente dois terços desse longo documento.

Não há dúvida de que a encíclica introduziu a palavra no vocabulário do concílio. Na versão original do documento *De Oecumenismo*, apresentada ao concílio no ano anterior, por exemplo, o diálogo não apareceu uma única vez. Em sua versão revisada após a publicação da encíclica, emergiu como uma das palavras mais características do texto, aparecendo pelo menos 14 vezes. A partir daí, diálogo (*dialogus*, em latim) e seu sinônimo preciso, colóquio (*colloquium*, em latim), aparecem cerca de 70 vezes nos documentos conciliares. Seria difícil encontrar uma palavra mais característica do Vaticano II.

Ecclesiam Suam é típica de Paulo VI em seus cuidados para tentar cobrir todas as eventualidades e especialmente sua preocupação em não ir muito longe. Às vezes parece ver o diálogo como um instrumento de evangelização, mas outras vezes parece se distanciar dessa compreensão, sobretudo quando fala, muito brevemente, do diálogo dentro da própria Igreja Católica.

Está no melhor da sua descrição dos primeiros frutos do diálogo: "O diálogo promove a intimidade e a amizade de ambos os lados. Ele une as partes em uma adesão mútua ao bem, e assim exclui todas as pessoas que buscam a si mesmas". De outra maneira: "O próprio fato de as pessoas se envolverem em um diálogo desse tipo é prova de sua consideração e estima pelos outros, da sua compreensão e bondade. Detestam a intolerância e o preconceito, a hostilidade maliciosa e indiscriminada, o discurso vazio e orgulhoso". E ainda: "Por muito divergentes que pareçam ser as opiniões e crenças, elas podem muitas vezes servir para se completarem umas às outras".

Penso que seja importante acrescentar outro fruto do diálogo à lista do papa. O diálogo, quando devidamente envolvido, resulta em uma compreensão mais profunda da própria identidade. Ele não deve ser visto como resultando em uma dissipação de identidade, mas como um meio de purificá-la e esclarecê-la. Penso que seja uma lei da vida, que só através da interação com o outro é que chegamos a entender nós mesmos. Somente depois de ter passado um ano inteiro em uma comunidade jesuíta na Áustria, a primeira vez que vivi fora dos Estados Unidos, é que percebi com uma nova profundidade o que significava para mim ser americano. Esse conhecimento não foi simplesmente intelectual. Ele me tocou mais profundamente do que isso, de maneiras que eu acho difícil de descrever. Em todo caso, quando eu voltei para casa, disse para mim mesmo: "você nunca mais será o mesmo de novo".

Por mais importante que fosse a encíclica de Paulo VI, ela não poderia ter avançado se o concílio não tivesse adotado uma orientação reconciliadora que a tornasse imediatamente receptiva ao diálogo. Por causa dessa orientação, pode-se dizer, creio eu, que o diálogo estava presente no concílio antes que a própria palavra aparecesse. Essa orientação tinha sido dada pelo Papa João XXIII em sua intenção de que o concílio fosse um instrumento de reconciliação entre as Igrejas e em seu convite aos líderes das Igrejas não católicas para que viessem ao concílio e, pelo que parece, se envolvessem no diálogo, pelo menos informalmente, com os membros do concílio. Em seu discurso de abertura, em 11 de outubro de 1962, ele queria que o concílio se distanciasse de um espírito de condenação e deixasse a Igreja se mostrar como "a mãe amorosa de todos, benigna, paciente, cheia de bondade e misericórdia".

Sim, o diálogo estava presente no concílio antes de a palavra aparecer. No primeiro documento de orientação do concílio, a Constituição sobre a Sagrada Liturgia, o concílio convocou a Igreja a respeitar as tradições, símbolos e rituais de outras culturas além da ocidental, a ponto de poderem ser incorporados à própria liturgia, na medida em que estivessem livres de superstição. Este é um gesto de reconciliação com as culturas não ocidentais e um apelo implícito ao diálogo com elas relacionado com a expressão mais íntima e sagrada da vida cristã, o sacrifício eucarístico.

No segundo período do concílio, em 1963, a versão revisada da *Lumen Gentium* estava pronta para discussão. Diferia da versão originalmente apresentada ao concílio no ano anterior de forma notável, mas talvez a mais notável tenha sido no seu vocabulário e no seu próprio estilo, o que foi uma inovação importante e muitas vezes subestimada no concílio. O novo estilo do documento foi considerado na época uma implementação do que o Cardeal Joseph Frings, de Colônia, tinha pedido no ano anterior, quando foi aberto o debate sobre o primeiro documento do concílio, a Constituição sobre a Sagrada Liturgia. Frings elogiou o texto pelo seu "estilo literário verdadeiramente pastoral, cheio do espírito da Sagrada Escritura e dos Padres da Igreja", e sugeriu que esse era o estilo que o concílio deveria adotar.

Na *Lumen Gentium* a mudança em relação à versão anterior foi evidente. Em vez do estilo constantemente jurídico desse documento, o estilo da revisão foi preenchido com imagens bíblicas e alusões patrísticas. Com exceção do terceiro capítulo jurídico sobre a hierarquia, o documento quase transborda de imagens da Igreja e de seus membros que sugerem fecundidade, dignidade, abundância, carisma, bondade, porto seguro, acolhida, comunhão, ternura e cordialidade.

Esse estilo não apareceu do nada. Nas décadas anteriores ao concílio, tinha sido promovido e exemplificado pelos proponentes da *nouvelle théologie*. Se quisesse voltar mais atrás, era o estilo promovido e exemplificado por Erasmo, que ele mesmo acreditava estar replicando de seus amados Padres da Igreja, tanto gregos quanto latinos. Como instanciado na *Lumen Gentium* e depois em documentos subsequentes, o estilo evitou usar a linguagem de alienação e condenação e favoreceu palavras que sugeriam reconciliação e mutualidade. Tais palavras forneceram o contexto e o horizonte que garantiram o diálogo com uma recepção calorosa quando Paulo VI o trouxe à tona.

Em outras palavras, embora o diálogo seja certamente importante por si só para a compreensão do concílio, é simplesmente uma palavra que se encaixa nele e ajuda a criar uma nova linguagem para definir como a Igreja deve operar. À medida que o concílio avançava, o número de tais palavras continuava a crescer – amizade, fraternidade, irmandade, parceria, reciprocidade, respeito, liberdade, consciência, santidade e dignidade inata de toda pessoa humana. Com especial destaque, a lista incluiu e honrou a colegialidade. Como eu disse, consideradas em conjunto, as palavras sugerem e promovem reconciliação e mutualidade. O diálogo é o instrumento preferido para a consecução desses fins. Essas palavras e expressões não são casuais. Elas se repetem com a insistência de uma batida de tambor. Não são novas no vocabulário cristão, mas são surpreendentemente novas para um concílio. Elas têm um parentesco entre si, na medida em que expressam não relações de cima para baixo, verticais, mas horizontais. Ao tentarmos avaliar o Vaticano II, devemos incluir no cômputo o fato de ter sido um acontecimento linguístico importante na história da Igreja. Representa uma inversão de linguagem, do monólogo para o diálogo. Para que seja honesto e genuíno, para que seja algo mais do que um estratagema ou uma tática, esse novo estilo de discurso requer um novo estilo de ser – uma conversão – que depois resulta em um novo estilo de relacionamento para quase tudo e todos.

O concílio queria promover o diálogo especialmente em quatro áreas específicas. Primeiro, um diálogo com culturas não ocidentais, como mencionei anteriormente. Segundo, e mais famoso, um diálogo com outras Igrejas cristãs, com o reconhecimento de que a antiga prática de depreciar e desonrá-las não produzia bons frutos. De fato, nas épocas passadas levou ao massacre de cristãos por cristãos em guerras travadas em nome do Deus do amor.

Em terceiro lugar, o diálogo com as religiões não cristãs, especialmente o diálogo com os judeus e muçulmanos, conforme descrito em *Nostra Aetate*. Esse documento proporcionou à Igreja Católica uma nova missão, com um novo papel no mundo – uma missão de mediação em um mundo dividido. Hoje, com as tensões entre o chamado mundo muçulmano e o Ocidente, não consigo pensar em uma missão mais urgente ou mais exaltada para a Igreja. É uma missão que o Papa João Paulo II assumiu com grande vigor e coragem. Os seus muitos encontros com líderes judeus e o fato de lhes estender a mão em amizade são bem conhecidos. Menos conhecidos, mas agora talvez mais urgentes, foram os seus muitos encontros com grupos muçulmanos em todo o mundo.

Finalmente, o diálogo com "o mundo moderno" conforme proposto na *Gaudium et Spes*. Nesse documento, a relação entre a Igreja e o mundo é descrita precisamente como "um diálogo". No documento, que é dirigido a todos os homens e mulheres de boa vontade, ocorre a surpreendente e inédita declaração de que, enquanto a Igreja ensina ao mundo, ela também aprende com o mundo. Essa é uma declaração de diálogo, mais uma vez, de diálogo cultural e de diálogo cultural em grande escala.

O título do documento merece ser comentado. É, como você sabe, "A Igreja no mundo moderno" – *no* mundo moderno, não a Igreja *para* o mundo moderno, não certamente a Igreja *contra* o mundo moderno. A própria neutralidade do título é singular dada a alienação do mundo moderno que especialmente o oficialismo católico sentiu e promoveu entre os fiéis desde a época da Revolução Francesa até às vésperas do Vaticano II. *Gaudium et Spes* é um documento essencialmente dialógico e reconciliador.

Mas e o assunto que o Papa Paulo VI brevemente abordou em sua encíclica, o diálogo dentro da Igreja? Embora a esse respeito o diálogo (*dialogus*) não apareça nenhuma vez, o seu sinônimo, colóquio (*colloquium*) aparece frequentemente e é normal e corretamente traduzido como "diálogo". No decreto sobre os bispos, por exemplo, ao bispo é aconselhado "iniciar e promover o diálogo (*colloquium*) com o seu povo" (n. 13). Depois é dito para "dialogar com os seus sacerdotes, tanto individual quanto coletivamente" (n. 28). No decreto sobre a formação dos presbíteros, os seminaristas devem ser formados para que estejam preparados para "dialogar com as pessoas destes tempos" (n. 15). A mesma ideia aparece no decreto sobre a vida e ministério dos presbíteros (n. 18). Igualmente importante são as muitas vezes que palavras como "amizade", "irmão" e "irmã" se repetem para descrever todos os relacionamentos acima. O concílio, portanto, não limitou o diálogo àqueles de fora da Igreja, mas o considerou um estilo de discurso apropriado para o seu funcionamento interno. A colegialidade episcopal é o diálogo no mais alto nível de funcionamento dentro da Igreja.

Mas uma palavra de cautela: o concílio nunca teve a intenção de diminuir o grau de autoridade do papa e dos bispos. A responsabilidade estava com eles, como o concílio insistia quase obsessivamente. Além disso, o concílio nunca teve a intenção de comprometer o primeiro e mais essencial ministério da Igreja, o anúncio do Evangelho. Não poderia fazer isso sem trair totalmente a mensagem transcendente da qual é o arauto. O diálogo não pode substituir o anúncio. No entanto, o concílio parece dizer que as duas coisas podem coexistir em benefício do anúncio. E o diálogo pode desempenhar um papel em como a Igreja se comporta, em que, como um corpo feito de seres humanos, ela lida com as pessoas em conformidade com sua inteligência e dignidade.

O título da minha palestra é: "O diálogo e a identidade do concílio". O diálogo não esgota o significado do concílio. Se o fizesse, deslocaria totalmente a proclamação, o que seria uma traição. Mas o diálogo é uma característica essencial e distintiva do concílio. É uma característica absolutamente única do Vaticano II e a manifestação superficial de uma mudança profunda e corporativa de mentalidade. Levá-lo a sério é passar por uma espécie de conversão, pois implica uma mudança de um estilo de comportamento para outro, e até mesmo de um conjunto de valores para outro. Talvez o seguinte conjunto de pontos de contraste ajude a entender as múltiplas dimensões da mudança:

- das leis aos ideais;
- dos comandos aos convites;
- das ameaças à persuasão;
- da rivalidade à parceria;
- da exclusão à inclusão;
- da hostilidade à amizade;
- da mesquinhez à magnanimidade;

- da suspeita à confiança;
- da busca de falhas à apreciação;
- da intransigência à busca de pontos em comum;
- da mudança de comportamento à conversão do coração;
- da vertical para a horizontal;
- da alienação à reconciliação;
- do monólogo ao diálogo.

13
Dois concílios comparados: Trento e Vaticano II

Em janeiro de 2013 foi realizada uma conferência internacional de três dias na Universidade Católica de Lovaina, uma das várias conferências do gênero em todo o mundo no 450º aniversário do encerramento do Concílio de Trento em 1563. Em Lovaina eu dei a palestra de encerramento, consistente nessa comparação entre Trento e Vaticano II. Parece uma maneira adequada de concluir a segunda parte deste volume. Também será publicada com um título um pouco diferente na coleção de três volumes de artigos da conferência, organizada por Wim François e Violet Soen, intitulada The Council of Trent: Reform and Controversy in Europe and Beyond (1545-1700) *[O Concílio de Trento: reforma e controvérsia na Europa e mais além (1545-1700)].*

Por uma estranha coincidência, o ano da nossa conferência por ocasião do 450º aniversário de encerramento do Concílio de Trento coincidiu com o 50º aniversário do Concílio Vaticano II. A coincidência oferece uma oportunidade de comparar os dois concílios que tantas vezes contrastaram entre si. Ao fazer isso, descobriremos que cada um lança luz sobre o outro, o que nos permite compreender melhor a ambos. Naturalmente, estamos particularmente preocupados em ver como o contraste com o Vaticano II nos ajuda a compreender melhor o Concílio de Trento e a oferecer perspectivas mais nítidas sobre ele.

Os dois concílios diferem em tantas e tão importantes maneiras que uma comparação pode parecer improvável de produzir algo de substancial. Às vezes, quando tento colocá-los lado a lado, sinto como se estivesse comparando os méritos e deméritos das maçãs com os méritos e deméritos da lasanha. Além disso, nos últimos 50 anos, os preconceitos obstruíram uma visão clara. Alguns católicos, por exemplo, afirmam com confiança que Trento criou todas as coisas ruins das quais o Vaticano II os resgatou, enquanto outros afirmam com igual confiança que criou todas as coisas boas das quais o Vaticano II os roubou.

O grão da verdade em tais afirmações é que os concílios são tão diferentes que nos perguntamos se eles têm algo em comum. Obviamente ambos foram concílios da Igreja Católica, o que significa que se encaixam na definição básica de um concílio da Igreja – um encontro principalmente de bispos reunidos em nome de Cristo que, em virtude desse nome e da presença do Espírito Santo, têm o poder de tomar decisões que vinculam a Igreja. Além disso, há algo que eles compartilham?

Certamente que sim, como tentarei mostrar. Mas, primeiro, temos de examinar as maneiras pelas quais diferem uns dos outros. A maneira imediatamente mais óbvia são os lugares onde eles foram mantidos. Isso não é apenas um fato óbvio, como é também um indício que aponta para uma diferença crucial em sua dinâmica. Trento fica a centenas de quilômetros de Roma. Os papas concordaram com a cidade com muita relutância. Com os concílios de Constança e Basileia, eles haviam aprendido a lamentável lição do perigo para si mesmos dos concílios distantes de Roma.

Trento significava que eles não teriam a supervisão imediata que desejavam e com que Júlio II e Leão X tinham tido para o V Concílio do Latrão algumas décadas antes. Nenhum dos três papas que convocaram os três períodos do Concílio de Trento jamais pisou na cidade, embora Pio IV tenha sido pressionado a fazê-lo. Os papas tentaram, com algum sucesso, controlar a direção do concílio através dos seus legados. Mas isso certamente não era a mesma coisa que ter o concílio reunido debaixo dos seus narizes em Roma. A comunicação entre Roma e Trento pelos correios era confiável, mas mesmo com correios especiais, eram necessários pelo menos seis ou sete dias para uma troca de cartas.

O contraste com o Vaticano II é impressionante. Embora nem o Papa João XXIII nem o Papa Paulo VI tenham assistido às sessões de trabalho do concílio, eles tiveram comunicação imediata com o que estava acontecendo na Basílica de São Pedro pelo rádio e pelo circuito fechado de televisão nos apartamentos papais e por meio de encontros quase diários com bispos individualmente. Devido à complicada, pesada e quase ininteligível mistura de entidades que trabalhavam no plenário do concílio que compartilhavam a responsabilidade de levar a agenda adiante, era impossível saber quem estava no comando. A solução era procurar o papa para resolver os conflitos que surgiam.

João XXIII tendia a deixar o concílio resolver seus problemas por conta própria, mas Paulo VI interveio diretamente várias vezes. Ele fez isso em um grau e com uma frequência, imediatismo e impacto sem precedentes para um concílio. Um dos paradoxos que surgem dessa comparação dos modos de supervisão papal é que, por mais que os modos fossem diferentes, em ambos os casos eles provocaram os bispos a fazer a mesma pergunta: o concílio é livre?

A segunda diferença imediatamente óbvia entre os concílios é o número e a origem dos participantes. Quando o Concílio de Trento foi aberto em 13 de dezembro de 1545, apenas 29 prelados, incluindo os três legados papais, tinham aparecido. O número desse primeiro período acabou subindo para cerca de 100. Na abertura do segundo período, apenas 15 apareceram. O terceiro período foi o mais frequentado, com geralmente um pouco mais de 200 prelados, mas mais de dois terços eram da Itália e a maior parte dos demais da Espanha e Portugal. Mesmo com a chegada da pequena mas importante delegação francesa no final de 1562 não houve alteração significativa nas proporções. Ao contrário do Latrão V, não havia um único bispo do "Novo Mundo". Trento era essencialmente um concílio do Mediterrâneo ocidental.

Na maioria das sessões de trabalho do Vaticano II, os bispos eram em torno de 2.100, cerca de dez vezes mais do que o número máximo de Trento. Eles vieram de 116 países diferentes de todo o mundo para tornar o Vaticano II verdadeiramente ecumênico no sentido de envolver toda a Igreja e em todo o mundo, e para fazê-lo em um grau que anulou até mesmo o Vaticano I, seu único rival nesse quesito. Muitos dos bispos das antigas colônias europeias eram nativos desses países e trouxeram ao concílio um novo sentido de catolicidade para a Igreja.

Havia outras diferenças importantes nos membros dos dois concílios. Em Trento, os poderes seculares – isto é, os leigos – estavam presentes através de seus embaixadores (tecnicamente, "oradores"), e a influência deles sobre a direção do concílio era considerável. Embora alguns desses fossem prelados, outros eram leigos, que tinham o direito de falar ao concílio quando apresentavam as suas credenciais. Eles aproveitaram a ocasião para promover a agenda de seus monarcas. Tendiam a ser fortes apoiadores dos impulsos de reforma do concílio, exceto, é claro, quando esses impulsos se voltavam contra seus patrocinadores.

De todos os monarcas, o Imperador Carlos V exerceu a influência mais decisiva sobre o concílio mesmo antes de sua abertura. Ele insistiu que o concílio fizesse da reforma da Igreja o ponto principal da agenda, diante da insistência do Papa Paulo III em que o concílio lidasse principalmente, senão exclusivamente, com a doutrina. A pressão do imperador ajudou a determinar a decisão do concílio de lidar com as duas questões simultaneamente e não privilegiar uma delas sobre a outra. Até certo ponto, "doutrina e reforma" talvez fossem inevitáveis como itens da agenda dupla; no entanto, a insistência de Carlos V na primazia da reforma não pode ser descartada. Durante o terceiro período, seu irmão e sucessor, o Imperador Ferdinando I, continuou, especialmente na primavera de 1563, a pressionar a agenda iniciada por Carlos, para grande desconforto de Pio IV.

O Vaticano II seguiu o precedente estabelecido pelo Vaticano I, que foi o primeiro concílio na história da Igreja a excluir os leigos da participação. É verdade que o Vaticano II eventualmente convidou alguns leigos e depois, para seu grande crédito, algumas mulheres, mas isso era essencialmente simbólico. Considerar essas ações do Vaticano II como um avanço para os leigos é esquecer o grande papel que os leigos tradicionalmente desempenharam nos concílios, a começar por Niceia e pelo Imperador Constantino, no século IV. O melhor que se pode dizer sobre o Vaticano II a esse respeito é que foi uma melhoria em relação ao Vaticano I e, implicitamente, reabriu a questão.

De outra maneira, no entanto, o Vaticano II realizou o que Trento não foi capaz de fazer. No Vaticano II, membros de outras Igrejas cristãs – protestantes e ortodoxas – estiveram presentes, considerados como "observadores", desde o momento em que o concílio abriu até o momento em que fechou. Ao final do concílio, o número de observadores e "convidados" não católicos aumentou para cerca de 200. Embora não pudessem falar nas sessões de trabalho do concílio, eles fizeram sentir sua influência de maneiras informais. Os bispos e teólogos formularam as suas decisões com a consciência atenta de que estavam sendo escrutinados por estudiosos e religiosos que não compartilhavam com muitas das suposições básicas nas quais a doutrina e prática católica se baseavam, e ajustaram-na em conformidade.

Em ambos os concílios os teólogos desempenharam um papel crucial, mas de formas consideravelmente diferentes. Em Trento, os teólogos por vezes superavam em número os bispos. Entre eles, o papa escolheu apenas dois ou três. Os demais foram escolhidos pelo seu monarca ou pela sua ordem religiosa. Para o segundo período, por exemplo, o Papa Júlio III enviou apenas dois, enquanto o Imperador Carlos V enviou sete e sua irmã, a Rainha Maria da Hungria, regente dos Países Baixos, enviou oito. No Vaticano II, embora os bispos fossem livres para trazer os seus próprios conselheiros teológicos, apenas o papa escolheu teólogos oficiais para o concílio. Somente esses teólogos poderiam participar das comissões que formulavam os decretos. Embora o número desses teólogos oficialmente designados tenha eventualmente aumentado para quase 500, foi proporcionalmente muito inferior ao número de Trento.

Os teólogos trabalharam de forma diferente nos dois concílios. Em Trento eles abriam a discussão de cada questão doutrinária comentando-a em série, um teólogo de cada vez, até que todos tivessem falado. Cada um deles podia falar por alguns minutos ou por até duas ou mais horas. Os bispos ouviam em silêncio, e só depois de todas as palestras terem sido concluídas é que eles próprios começavam a trabalhar. Por vezes, portanto, durante semanas a fio os bispos se sentavam como estudantes para ouvir os teólogos. Uma vez formadas as comissões para a construção dos efetivos decretos, os teólogos voltavam a entrar no processo como conselheiros dos bispos.

Embora os teólogos tenham desempenhado um papel absolutamente importante no Vaticano II, o papel foi menos determinante de imediato do que em Trento e, em nível oficial, muito reduzido. Tanto antes quanto durante o Vaticano II, a formulação de cada documento ficava do início ao fim exclusivamente nas mãos dos bispos que trabalhavam nas diversas comissões do concílio. Os bispos, naturalmente, confiavam nos teólogos que o papa tinha nomeado para as comissões. Mas os teólogos sabiam e eram lembrados de que estavam presentes com uma capacidade estritamente consultiva e só lhes era permitido falar quando os bispos pediam sua opinião. Embora tenham tido um grande impacto na direção do Vaticano II, não estavam tão estreitamente integrados nos procedimentos operacionais do concílio como estavam em Trento.

Quando os bispos chegaram a Trento em 1545, nada tinha sido preparado para ajudá-los a formular sua agenda. Mesmo assim, eles logo a iniciaram com foco na doutrina e na reforma com a qual estamos familiarizados. Eles propuseram para si mesmos o que era essencialmente uma agenda estreita, o que significou que eles deixaram muitos aspectos da vida e prática católica intocados. Sobre a doutrina, lidariam apenas com crenças desafiadas pelos protestantes. Sobre a reforma, eles tratariam apenas da reforma dos três ofícios tradicionais – papado, episcopado e pastorado.

Se a agenda de Trento era limitada e bastante específica, a agenda do Vaticano II era exatamente o oposto. Na carta do Papa João XXIII aos bispos do mundo, pouco depois de ter anunciado o concílio, ele pediu que enviassem para a agenda tudo o que eles achassem que o concílio deveria tratar. Assim, a agenda foi, desde o início, ampla. O próprio concílio desenvolveu uma agenda para além dos temas que os bispos apresentaram inicialmente. Como resultado, não há praticamente nenhum aspecto da vida da Igreja que os últimos 16 documentos do Vaticano II não tenham pelo menos abordado.

Ao contrário dos bispos que chegaram a Trento, os bispos que chegaram ao Vaticano II encontraram cerca de 75 documentos ou pedaços de documentos preparados para eles e que pediam ação. O Vaticano II foi o mais amplamente preparado concílio da história da Igreja. No entanto, não foi preparado de forma coordenada e coerente. Também não foi preparado de uma maneira amplamente colaborativa. A reação dos bispos quando eles chegaram ao concílio foi dupla: primeiro, confusão e consternação – eles sentiram que estavam se afogando em uma enchente de papel e em uma infinidade de assuntos gritando por atenção; segundo, ressentimento – muitos bispos logo passaram a acreditar que eles estavam sendo manipulados por documentos de carimbos com os quais eles não concordavam totalmente. Apesar da extensa preparação, os bispos do Vaticano II tiveram mais dificuldade para encontrar o seu foco do que os bispos de Trento. Eles começaram a se orientar somente no final no primeiro período, dezembro de 1962.

A diferença mais profunda entre os dois concílios é esta: falaram em duas formas diferentes de discurso. Trento seguiu o padrão basicamente estabelecido no primeiro concílio ecumênico, Niceia, 325. É razoável dizer que, quando o Imperador Constantino convocou Niceia, ele o viu como, em alguma medida, o equivalente eclesiástico do Senado Romano. O Senado Romano fazia leis e proferia veredito em casos criminais de alto nível. Preocupava-se com a ordem pública no império. Niceia estava preocupado com a ordem pública na Igreja, seja em relação à disciplina ou ao ensino adequados. Por isso emitiu leis prescrevendo ou proibindo certos comportamentos, e ouviu o caso contra Ário, acusado do alto crime eclesiástico de espalhar heresia. As leis invariavelmente acarretam sanções por falta de observância, e os veredito negativos nos casos criminais acarretam sanções ainda mais pesadas. Embora Niceia e os concílios posteriores adotassem uma série de formas literárias, a mais prevalente foi o cânon, uma pequena determinação prescrevendo ou proibindo algum comportamento. Os cânones normalmente terminavam com um anátema, isto é, uma sentença de excomunhão.

Trento seguiu inquestionavelmente esse padrão, como testemunha o número dos seus cânones doutrinários e disciplinares. Modificou consideravelmente a forma tradicional dos cânones doutrinários na medida em que não condenavam pessoas, mas apenas ensinamentos. A rigor, Lutero, Calvino e outros reformadores não foram condenados em Trento, embora de uma maneira geral fosse óbvio quem estava sendo condenado. Além disso, o concílio prefaciou a maioria dos seus cânones doutrinários com os chamados capítulos – exposições positivas de ensinamentos católicos relacionados com as posições condenadas nos cânones. No entanto, o concílio deixou claro que os cânones eram a forma que sustentava o peso do ensino conciliar.

Escrevi extensamente sobre a forma de discurso que o Vaticano II adotou. É um assunto demasiado complexo para eu desenvolver adequadamente nestas poucas páginas. Basta dizer que, quando João XXIII se dirigiu ao concílio no dia da abertura, enfatizou, à sua maneira gentil, que o concílio deveria formular a sua decisão, na medida do possível, em termos positivos, de modo a mostrar que a Igreja é, em suas palavras, "a mãe amorosa de todos, benigna, paciente, cheia de misericórdia e bondade". Ele pediu explicitamente que o concílio, na medida do possível, evitasse emitir condenações.

Os bispos aceitaram as palavras do papa e tentaram obedecê-lo. Finalmente começaram a ver que isso significava abandonar as formas tradicionais, especialmente o cânon (o Vaticano II não emitiu nenhum), e a adoção da forma de discurso que nenhum concílio jamais havia usado ou, talvez seja melhor dizer, nunca havia usado de forma tão característica e consistente.

Trento empregou o cânon porque era tradicional, mas também porque os bispos se deram conta de que as exortações, especialmente no que diz respeito ao dever de residência, tinham se revelado insuficientes. Essa solução fora tentada por gerações sem sucesso. O fato de a obrigação de residência ter suscitado uma oposição tão forte no próprio concílio indicou que seriam necessárias medidas fortes para que houvesse alguma esperança de sucesso. Os bispos no Vaticano II, pelo contrário, estavam, com exceção de uma pequena minoria, solidamente por trás dos ideais episcopais apresentados tanto na *Lumen Gentium* quanto na *Christus Dominus*. Acreditavam que não precisavam forçar um apoio para si.

Em essência, o Vaticano II adotou e adaptou uma forma de panegírico. Em vez de prescrever ou proibir certos comportamentos, sustentava ideais pelos quais se deveria lutar. Uma comparação entre a legislação de Trento sobre o comportamento dos bispos com o Decreto do Vaticano II sobre o Ofício Pastoral dos Bispos, *Christus Dominus*, ilustra perfeitamente esse ponto. O primeiro prescreve certos comportamentos; o segundo propõe um ideal. O primeiro persegue o seu objetivo mediante a ameaça de punição; o segundo, por meio do apelo à consciência e à benevolência dos bispos.

A escolha do estilo do Vaticano II teve implicações profundas e radicais. Tornou-o diferente não apenas de Trento, mas também de todos os concílios que o precederam. Por essa escolha, repudiou implicitamente, mas de forma poderosa e inequívoca, o modelo do Senado Romano, e colocou outro em seu lugar. A escolha de estilo tornou o Vaticano II tão diferente que, de fato, redefiniu o que é um concílio e o que se espera dele. Essa redefinição, penso que você irá concordar, é uma diferença de importância crucial. Não levar em consideração a diferença significa uma falha na hermenêutica básica para o concílio.

Conforme indiquei anteriormente, embora os dois concílios fossem muito diferentes um do outro, eles também tinham semelhanças importantes. É preciso, inicialmente, notar que em várias ocasiões o Vaticano II afirmou que o que ele ensinava estava em continuidade com o Concílio de Trento. Por mais verdadeiro que isso possa ser, também compartilhou com Trento certas comunalidades que, na época, os prelados e teólogos do concílio não perceberam claramente. Chamo aqui atenção para cinco delas.

Primeiro, ambos tiveram de responder a uma grande crise. Isso é óbvio para o Concílio de Trento, mas geralmente negado para o Vaticano II, que muitas vezes é apontado como sendo incomum por não ter de enfrentar uma crise. Na verdade, porém, o Vaticano II se reuniu em um período de profunda crise não só para a Igreja Católica, mas para todas as Igrejas cristãs. Foi uma crise ainda mais grave por ser difusa e difícil de analisar ou definir em poucas palavras. No entanto, a crise foi real, generalizada e profunda em suas ramificações – talvez a mais grave e radical da história do cristianismo. Podemos chamá-la, por falta de uma palavra melhor, de crise da Modernidade ou crise do mundo moderno.

É uma crise com raízes profundas na história. Foi impulsionada inicialmente pelas revoluções Científica e Industrial, mas assumiu as suas características mais acentuadas na sequência da Revolução Francesa durante o século e meio que conduziu ao Vaticano II, o período que eu denominei de "o longo século XIX". Em seus pronunciamentos oficiais, a Igreja quase sempre assumiu uma postura negativa em relação a todos os aspectos do "mundo moderno". No entanto, na época do Vaticano II já não era plausível manter essa posição, como os teólogos e bispos do concílio perceberam, pelo menos em algum nível.

"O mundo moderno", Modernidade ou Pós-modernidade, é uma realidade tão complexa a ponto de ser quase intratável! Mas cito cinco aspectos que são particularmente pertinentes ao concílio e que ele tentou abordar direta ou indiretamente. Primeiro é o novo urgente problema do multiculturalismo. (O que isso significa para uma Igreja tão identificada com o Ocidente como a Igreja Católica Romana, especialmente no período pós-colonial?) O segundo é o novo urgente problema do pluralismo religioso. (Pode a Igreja validamente continuar a desdenhar e depreciar outras Igrejas e religiões? A Igreja pode assumir a responsabilidade pelo Holocausto?) Terceiro, a crise de autoridade produzida pelas mudanças políticas e sociais mais radicais da história mundial. (O que isso significa para uma Igreja que olha para si mesma e para o mundo como estruturada essencialmente de forma hierárquica?) O quarto aspecto é o problema intimamente relacionado com as novas situações sociais, econômicas e culturais da maioria dos seres humanos de hoje (urbanismo, industrialização, mobilidade, mulheres como força de trabalho, proliferação nuclear, dilemas bioéticos e assim por diante). E o quinto é o surgimento de uma consciência histórica recém-aguçada, agora aplicada de maneira sistemática até mesmo a assuntos sagrados. (Como a Igreja pode explicar como verdade apostólica uma doutrina como a da Imaculada Conceição de Maria? Como pode a Igreja lidar com o descrédito da cosmovisão clássica e questões como a evolução?) É claro que não tenho espaço nem mesmo para a discussão mais superficial dessas complexas questões, mas talvez possamos ao menos concordar que, assim como Trento enfrentou uma crise, o Vaticano II também o fez. Assim como Trento tentou encontrar soluções para a crise, o mesmo fez o Vaticano II.

A segunda característica que os dois concílios têm em comum é uma particularidade do primeiro – ou seja, ser forçado a lidar com o problema da mudança. Trento teve de lidar com isso por causa dos ataques protestantes. De acordo com os reformadores protestantes, a Igreja na sua doutrina e prática era descontínua com o passado apostólico. A resposta de Trento foi, em termos diretos, negar qualquer descontinuidade, negar que a mudança tivesse ocorrido. Essa solução já não era possível para o Vaticano II. Para o crédito do concílio, este abordou a questão aceitando o fato da mudança no ensino e na prática da Igreja. Diferente de qualquer concílio anterior, o Vaticano II usou a palavra "mudança" em um sentido positivo ou neutro e passou a usar palavras como "progresso", "evolução" e especialmente "desenvolvimento".

Não tentou resolver o problema paradoxal da mudança dentro da continuidade, mas merece crédito por enfrentá-lo. Ao fazer isso, o concílio deu um passo importante na qualificação do viés católico em direção à continuidade à qual Trento havia dado um impulso. O Vaticano II nos oferece assim um exemplo notável do paradoxo recorrente da história: continuidade e mudança são gêmeos conjugados no nascimento. Sob um aspecto do problema da mudança, o Vaticano II é como Trento, contínuo com ele; mas, sob outro, diferente de Trento, descontínuo com ele.

A terceira característica que os dois concílios compartilham: ambos eram concílios de reconciliação. Designar Trento como um concílio de reconciliação requer uma qualificação considerável e certamente não é algo óbvio de imediato. No entanto, é uma designação válida. Apesar de preconceitos, ceticismo e erros graves, o concílio não perdeu a esperança de alguma forma de reconciliação com "os luteranos" quase até o fim – embora a reconciliação tivesse de ser nos termos do concílio.

Para o Vaticano II, a reconciliação era mais óbvia e mais eficaz. Quando, em 25 de janeiro de 1959, o Papa João XXIII convocou o concílio, ele anunciou como um de seus objetivos a extensão de "um renovado convite cordial aos fiéis de comunidades separadas para participarem conosco nessa busca de unidade e graça, pela qual tantas almas anseiam em todas as partes do mundo". O Vaticano II aceitou o desafio e produziu dois documentos que são essencialmente reconciliatórios: o Decreto sobre o Ecumenismo, *Unitatis Redintegratio*, e a Declaração sobre a relação da Igreja com as religiões não cristãs, *Nostra Aetate*. Mas esses dois documentos são sintomáticos da dinâmica conciliatória mais ampla do Vaticano II, que se estendeu a todos os cinco traços que eu chamei de característicos do mundo contemporâneo.

O documento final do concílio, *Gaudium et Spes*, é apropriadamente intitulado de Constituição Pastoral sobre a Igreja no Mundo Moderno. Nele, o concílio afirma não apenas que a Igreja ajuda o mundo e o ensina, mas também, o mais notável, que o mundo também ajuda e ensina a Igreja. O documento foi dirigido a "toda a humanidade" e procurou alistar todas as pessoas de boa vontade na missão de paz e harmonia. O Vaticano II tentou fazer do repúdio categórico do "mundo moderno" uma coisa do passado.

A quarta característica é muito mais concreta e mais facilmente nomeada e identificada do que as três primeiras. Ambos os concílios trataram da relação entre o papado e o episcopado, especialmente quando os bispos agem colegialmente em um concílio. Não apenas os dois lidaram com isso, como em ambos os concílios provocou grandes crises. Embora em Trento os legados tenham feito tudo ao seu alcance para evitar que o problema viesse à tona, não conseguiram evitar que viesse indiretamente, mas inequivocamente o fizeram. Essa questão coloca em evidência o problema da imposição da residência episcopal e, por isso, acarretou dificuldade. Durante o terceiro período trouxe ao concílio a sua crise mais dramática, que durou dez longos meses. O Cardeal Giovanni Morone finalmente conseguiu intermediar um acordo, mas isso não satisfez nenhuma das partes. Embora o compromisso tenha permitido ao concílio avançar e completar a sua agenda, deixou o problema teórico sem rumo e sem solução. Os documentos finais do concílio não revelam a menor sugestão de que a autoridade papal era uma questão crucial, persistente e divisória no Concílio de Trento.

O Vaticano II tentou enfrentar o problema diretamente com seu ensinamento sobre colegialidade episcopal no terceiro capítulo da *Lumen Gentium*. Apesar de o ensino ter obtido uma aprovação esmagadora, uma pequena minoria continuou a se opor a ele e, de várias maneiras, a eviscerá-lo da sua eficácia como instituição de governo da Igreja. Como em Trento, esse problema provocou crises repetidas vezes. No Vaticano II, as crises foram resolvidas mais rapidamente do que em Trento, mas de forma igualmente insatisfatória.

A quinta característica também é concreta e facilmente identificável: ambos queriam reformar a Cúria Romana. Na época do Concílio de Trento a reforma da cúria já era um problema de longa data na Igreja, que se intensificou durante a crise do Grande Cisma do Ocidente. Estava, portanto, no topo da agenda tanto do Concílio de Constança quanto do Concílio de Basileia. Quando Lutero fez disso uma questão importante no seu *Apelo à nobreza alemã*, em 1520, catalogou em termos particularmente provocadores e exagerados as queixas que tinham se tornado frequentes.

Não surpreende, portanto, que a reforma da cúria estivesse na agenda de Trento. Tal como Constança e Basileia, Trento quis simplificar o estilo de vida dos cardeais na cúria, eliminar a prática de acumular grandes fortunas através de múltiplos e incompatíveis benefícios, abolir a prática da concessão de *quid pro quo* de dispensas e favores semelhantes, reduzir a nomeação dos adolescentes como cardeais e, finalmente, forçar os bispos cardeais a residirem em suas dioceses, assim como outros bispos foram obrigados a fazer. Houve uma reclamação mais profunda, embora nunca tenha sido oficialmente articulada. Trata-se do controle sobre o concílio exercido por um grupo de cardeais curiais que o papa colheu para rever as deliberações e decisões do concílio e assim controlar a liberdade deste. Trento teve apenas um sucesso limitado na solução desses problemas.

No entanto, na época do Vaticano II, nenhum cardeal da cúria tinha múltiplos benefícios ou acumulava enormes fortunas pessoais. Nenhum adolescente estava sendo nomeado como cardeal – na verdade, o oposto tinha se tornado um problema! Mas o controle que a cúria tentou exercer sobre os bispos e, mais especificamente, sobre o próprio concílio, não tinha desaparecido. Durante o primeiro período do Vaticano II, no outono de 1962, o ressentimento dos bispos em relação à cúria quase atingiu um ponto de ebulição e, no final do período, muitos bispos estavam determinados a colocar a reforma no topo da agenda, quando o concílio voltasse a se reunir no ano seguinte. Os bispos começaram a falar abertamente sobre a abolição completa da Suprema Congregação do Santo Ofício da Inquisição Romana.

O Papa Paulo VI aliviou a tensão quando, alguns meses depois da sua eleição e pouco antes de o concílio se reunir novamente, se dirigiu à cúria. Ele disse aos seus membros que a reforma era necessária e que eles deveriam esperar por ela. Tranquilizou-os dizendo que, ele mesmo, com a colaboração deles, o faria. Ao fazer isso, ele eliminou a possibilidade de que a questão chegasse ao plenário do concílio. Com efeito, ele a retirou da agenda.

Paulo VI subsequentemente fez mudanças, mas certamente não mudanças tão radicais como alguns membros do concílio julgavam necessárias. Por exemplo, o pedido de eliminação do Santo Ofício não foi atendido. Paulo o renomeou como Congregação para a Doutrina da Fé (CDF) e fez outras mudanças, mas com o tempo a CDF começou a funcionar mais ou menos como sempre funcionou. Não é surpreendente, portanto, que em nossos dias ouçamos, mais uma vez, muito sobre a reforma da cúria. *Curia semper reformanda*.

* * *

Dois concílios, duas épocas radicalmente diferentes, dois conjuntos de problemas muito diferentes – no entanto, os dois concílios apresentam inequivocamente o paradoxo de serem ambos marcadamente descontínuos um com o outro e marcadamente contínuos. Eles ilustram muito bem o paradoxo da história, onde *la longue durée* é constantemente confrontada com a realidade obstrutiva da mudança. Não resolvemos o paradoxo nos refugiando facilmente em um ou no outro. *Plus ça change, plus c'est la même chose*. O Vaticano II certamente não foi *la même chose*, a mesma coisa, que o Concílio de Trento.

Entretanto, certos padrões se repetem na história. Os nossos dois concílios ilustram claramente várias dessas recorrências. Além disso, eles nos ensinam a importante lição de que a reforma de qualquer instituição, especialmente de uma com uma história tão longa, rica e complexa como a Igreja Católica, não é uma tarefa fácil de realizar. Nem pode ser cumprida de uma vez por todas. Nesse sentido, é como a reforma da vida para a qual os cristãos acreditam ser chamados diariamente. A reforma, seja de uma instituição ou da própria vida pessoal, é um projeto contínuo.

Parte III

A Igreja como um todo

14
Algumas noções básicas sobre o celibato

A obrigação do celibato imposta aos sacerdotes do rito romano da Igreja Católica tem sido, de tempos em tempos, objeto de grande controvérsia, começando com a Reforma Gregoriana no século XI. A seguinte séria explosão de controvérsia ocorreu no século XVI com a Reforma. Após um longo período de relativa quietude, a questão reapareceu quando os escândalos de abuso sexual começaram a ser notícia, primeiro em Boston em 2002. Desta vez não era tanto uma questão de controvérsia, mas de curiosidade e preocupação. Haveria uma relação entre celibato sacerdotal e abuso sexual? O editor da revista America me pediu para apresentar a questão em perspectiva histórica, e ele publicou este artigo em 28 de outubro de 2002.

Antes deste ano, muitos católicos americanos provavelmente nunca tinham ouvido falar, e certamente nunca tinham usado a palavra "celibato". Mas, na esteira dos escândalos de abuso sexual, ela tem aparecido tanto em jornais e revistas e tem sido ouvida tão frequentemente no rádio e na televisão, que não pode mais ser classificada como um termo incomum. No entanto, apesar de sua popularidade atual, a palavra ainda parece um pouco misteriosa. Ainda mais misterioso é o porquê e como o estado celibatário se tornou uma exigência para a ordenação ao diaconado, ao presbiterado e ao episcopado na Igreja ocidental. Com explicações sonoras e imersões na história da Igreja, a mídia tem tentado lidar com isso, mas muitas vezes com resultados confusos.

O que espero fazer é fornecer as informações mais básicas necessárias para falar de maneira inteligente sobre o celibato. Não reivindico a originalidade ou o novo discernimento, que no atual contexto agitado é provavelmente uma virtude, e usarei categorias tradicionais de teologia e ascetismo católicos. Divido o que tenho a dizer em duas partes desiguais. Em primeiro lugar, apresentarei seis pontos de esclarecimento. Desse modo haverá menos perigo de confusão em relação ao que estamos debatendo. Analisarei, então, brevemente a história da questão na Igreja ocidental para que possamos ter uma ideia melhor de como chegamos onde estamos. Essa é a extensão da minha pauta; não espere além disso.

Precisamos começar esclarecendo o significado da palavra. Celibato significa a condição de solteiro. Significa esse estado de vida. Nas línguas românicas o termo equivalente, quando aplicado a homens (*e. g.*, *celebe* em italiano), significa solteiro. No entanto, por vezes na América do Norte as pessoas usam a palavra celibato como se fosse sinônimo de castidade ou para indicar abstenção de atividade sexual – "Estou celibatário há dois meses". Esse é um uso incorreto e confuso.

A castidade é uma virtude exigida de todos os homens e mulheres de acordo com seu estado de vida; opõe-se ao vício da luxúria. Quando falamos de celibato sacerdotal, a virtude da castidade está, naturalmente, implícita, mas nesse caso a virtude é assumida para dar forma e significado espiritual a esse estado de uma forma particularmente valorizada. No entanto, a virtude da castidade é distinta do estado de solteiro. Como se verá mais adiante, o celibato também deve ser cuidadosamente distinguido da continência.

Segundo, a exigência do estado celibatário para a ordenação é uma disciplina eclesiástica, uma regra da Igreja para a Igreja. Em termos negativos, o requisito do celibato não é uma doutrina ou dogma. Não é, como tal, um "ensinamento". De fato, a mídia tem sido bastante clara quanto a esse aspecto da questão, mas ainda é necessário mencioná-lo. Como disciplina, a exigência do celibato é algo que poderia mudar, mudou, e pode mudar no futuro. Alguns estudiosos argumentam, no entanto, que embora a disciplina relativa ao celibato possa estar sujeita a mudanças, a tradição da continência para diáconos casados, sacerdotes e bispos é de origem apostólica. Se isso for verdade, a Igreja se sentiria menos livre para mudar. Todavia, o Concílio Vaticano II introduziu a ordem dos "diáconos permanentes", que poderiam ser casados, e se assim fossem, poderiam continuar a ter relações conjugais com as suas esposas. Determinou especificamente, porém, que esses diáconos não poderiam seguir para a ordenação presbiteral.

Em terceiro lugar, embora seja uma disciplina ou uma lei, a abordagem oficial atualmente, conforme indicado no novo Código de Direito Canônico, promulgado em 1983, reconhece o celibato casto como um carisma, um dom especial de Deus. A Igreja ordena apenas aqueles que receberam esse carisma. Assim, não impõe tanto o celibato quanto convida à ordenação aqueles que têm o dom.

Quarto, como requisito para a ordenação, o celibato é peculiar à Igreja ocidental (ou de rito latino). Outras Igrejas em união com Roma (ucraniana, melquita e outras) têm, a esse respeito, diferentes disciplinas cujas origens remontam às suas tradições.

Elas permitem que o clero seja casado, mas com certas restrições, especialmente para a ordenação ao episcopado.

Isso significa – e esse é o meu quinto ponto – que ainda hoje existem sacerdotes de Igrejas em plena comunhão com Roma, portanto plenamente católicos, que são casados. Há, por conseguinte, sacerdotes legitimamente casados na Igreja Católica. A oposição constante da hierarquia americana do rito latino à presença de sacerdotes católicos orientais na América do Norte tem geralmente impedido a atuação dos clérigos casados nas Igrejas. Essa política foi formalizada em 1929 com o decreto do Vaticano *Cum Data Fuerit*. Nos últimos anos, alguns bispos das Igrejas católicas ucraniana e rutena na América do Norte, não seguiram totalmente essa política. Além disso, existe nos Estados Unidos um pequeno número de antigos padres anglicanos, casados, que se converteram ao catolicismo e que agora atuam legitimamente como padres católicos romanos. Eles não são obrigados a observar a continência com suas mulheres.

Finalmente, devemos fazer claramente a distinção entre a disciplina do celibato que é exigida a (quase) todos os sacerdotes do rito latino, e o voto de castidade livremente assumido pelos sacerdotes (e outros) que são membros de ordens religiosas. Para os sacerdotes das ordens religiosas, o voto se encaixa na tríade da castidade, da pobreza e da obediência, que, em princípio, os compromete com uma disponibilidade mais completa para o ministério ou, no caso dos monges, para a adoração a Deus. Existe hoje uma considerável confusão sobre essa distinção, com alguns altos eclesiásticos falando como se o clero diocesano tivesse pronunciado os três votos tradicionais, com tudo o que eles implicam. Os membros das ordens religiosas também vivem em comunidade, o que na prática acaba impedindo esposas e filhos. Mesmo que a disciplina do celibato fosse alterada para permitir que os sacerdotes diocesanos se casassem, os que são membros de ordens religiosas, por definição e por suas próprias escolhas, não se casariam.

Com essas noções básicas colocadas, podemos nos voltar para a história do celibato na Igreja ocidental. Há três momentos cruciais, os séculos IV, XI e XVI. Mas como o Novo Testamento é a base para a vida e crença cristãs, uma palavra deve ser dita sobre isso. Embora a prática do celibato não fosse comum no judaísmo antigo, parece que alguns essênios e terapeutas, membros de seitas religiosas judaicas que viveram uma vida comunitária análoga à dos monges cristãos posteriores, eram celibatários.

Não há nenhuma sugestão em fontes judaicas ou cristãs de que João Batista ou Jesus fossem casados. Pelo menos não há nenhuma menção de esposa ou filhos para nenhum dos dois. De fato, o celibato realizado "por causa do Reino dos Céus"

161

(Mt 19,12) se enquadra bem com o que sabemos ter sido o foco da vida e da pregação de Jesus. Pedro certamente foi casado, pois Marcos nos diz que ele tinha uma sogra (1,29-31). E Paulo afirma em 1Cor 9,5 que Cefas (geralmente interpretado como outro nome para Pedro) foi acompanhado por sua esposa em suas viagens apostólicas. Não sabemos nada sobre o estado civil dos outros "doze".

Em 1Cor 7 Paulo defende a virgindade, a continência e o celibato como ideais cristãos. Para ele, escrevendo em um contexto escatológico enquanto aguardava a era vindoura, essas práticas eram subsídios para uma consagração mais fervorosa a Deus. Paulo ainda conclui que "quem casa a sua filha virgem faz bem; quem não a casa faz melhor" (7,38). Ele foi cuidadoso, no entanto, ao insistir que aqueles eram dons de Deus e não foram concedidos a todos. Quando Paulo escreveu suas cartas, ele não era casado e afirma que era celibatário. Mas, com base em 1Cor 7,8 ("E aos solteiros e viúvos digo que lhes seria bom se permanecessem no estado em que também eu vivo"), alguns intérpretes argumentam que Paulo tinha sido casado e que agora era viúvo. A Primeira Carta a Timóteo orienta que "bispos" (3,2) e "diáconos" (3,12) sejam "casados apenas uma vez". Se essa estipulação proibiu a poligamia ou o novo casamento após a morte do cônjuge foi assunto debatido entre os exegetas por muitos anos.

A partir do século III, há provas incontestáveis de que mesmo no Ocidente muitos sacerdotes e bispos em boa situação hierárquica eram casados. A seguinte lista de bispos é apenas uma pequena amostra que eu selecionei aleatoriamente: Passivo, bispo de Fermo; Cássio, bispo de Nárnia; Etéreo, bispo de Vienne; Aquilino, bispo de Évreux; Faro, bispo de Meaux; Magno, bispo de Avignon. Vilibaldo, bispo de Aire-sur-l'Adour, era pai de São Filiberto de Jumiäges, e Sigilaico, bispo de Tours, que era pai de São Cirão de Brenne. O pai do Papa Dâmaso I (366-384) era um bispo. O Papa Félix III (483-492), cujo pai era quase certamente sacerdote, era bisavô do Papa Gregório Magno (590-604). O Papa Hormisda (514-523) era o pai do Papa Silvério (536-537).

Ser um homem casado com filhos não era obviamente um obstáculo para o episcopado ou mesmo para o papado. Sabemos com certeza que um dos grandes Padres da Igreja, Santo Hilário, bispo de Poitiers (315-368), proclamado doutor da Igreja em 1851 pelo Papa Pio IX, era casado e tinha uma filha chamada Apra. Assim, fica evidente que durante a era patrística e no início da Idade Média, o celibato, como tal, não estava em vigor.

O celibato é uma coisa; a continência é outra. Até o século IV nenhuma lei tinha sido promulgada sobre o casamento clerical ou sobre a continência após o casamento para aqueles das ordens maiores que já estavam casados quando ordenados. Mas sabemos que naquela época a renúncia clerical ao matrimônio não era rara, nem a prática de viver separados de suas esposas por aqueles que se casaram antes da ordenação. Não há como estimar quantos se conformaram com esse comportamento, mas é claro que em alguns lugares foi considerado normativo e tradicional.

Não podemos subestimar, entretanto, a dramática mudança no *status* para todos os cristãos que o reconhecimento do cristianismo por parte de Constantino trouxe no início desse século. Isso alimentou um ascetismo por vezes feroz, quando os cristãos agora se retiravam para o deserto de um mundo que tinha se tornado muito amigável. Esse período marca o início do monasticismo cristão. Com a era dos mártires ultrapassada, os cristãos tiveram de ter outros meios para seguir Cristo até os limites e dar a vida por ele. Com São Jerônimo (345-420), assim como muitos outros, a virgindade dos que abraçaram a Cristo começou a ser exaltada com novo fervor e consistência. Mas essas ideias e ideais não eram de modo algum novas para os cristãos.

Em todo o caso, muitas coisas mudaram para os cristãos quando eles "emergiram das catacumbas" no século IV. Entre essas mudanças estava o início da legislação sobre o nosso assunto. Por volta do ano 305, 19 bispos de várias partes da Espanha se reuniram para o Concílio de Elvira (perto de Granada). Também participaram, mas não votaram, 24 sacerdotes e vários diáconos e leigos. O concílio promulgou 81 decretos disciplinares. O cânon 33 é o que nos diz respeito, porque é cronologicamente o primeiro de uma longa série de medidas legislativas que se estendem até a atualidade sobre o tema do casamento e do clero. O texto diz: "Pareceu bom proibir absolutamente os bispos, os sacerdotes e os diáconos – isto é, todos os clérigos a serviço da ministração – de terem relações com suas esposas e procriar filhos; se alguém o fizer, seja excluído da honra do clero".

O decreto toma por garantido que alguns clérigos serão casados. O que é proibido é que tenham relações conjugais com suas esposas. O texto diz respeito, portanto, à continência, não ao celibato. Parece provável que o decreto tenha sido destinado a lidar com infrações de acordo com o que era considerado normativo, mais do que iniciar alguma nova prática. Se o contrário fosse o caso em uma matéria tão séria e potencialmente perturbadora, poderíamos certamente esperar algumas razões para a mudança. Mas não há nenhuma. No final do século, o Concílio de Cartago (390) justificaria a sua proibição quase idêntica com a alegação de que estava legislando apenas "o que os Apóstolos ensinavam e o que a própria Antiguidade observava". Há, no entanto, uma coisa que é certamente nova no cânon 33 do Concílio de Elvira: transformou uma prática ou tradição em uma lei, cujas violações seriam punidas.

Em todo caso, a partir do início do século IV, os concílios, papas e bispos emitiram uma série de decretos ordenando a continência dos homens casados que tinham sido ordenados para o diaconado, o presbiterado ou o episcopado. Essa foi a orientação da Igreja no Ocidente durante o período patrístico até a Idade Média. Não havia nenhuma proibição contra a ordenação de homens casados. Havia, contudo, muitas leis, cartas e exortações recomendando a continência. (É interessante notar que o Sínodo In Trullo ou Concílio Quinissexto, 691-692, realizado em Constantinopla, repudiou explicitamente no cânon 13 o costume "romano" de exigir a continência. A Igreja ocidental, no entanto, nunca recebeu [leia-se: aceitou] os cânones deste concílio ou o considerou ecumênico.)

O que estava por trás dessa insistência na continência para o clero casado? Essa é uma pergunta que não é fácil de responder. Em geral, havia quatro motivações que pareciam ser operativas de uma só vez, separadamente ou em alguma combinação. A primeira foi a convicção de que a continência para os que ministravam no altar era tradicional, com pelo menos alguns comentadores acreditando que a tradição era de origem apostólica. Essa convicção era suficiente para insistir sem a pergunta sobre a sua observância. Em segundo lugar, a prática era frequentemente explicada tendo em conta o argumento da dedicação total requerida do ministro dos sacramentos e também que um clérigo incontinente não poderia exortar virgens e viúvas à continência. O argumento da pureza ritual, com alusões aos precedentes do Antigo Testamento, também aparece frequentemente nas fontes. Finalmente, como se depreende de um curioso decreto do Imperador Justiniano em 528, alguns cristãos estavam preocupados com o fato de que os bispos esbanjariam recursos para suas esposas e filhos, dados à Igreja para o culto e para a ajuda dos pobres. Este último, no entanto, é nesses séculos um tema relativamente pouco frequente e moderado.

Embora o contexto fosse radicalmente diferente, esses quatro argumentos são fundamentalmente aqueles que os reformadores gregorianos do século XI tomariam e desenvolveriam. O segundo momento decisivo veio com tais reformadores. A Reforma Gregoriana, também conhecida como Controvérsia das Investiduras, foi um dos maiores momentos decisivos da história da Igreja no Ocidente. A partir do século IV, a incursão gradual das tribos "bárbaras" no Ocidente transformou as estruturas do Império Romano e as enfraqueceu gradualmente. Os bispos começaram a assumir cada vez mais deveres cívicos, incluindo a defesa militar das cidades. A situação piorou bastante quando a Europa entrou na "Idade das trevas". Embora Carlos Magno tenha sido capaz, no século IX, de estabelecer alguma aparência de ordem centralizada, suas realizações foram logo dissipadas por dissensões internas e ataques externos por parte dos *vikings*, magiares e mouros. Apesar de tudo, a sociedade começou a

164

se recuperar no final do século X e início do século XI, e com a recuperação veio o desejo de restabelecer a ordem adequada.

Dois abusos interligados entre o clero chocaram os reformadores no século XI: a simonia e a incontinência – isto é, o clero vivendo abertamente com suas esposas ou em concubinato. Esses abusos estavam relacionados porque os cargos clericais, como os bispados, às vezes eram vendidos para quem pagasse o preço mais alto, não importando qual fosse a sua moral, ou eram repassados, com as suas receitas consideráveis, de pai para filho.

Com a gradual retomada da sociedade no século XI, ocorreu a recuperação das coleções substanciais de direito canônico do período patrístico. Durante 35 anos, a partir de 1049, surgiu uma série de papas enérgicos, determinados a acertar as coisas. A principal arma deles eram as coleções canônicas que forneciam o plano de como a sociedade e a Igreja deveriam ser ordenadas. Essas coleções incluíam muitos documentos do período patrístico relacionados com o nosso tema. Os papas lançaram um programa de reforma que, em nome da restauração do passado autêntico, criou algo inteiramente novo, especialmente um papado com reivindicações de autoridade muito superiores em teoria e prática a tudo o que o precedeu. A reforma chegou ao seu auge com o Papa Gregório VII (1073-1085), um dos mais importantes da história do papado. O movimento reformista é nomeado em homenagem a ele.

O movimento começou, no entanto, com o objetivo mais modesto, embora ainda formidável, de alinhar o comportamento do clero com a interpretação dos reformadores dos antigos cânones. Nesse sentido, foi um movimento de santidade. Na esteira dos esforços gregorianos, a lei do celibato começou a emergir da forma que a conhecemos hoje – isto é, como uma proibição de ordenar homens casados e de entrar no estado matrimonial após a ordenação. O primeiro dos "gregorianos", o Papa Leão IX (1049-1054), por exemplo, presidiu junto com o imperador alemão um sínodo em Mainz em 1049 que condenou "o mal do casamento clerical", *nefanda sacerdotum coniugia*. Se essa proibição deve ser entendida de alguma forma como qualificada para aqueles já casados antes da ordenação, a limitação não é clara no próprio texto.

O foco dos reformadores, no entanto, estava mais de acordo com a tradição mais antiga, na medida em que eles insistiam na continência – absolutamente. Com outras sanções para sacerdotes incontinentes, eles proibiram os leigos de assistir às missas de sacerdotes que eles sabiam que não estavam em conformidade com o requisito. Eles encontraram um bom argumento para os seus ideais no cânon 3 do Concílio de Niceia (325), que proibiu os clérigos de ordens maiores de ter qualquer mulher em suas casas, exceto suas mães, irmãs ou tias. Eles interpretaram o cânon, incorretamente, como uma proibição do casamento.

Com o passar do tempo, a proibição absoluta do casamento assumiu uma proeminência cada vez maior e foi sendo gradualmente aceita por uma aparente maioria de magnatas leigos e pelo clero superior como tradição da Igreja. Em 1059, São Pedro Damião, um cardeal e um dos porta-vozes mais eficazes para o programa gregoriano, escreveu seu livro *De Coelibatu Sacerdotum* [Sobre o celibato dos sacerdotes], que pelo seu próprio título ajudou a promover essa tendência e a dar destaque à própria palavra.

Mas nenhum aspecto do programa gregoriano foi incontestado, incluindo esse. Oto, bispo de Constança, se recusou a impor no seu próprio clero as diretrizes de Gregório VII sobre clérigos e mulheres. Quando o Bispo Altmano de Passau tentou, ao contrário, implementar as reformas, o clero o atacou e, com a ajuda das tropas imperiais, o expulsou da sua diocese. Um clérigo, provavelmente Ulrico, o bispo de Ímola, pegou sua caneta por volta de 1060 em defesa do matrimônio clerical, aceitando relações conjugais após a ordenação do cônjuge. O "Rescrito" de Ulrico influenciou outros escritos na mesma linha que continuaram a aparecer no século XII. Mas na época do II Concílio do Latrão (1139), os gregorianos tinham substancialmente alcançado os seus objetivos a esse respeito e obtiveram amplo apoio dos líderes leigos e eclesiásticos.

Cerca de 500 bispos se reuniram para o II Concílio do Latrão. Os cânones 6 e 7 desse concílio proibiram todos os que tinham as ordens maiores (incluindo agora os subdiáconos) de ter esposas e proibiam os fiéis de assistir as missas dos sacerdotes que eles sabiam que tinham esposas ou concubinas. Esses dois decretos representam a culminação do movimento de reforma, e, embora ainda possam ser interpretados no sentido mais antigo de proibir o casamento após a ordenação, passaram a ser entendidos como proibições absolutas. A partir desse momento até a Reforma, a proibição do casamento para todos os clérigos com ordens maiores começou a ser considerada simplesmente como um dado certo. Isso não significa que a proibição tenha sido necessariamente observada.

O terceiro momento decisivo veio no século XVI com a Reforma. Como Lutero e os outros reformadores não encontraram justificação para o celibato no Novo Testamento, eles o denunciaram como mais uma restrição à liberdade cristã imposta pela tirania de Roma. Lutero também argumentou que o celibato era responsável pelo desregramento do clero, que ele considerava predominante. Ele e outros reformadores eram casados. Embora a questão do clero casado não estivesse no centro da agenda da Reforma, ela de fato deu-lhe uma base institucional que a serviria bem. Os ministros seriam uma força poderosa que resistiria à reconciliação com a Igreja tradicional até que pudessem ter a certeza de que poderiam trazer suas esposas e filhos com eles enquanto continuavam a exercer seus ministérios.

A Reforma foi certamente o ataque frontal mais maciço que as tradições do celibato clerical e da continência já haviam recebido. Tinha de ser respondida. O Concílio de Trento (1545-1563) finalmente abordou o assunto no período final (1562-1563) de seus 18 anos de história. Os teólogos indicados para lidar com isso estavam divididos em suas opiniões, com alguns sustentando que o celibato para o clero era de lei divina e não poderia ser revogado, mas a maioria com opiniões mais moderadas. A questão ficou ainda mais complicada pela pressão política do imperador alemão Ferdinando e Albrecht V, duque da Baviera, ambos católicos devotos que queriam que o celibato fosse revogado. Se isso não fosse possível, queriam uma dispensa para seus próprios territórios. Em 24 de julho de 1562, a título de exemplo, Sigismund Baumgartner, um leigo e o embaixador do duque no concílio falaram longamente antes dos bispos, argumentando precisamente nesse sentido.

Os decretos e cânones do Concílio de Trento chegam a quase 300 páginas em uma tradução padrão em inglês. O concílio em vários lugares tocou em questões relacionadas ao nosso tema, como quando o cânon 10 da sessão 24 condenou a opinião de que o casamento era melhor do que a virgindade ou o celibato. Emitiu, no entanto, apenas um breve cânon, um parágrafo, que tratava diretamente da matéria ardente (cânon 9, sessão 24). Esse cânon é notavelmente cauteloso. Não faz afirmações sobre as origens da tradição, sobre a sua importância ou sobre a sua necessidade. Simplesmente condena três opiniões a respeito do celibato: primeiro, que os clérigos das ordens maiores e os sacerdotes religiosos que emitiram um voto solene de castidade podem validamente contrair matrimônio; em segundo lugar, que a regulamentação do celibato é uma depreciação do casamento; e, em terceiro lugar, que aqueles que depois de terem feito um voto solene de celibato não precisam observá-lo e são livres para se casarem.

O cânon reafirma indiretamente a disciplina do celibato, mas não o faz explícita e diretamente. Deixou em aberto a possibilidade de exceções e dispensas. Os líderes alemães continuaram, de fato, a defender o caso deles junto do Papa Pio IV depois da conclusão do concílio. O papa, sob pressão do Rei Filipe II de Espanha para se manter firme, submeteu o assunto a um consistório de cardeais. O seu sucessor, o Papa Pio V (1566-1572), não deixou dúvidas de que o assunto estava definitivamente encerrado.

Durante os séculos desse período, a questão voltou a surgir ocasionalmente, especialmente durante a Revolução Francesa; mas, de um modo geral, tem estado parada no catolicismo até bem pouco tempo. O cânon 132 do Código de Direito

Canônico de 1917 enuncia: "Os clérigos das ordens maiores não podem se casar e estão vinculados pela obrigação da castidade, na medida em que pecar contra ela constitui um sacrilégio". Embora alguns bispos no Vaticano II (1962-1965) tenham defendido a revogação ou a modificação dessa lei, o Papa Paulo VI, em 1965, impediu que fosse formalmente discutida no concílio. No código de 1983, o que está atualmente em vigor, a lei do celibato foi reformulada no cânon 277, que ecoa temas que se repetiram na história da questão: "Os clérigos têm obrigação de guardar continência perfeita e perpétua pelo Reino dos Céus e, portanto, estão obrigados ao celibato, que é um dom peculiar de Deus, graças ao qual os ministros sagrados com o coração indiviso mais facilmente podem aderir a Cristo e mais livremente conseguir dedicar-se ao serviço de Deus e dos homens".

15
As universidades medievais eram católicas?

Nos Estados Unidos, os diretores de universidades que se autodenominam católicas, muitas vezes têm de defender suas instituições da acusação de que se tornaram seculares e não merecem mais esse nome. Os bispos levantaram essa questão, por vezes de forma ameaçadora, e a própria Santa Sé estabeleceu, de tempos em tempos, normas para as universidades, a fim de assegurar o seu caráter católico. Às vezes, por trás desses esforços esconde-se um mito equivocado sobre as origens das universidades no século XIII e a natureza de seu caráter católico. Neste artigo, publicado na revista America, em 27 de setembro de 2012, lido com esse mito e tento dissipar mal-entendidos sobre as universidades da Idade Média. As questões merecem um tratamento muito mais pormenorizado do que aquele que recebe aqui, mas creio conseguir mostrar como as universidades medievais, incluindo a Universidade de Paris, diferem da imagem piedosa que nelas é frequentemente projetada hoje em dia.

Talvez a maior e mais duradoura conquista da Idade Média tenha sido a criação da universidade, uma instituição para a qual não havia precedente na história ocidental. Surgiu aparentemente do nada no final do século XII, principalmente em duas cidades, Paris e Bolonha. Ambas afirmam ser as primeiras da Europa. Nas primeiras décadas do século XIII, outras surgiram com base nelas – Oxford segundo o modelo de Paris, e Pádua segundo o de Bolonha. Desse ponto em diante, as universidades proliferaram por toda a Europa e tornaram-se uma instituição padrão, importante e autônoma nas grandes cidades.

As universidades medievais, embora diferissem entre si de forma significativa, todas desenvolveram rapidamente procedimentos altamente sofisticados e estratégias organizacionais que reconhecemos como nossas hoje. A lista é longa: definir currículos, exames, privilégios e deveres de professores, uma gama completa de oficiais de vários tipos, divisão em diferentes faculdades, e a certificação pública de competência profissional por meio da atribuição de diplomas.

A invenção dos diplomas foi particularmente importante. Um homem podia exercer a medicina sem um diploma universitário (e a grande maioria dos médicos o fazia), mas com um diploma ele gozava de maior prestígio e podia exigir taxas mais altas. Ele era um profissional com documentação para provar que tinha passado no escrutínio de seus pares. Um grau universitário significava mobilidade socioeconômica ascendente, seja na Igreja ou na sociedade em geral.

Na Idade Média havia quatro faculdades universitárias – direito, medicina, teologia e artes. As três primeiras formavam os jovens que aspiravam à distinção em uma profissão. A teologia, devemos nos lembrar, era um assunto profissional como o direito e a medicina. Sequer um único curso, por conseguinte, foi ensinado nas outras três faculdades (aliás, nem um curso de catecismo). A teologia não era, portanto, considerada uma das artes liberais. Um diploma em teologia qualificava um indivíduo para uma cátedra universitária (ou seu equivalente em ordens religiosas), o que permitia ao titular ensinar a outros que prosseguissem tal carreira. Poderia também recomendá-lo como candidato à mitra episcopal, embora um diploma em direito canônico poderia recomendá-lo ainda melhor.

A faculdade de artes era a faculdade de entrada, onde se aprendiam as habilidades básicas do *trivium* e *quadrivium*. À medida que as obras de Aristóteles sobre física, metafísica, os céus, os animais, e outros assuntos foram sendo traduzidas para o latim, começaram a dominar o currículo das artes. Assim, essa faculdade estava envolvida, especialmente na Itália, em uma escola profissional onde o cultivo da filosofia natural gradualmente tomou precedência sobre os outros ramos e se tornou o berço da ciência moderna. Os professores de filosofia natural recebiam melhores salários, atraíam mais estudantes e gozavam de maior prestígio do que os professores de metafísica.

Nem todas as universidades tinham as quatro faculdades. Mesmo quando o faziam, as faculdades não eram iguais em força e prestígio. Bolonha era conhecida pelo direito. Tinha sido fundada por estudantes ricos que tinham a intenção em uma carreira de direito, que se uniram para formar uma universidade e contratar especialistas para ensiná-los. Bolonha não tinha uma faculdade teológica até 1364, quase dois séculos após a sua fundação. Mesmo assim, a faculdade consistia essencialmente em uma espécie de consórcio das "casas de estudo" das ordens religiosas na cidade. A maioria das grandes universidades italianas tinha apenas um ou dois professores de teologia e um ou dois de metafísica, em um professorado de 50 a 100. Em vez disso, eles eram renomados pelo direito, pela medicina, e com o tempo pela filosofia natural.

O padrão era diferente nas universidades do norte da Europa, onde a teologia era forte e o direito e a medicina eram fracos ou inexistentes. O que é importante reconhecer para as universidades do norte e do sul, no entanto, é que as faculdades operavam independentemente umas das outras e se comunicavam apenas em nível mais formal.

Todas elas, no entanto, tinham o mesmo escopo: a resolução de problemas intelectuais por meio da aquisição de competências profissionais. A resolução de problemas intelectuais talvez não fosse mais evidente do que nas faculdades de artes e teologia por causa da apropriação da dialética (disputa ou debate) como central para seu método. O questionamento lógico, do lado esquerdo do cérebro, agonísticos, analíticos, inquietos e implacáveis eram a marca do método, no qual a resolução de cada questão levava apenas a mais perguntas. Não é de admirar que praticamente todos os hereges do século XIII ao século XVI fossem teólogos escolásticos; o próprio método os levou a fazer perguntas que desafiavam a sabedoria recebida.

Quando hoje os educadores e prelados católicos falam da origem das universidades católicas, localizam-nas na Idade Média. Embora esse discurso raramente seja livre de uma visão idealizada das "idades da fé", não é, neste caso, irracional. O catolicismo permeou a cultura medieval, por isso permeou a cultura das universidades. Faculdade e alunos eram todos católicos. Muitas universidades tinham cartas papais. A teologia gozava de um lugar inconteste entre as disciplinas em algumas universidades.

Mas será que as universidades medievais satisfariam as normas defendidas até hoje para se qualificarem como "autenticamente católicas"? Um perfil composto de tais normas elaboradas a partir de documentos como *Ex Corde Ecclesiae* seria algo parecido com isso: a universidade professa explicitamente a fé católica, é inquestionável no magistério, instala a teologia como disciplina central, contribui para o "bem comum" da Igreja e da sociedade em geral, e promove, declaradamente, a formação moral e religiosa dos estudantes, bem como o seu compromisso com a Igreja. Uma universidade católica é uma universidade religiosa.

Uma dificuldade em responder à pergunta é que as universidades medievais, diferentemente de muitas universidades nos Estados Unidos atualmente, não formularam declarações de sua missão. Ao contrário das escolas humanistas que se desenvolveram mais tarde, elas não professaram operar a partir de uma filosofia de educação claramente articulada. Apenas fizeram o que fizeram. E o que fizeram foi engajar-se na resolução de problemas intelectuais, o que implicou no desenvolvimento de habilidades profissionais que levaram ao avanço da carreira. A resolução de problemas intelectuais e a progressão na carreira foram os valores fundamentais da universidade medieval. São valores seculares, idênticos aos valores operativos nas universidades seculares de hoje.

Sem uma declaração de missão não havia maneira de a universidade medieval declarar que estava preocupada, por exemplo, com o bem comum ou com o desenvolvimento religioso e moral dos estudantes. De fato, a universidade medieval, como tal, não tomou medidas sistêmicas para lidar com tais preocupações. Isso não significa que no meio universitário essas preocupações não tenham encontrado expressão. Embora a universidade medieval não fizesse provisão sobre a moral de seus estudantes, residências de vários tipos, oficialmente ou não oficialmente afiliadas a ela, assumiram essa tarefa em alguns casos. O Collège de Montaigu da Universidade de Paris, onde em sucessão Erasmo de Roterdã, Calvino e Santo Inácio de Loyola viveram como estudantes, era famoso (ou notório) pela disciplina que impunha.

Embora a universidade enquanto tal não se preocupasse com o "bem comum", as faculdades teológicas do norte da Europa assumiram pelo menos uma dessas tarefas. Tornaram-se as guardiãs autodenominadas da ortodoxia, não sendo minimamente tímidas em condenar aqueles que se desviavam dos padrões ortodoxos da época. Essas faculdades, em vez de obedecerem ao magistério (um conceito completamente moderno), *eram* o magistério. As faculdades de Colônia e Lovaina, por exemplo, condenaram Lutero antes do papado.

As universidades medievais eram universidades católicas? É uma pergunta mais fácil de fazer do que de responder. Uma coisa, no entanto, é certa: a grade contemporânea da universidade "autenticamente católica" não se enquadra perfeitamente na realidade medieval. Há até mesmo motivos para afirmar que, nos seus valores fundamentais, as universidades medievais se assemelham mais à universidade secular contemporânea do que ao modelo católico de hoje. Se estamos à procura de precedentes históricos para esse modelo, não os encontramos claramente na Idade Média.

16
Excomungando políticos

Os bispos americanos apareceram muito nos noticiários depois de 2002, quando estourou o escândalo de abuso sexual, mas eles também apareceram nas notícias, mais ou menos ao mesmo tempo, por causa da posição intransigente que alguns deles assumiram em relação à legislação ou potencial legislação, especialmente em relação ao aborto. Eles ameaçaram várias sanções contra os políticos que a apoiavam. Mais uma vez, o editor da revista America *me pediu para apresentar uma perspectiva histórica. O artigo foi publicado em 27 de setembro de 2004. Embora as questões pareçam ter perdido de certa forma a urgência, ainda assim, ocasionalmente, geram uma situação difícil.*

Negar a comunhão aos políticos por causa dos seus registros de voto ou decisões políticas, como foi feito recentemente por alguns bispos americanos, chamou a atenção da nação. Reter a comunhão não é a mesma coisa que excomunhão em sentido estrito. A prática da Igreja tem permitido até mesmo que um pároco comum negue a comunhão a "notórios pecadores públicos". O exemplo clássico de uma pecadora assim é o de uma senhora que dirige um bordel em uma pequena cidade, onde sua profissão é conhecida por todos. Se as figuras políticas para quem hoje estão sendo negadas a comunhão se enquadram ou não nessa categoria, deixo que sejam os outros a julgar. As ações dos bispos levantam a questão, no entanto, de como a Igreja tem tradicionalmente lidado com figuras políticas que de uma forma ou de outra entraram em desacordo com a Igreja, ou pelo menos com os homens da Igreja.

Os exemplos mais conhecidos de ação formal contra tais figuras são as excomunhões, das quais a história da Igreja fornece algumas situações espetaculares. Pelo menos até o século XIX e mais especialmente até o século XX, os culpados têm sido monarcas ou seus funcionários – não, como é o caso hoje, os titulares de cargos eletivos. Mas, apesar dessa grande discrepância entre o passado e o presente, pode ser instrutivo rever algumas das principais excomunhões. Elas podem nos ajudar a enquadrar a nossa situação atual e também servir como narrativas de cautela.

Apesar das excomunhões que chamam a nossa atenção nos livros de história, precisamos perceber que, dado o potencial de conflito na forma como a Igreja e o Estado se relacionam entre si, as excomunhões políticas têm sido relativamente raras. O primeiro exemplo claro que eu conheço não ocorreu até a última parte do século XI: a excomunhão (e deposição) do Imperador Henrique IV pelo Papa Gregório VII. As razões para a relativa raridade dessa forma de punição são muitas. O interesse próprio de ambas as partes é certamente um deles. A punição perturba o bom funcionamento da sociedade, que é obviamente um desiderato tanto para a Igreja quando para o Estado. Também coloca frequentemente os fiéis em dilemas que a Igreja tem desejado evitar sempre que possível. Além disso, até séculos recentes, altos eclesiásticos e magnatas eram, em sua maioria, da mesma classe social e tinham a mesma educação ou uma educação semelhante nos "clássicos", especialmente da literatura latina, onde a moderação, a tolerância e a resolução de disputas por meio da negociação eram defendidas como ideais. Mais importante, a excomunhão era a sanção final, para ser usada apenas nos casos mais extremos.

Os exemplos mais conhecidos da era patrística do confronto episcopal com uma figura política envolveram Santo Ambrósio, arcebispo de Milão, e o Imperador Teodósio I, conhecido como o Grande. Por vezes lemos que Ambrósio excomungou Teodósio, mas isso não é precisamente o caso, pelo menos não como entendemos hoje a excomunhão. Em 388, os cristãos de Callinicum, no Eufrates, saquearam e queimaram a sinagoga judaica. Eles fizeram isso com o encorajamento de seu bispo. Teodósio ordenou ao bispo que restaurasse a sinagoga à sua própria custa. Ambrósio se opôs veementemente a essa ordem com o fundamento de que, ao reconstruir a sinagoga, os cristãos estariam cometendo um ato de apostasia. Quando Teodósio apareceu para a missa na catedral de Milão, Ambrósio o denunciou publicamente e se recusou a continuar a celebrar a Eucaristia até que o imperador no local retirasse a ordem. Teodósio aquiesceu.

Quando, dois anos mais tarde, um grupo rebelde em Tessalônica assassinou um general de alta patente, o imperador, enfurecido, deu ordens para que os cidadãos da cidade, até um determinado número, fossem mortos. Muitas pessoas, talvez até sete mil, foram massacradas numa orgia de sangue que durou três horas. Quase imediatamente Teodósio parece ter se arrependido do que fez. Em todo caso, por causa desse grave crime, Ambrósio escreveu uma carta importante ao imperador, e mais tarde alegou que o imperador tinha feito penitência pública pela atrocidade que cometeu. Diferentes versões da história começaram a circular sobre o que precisamente tinha acontecido nesse caso, mas o fato é certo.

As histórias sobre os confrontos de Ambrósio com Teodósio deram, mais tarde, ampla garantia aos bispos e papas, que decidiram que era necessária uma ação drástica contra os governantes. Gregório VII defendia explicitamente essa "excomunhão" como precedente para a sua verdadeira excomunhão do Imperador Henrique IV em 1076 e para a sua segunda excomunhão em 1081. Henrique, é preciso dizer, não era um homem simpático. Ele desafiou a insistência de Gregório para que os bispos fossem canonicamente eleitos, não nomeados por Henrique, e exibiu suas ações de maneiras que Gregório dificilmente poderia ignorar. Tais eleições foram o quadro principal da chamada Reforma Gregoriana que Gregório estava liderando. Tratava-se de um quadro que nenhum governante na Idade Média, certamente não o obstinado Henrique, estava preparado para aceitar sem uma qualificação considerável.

Gregório teve de defender suas ações porque seus críticos, incluindo alguns dos bispos que apoiavam seu programa, protestaram que as ações dele eram uma novidade nos procedimentos eclesiásticos. Em todo o caso, essas ações conduziram a uma guerra civil sangrenta na Alemanha, e uma vez que Henrique tinha triunfado por lá, desceu à Itália com as suas tropas e cercou Roma. Isso resultou em um dos piores saques da história da cidade e levou Gregório ao exílio, onde morreu pouco depois. Os sucessores de Gregório e de Henrique elaboraram mais tarde um compromisso, que de maneiras diferentes prevaleceu mais ou menos na Cristandade católica no século XIX. Em essência, o compromisso deu tanto à Igreja quanto ao Estado uma voz na seleção dos prelados, com a Igreja e o Estado tendo o equivalente a um veto sobre a escolha do outro.

Quer houvesse ou não um motivo anterior para o que Gregório fez, suas ações forneceram um claro precedente para os papas subsequentes. Tanto Gregório IX quanto Inocêncio IV excomungaram o Imperador Frederico II, contra quem fizeram numerosas acusações, muitas das quais eram justificadas, mas temiam especialmente seu poder militar e político na Itália Central, onde ele invadiu o território dos estados papais. Frederico, talvez o inimigo mais formidável que os papas medievais já tenha enfrentado, tem a duvidosa distinção de ser objeto de um longo decreto de um concílio ecumênico, Lyon I (1245). O decreto descreve os seus crimes em grandes detalhes. Frederico morreu convenientemente pouco tempo depois, antes de poder causar ainda mais danos.

O conflito de Bonifácio VIII com o Rei Filipe IV de França no final do século XIV é tão bem conhecido pelos medievalistas quanto os conflitos dos papas anteriores com Henrique e Frederico. Bonifácio era impetuoso e imperioso; Filipe, calculista e desonesto. O conflito começou com a objeção de Bonifácio à imposição pelo poder secular de impostos sobre o clero, violando a lei canônica, mas logo se transformou em um teste de vontades, especialmente depois que o rei ordenou a prisão de um bispo francês acusado de blasfêmia, heresia e traição. Perante as fortes objeções de Bonifácio à violação do direito canônico por parte do rei e à sua manipulação do episcopado francês, Filipe começou a suspeitar, com razão, de que o papa estava se preparando para excomungá-lo. Ele retaliou pedindo a deposição do papa, acusando-o de ateísmo, de sodomia, de adoração demoníaca e, entre outras coisas, declarando que "preferia ser um cachorro ou um asno do que um homem francês". Enquanto isso, dois capangas de alto nível do rei invadiram o palácio pontifício de Anagni, sul de Roma, e ameaçaram o papa com danos físicos. Por um golpe de sorte, não puderam realizar seu plano, mas o papa, velho e enfermo, morreu pouco depois, certamente em parte por causa do choque. Os dois ministros reais que atacaram o papa foram quase imediatamente excomungados, mas o rei nunca o foi.

Assim, o caso terminou mal para Bonifácio – na verdade, para a Igreja. Na cúria papal e durante os dois conclaves seguintes houve confusão e discórdia. Essa situação preparou o caminho para a residência de 70 anos dos papas em Avignon, o enclave papal no sul da França. Enquanto Filipe viveu, continuou a exigir que Bonifácio fosse julgado postumamente por heresia e outros crimes. Apesar da insistência do rei, o julgamento nunca aconteceu. A residência de Avignon estabeleceu o palco, no entanto, para o Grande Cisma do Ocidente mais tarde, nos séculos XIV e XV, quando dois, e depois três homens, alegaram ser o papa legítimo.

As excomunhões do Rei Henrique VIII da Inglaterra pelo Papa Clemente VII em 1533 e a da Rainha Elizabeth I por Pio V em 1570 talvez sejam os casos mais conhecidos. O papa tinha durante vários anos ameaçado Henrique com a excomunhão se ele não aceitasse de volta a sua primeira esposa, Catarina, mas no momento do efetivo pronunciamento contra o rei havia, naturalmente, outras razões para a ação. A excomunhão de Elizabeth e a explícita liberação dos seus súditos do juramento de lealdade ao soberano foram amplamente motivadas pela esperança de que essas ações levariam à deposição da rainha. Teve, obviamente, o efeito oposto. Criou uma ascensão no apoio para Elizabeth contra a interferência de um poder estrangeiro e tornou a situação dos católicos na Inglaterra quase impossível, pois eles tinham de escolher entre seu país e sua religião.

Um dilema um tanto semelhante aconteceu com os italianos no século XIX, quando os esforços para unificar o país levaram à tomada dos estados papais, começando em 1860, e da própria Roma em 1870. O Papa Pio IX e seus conselheiros não apenas se opunham inflexivelmente a essas medidas, mas também acreditavam, muito corretamente, que alguns líderes do movimento, especialmente Camillo Cavour, tinham outros planos para diminuir o papel da Igreja na vida italiana. Em 1855, por exemplo, Cavour, como primeiro-ministro do Reino da Sardenha (Casa de Saboia) sob o Rei Vítor Emanuel II, promoveu um projeto de lei para suprimir todas as ordens religiosas, exceto aquelas dedicadas à pregação, ensino ou enfermagem. Pio IX denunciou o projeto, como era de se esperar, e fez saber que não poderia haver compromisso com tais inimigos da religião. Cinco anos mais tarde, em março de 1860, quando, sob a égide da Casa de Saboia, começou a tomada dos estados papais, Pio excomungou "todos os usurpadores, todos os que cumprem as ordens deles, todos os que os aconselham ou apoiam". Essa enorme rede pegou muitos peixes; mas, exceto para o próprio rei, nenhum mais importante ou proeminente do que Cavour.

Um ano depois, Cavour adoeceu repentinamente e logo ficou claro que estava à beira da morte. Ele chamou à sua cabeceira seu antigo amigo franciscano, Giacomo de Poirino, que lhe administrou os últimos ritos, mas não extraiu dele uma retratação formal. O frade foi chamado a Roma para responder por suas ações, onde teve duas audiências tempestuosas com o papa. Como parte das consequências, ele foi proibido dali em diante de ouvir confissões e foi removido como pároco de sua igreja em Turim. Quando, em 1870, Roma caiu e foi declarada capital da Itália, Pio se retirou para se tornar o autodenominado "prisioneiro do Vaticano".

Vítor Emanuel II, um crente devoto, também foi obviamente alcançado pela excomunhão. Na esperança de realizar uma reconciliação entre Estado e Igreja, ele secretamente manteve correspondência com Pio X. Apesar do relacionamento que desenvolveu com o papa, seus esforços para curar a violação não deram em nada. Em 1878, contudo, quando o rei estava morrendo em Roma, no Palácio do Quirinal, que apenas uma década antes tinha sido a residência de verão dos papas, Pio IX o libertou de todas as penas canônicas, permitiu-lhe receber os sacramentos e até lhe enviou as suas bênçãos.

A posição papal contra o novo reino da Itália e contra aqueles que o apoiavam foi amargamente hostil, culminando com o *non expedit* que proibiu absolutamente os católicos de votar ou de ocupar um cargo. O decreto entregou a ordem política da nação ao "inimigo". Muitos católicos simplesmente ignoraram o decreto por meio do voto por correspondência, e a cada eleição o número aumentava, até que o decreto foi revogado no início do século XX. A questão não foi totalmente resolvida, naturalmente, até 1929, quando o Papa Pio XI negociou com Benito Mussolini para a criação do Estado soberano da Cidade do Vaticano.

Nos Estados Unidos, a excomunhão mais conhecida de uma figura política foi a ação tomada em 16 de abril de 1962 pelo arcebispo de Nova Orleans, Joseph F. Rummel, contra três católicos que se opunham ao seu plano de desagregar as escolas católicas da arquidiocese. Os três incluíam Leander Perez, o chefe político das paróquias de Plaquemines e São Bernardo (condados). Em 1953, um ano antes da decisão da Suprema Corte no caso *Brown versus Board of Education* de que a segregação racial era inconstitucional, o Arcebispo Rummel emitiu uma carta pastoral que declarava "a inaceitabilidade da discriminação racial" nas igrejas da arquidiocese. A carta desencadeou uma década de turbulência quando políticos católicos proeminentes começaram uma luta organizada contra a política de Rummel. Em 1956 Rummel emitiu outra carta para preparar a eventual desagregação das escolas católicas, o que causou ainda mais tumulto; e finalmente, em março de 1962, anunciou que na abertura do novo período todas as escolas católicas aceitariam todos os alunos qualificados.

Durante esses anos, a oposição a Rummel tinha crescido cada vez mais entre os segregacionistas católicos. Perez, cuja reputação de negócios obscuros era quase tão forte quanto sua influência política nas duas paróquias, estava entre os mais notórios. Ele ajudou a escrever centenas de leis sobre segregação na Louisiana e denunciou a miscigenação racial como uma conspiração comunista. Depois do anúncio de Rummel sobre as escolas, Perez pediu que a Igreja não lhe desse apoio financeiro. Rummel enviou cartas ao mais expressivo dos segregacionistas advertindo-os, como a lei canônica exigia, que eles seriam excomungados se persistissem. A maioria dos que receberam a advertência cessou suas atividades, mas Perez e os outros dois não o fizeram. Com isso, o arcebispo os excomungou e prosseguiu com o seu plano. Perez, destemido, continuou a agitar contra a desagregação e em 1968 foi o administrador da campanha de George Wallace na Louisiana. Pouco antes de sua morte em 19 de março de 1969, ele foi reconciliado com a Igreja e recebeu um funeral católico.

Ao olharmos para esses casos, o que devemos pensar a respeito? Estou certo de que pessoas diferentes tirarão conclusões diferentes. Eu faria apenas três observações. Em primeiro lugar, gostaria de ressaltar mais uma vez a relativa raridade dessas condenações públicas e humilhações de figuras públicas. As razões para essa reticência são muitas, conforme tentei sugerir, mas impedir o acesso das pessoas aos sacramentos parece ser uma medida para ser utilizada apenas em casos extremos, quando todo o resto falhou e o bem que se pode ganhar com isso parece comensurável. Eu destacaria também que, com algumas exceções, as ações dos excomungados nos casos citados foram diretas, programáticas e muitas vezes deliberadamente provocadoras. A esse respeito, seria possível reunir uma longa lista de governantes e políticos que, apesar de ações desafiadoras, nunca foram excomungados porque se considerou que isso causaria mais mal do que bem. A lista poderia começar pelo Rei Filipe IV de

França, mas certamente incluiria Francisco I de França, que fez tudo o que estava ao seu alcance para fazer descarrilar o Concílio de Trento. Finalmente, o que mais me impressiona na maior parte dessas excomunhões é o quão espetacularmente elas cumprem a conhecida lei das consequências não intencionais.

Quase todas as ações que tomamos em nossas vidas colocam essa lei em movimento, obviamente, e quanto mais dramática for a ação que tomamos, mais dramáticas podemos esperar que as consequências não sejam intencionais, para melhor ou para pior. O que quer que se diga sobre a excomunhão formal de figuras públicas ou mesmo de recusas divulgadas de comunhão a elas, são ações dramáticas que se pode esperar que tenham repercussões sérias e de longo alcance, além do que os autores dessas ações pretendiam.

17
Um sacerdócio, duas tradições

Uma das felizes peculiaridades da Igreja Católica é que ela tem dois corpos de ministros sacerdotes: clérigos que são membros de uma diocese e os que são membros de uma ordem religiosa. Qual é a diferença entre eles? Em primeiro lugar, o clero religioso faz os três votos – de pobreza, castidade e obediência –, e geralmente vive em uma comunidade, enquanto o clero diocesano não faz esses votos e não vive em uma comunidade. Essas distinções são importantes, obviamente, mas devemos lembrar que o clero diocesano faz uma promessa solene de castidade, vive sob a autoridade do bispo local e tem sido repetidamente incentivado pelo Papa Francisco a seguir um estilo de vida modesto. Embora (especialmente nos dias de hoje) eles vivam muitas vezes sozinhos, nos Estados Unidos um número razoável vive em uma reitoria com um ou mais sacerdotes. Mas de uma perspectiva histórica há outra diferença importante sobre a qual não se tem suficientemente em conta. Os dois grupos de clérigos têm operado com uma divisão de trabalho pastoralmente significativa, embora geralmente não expressa. O clero diocesano ministra geralmente em igrejas paroquiais, onde eles alimentam o grupo com palavras e sacramentos. O clero religioso, naturalmente, também se envolve no ministério paroquial, mas o mais característico é o envolvimento em outros ministérios e para com outros grupos. Neste artigo, eu desenvolvo essa divisão do trabalho.

"Prazer em conhecê-lo, padre! Qual é a sua paróquia?" Esta questão é o início quase inevitável de uma conversa sobre ser padre, ainda que não esteja em uma paróquia, e ao mesmo tempo ser membro de uma ordem religiosa. Para muitos católicos ser padre significa, por definição, realizar o ministério paroquial junto com o bispo diocesano, e mesmo para muitos padres de alguma ordem religiosa, o "verdadeiro" ministério sacerdotal significa celebrar a Eucaristia em uma paróquia no domingo de manhã. Essa identificação do sacerdócio com a paróquia e a diocese é o resultado de uma longa tradição de pensamento na Igreja, que ganhou grande impulso com o Concílio de Trento e atingiu uma espécie de clímax com o Vaticano II e as suas consequências. Livros e artigos sobre a história do sacerdócio tratam quase exclusivamente dessa tradição, reforçando a impressão de que não existe alternativa.

Mas existe, naturalmente, uma alternativa – a tradição do sacerdócio dentro das ordens religiosas, a tradição do sacerdócio dentro do contexto da vida consagrada. Neste ensaio tratarei precisamente da relação entre elas – uma questão que obviamente não pode ser tratada sem abordar muitas outras. No entanto, o nosso foco aqui é essa relação, por mais diversa e angustiantemente complicada que seja.

A questão não é nova na Igreja. Durante o primeiro milênio, muitas vezes assumiu a forma de ascetas, propondo a tese de que a vida consagrada era totalmente incompatível com as ordens sacerdotais e a hierarquia. "Um monge deve, por todos os meios, fugir de mulheres e bispos", disse João Cassiano no século V, repetindo o que ele já considerava como uma "velha máxima dos padres". O tom da discussão foi algo irado e reprovador, quase sempre firme e ávido por estabelecer limites claros entre os dois modos de vida.

Os bispos, é claro, tinham as suas próprias reservas e até antagonismos em relação aos monges. Nos primeiros anos do segundo milênio no Ocidente, na esteira da Reforma Gregoriana, o antagonismo assumiu uma forma mais pública e agressiva. No I Concílio do Latrão, em 1123, por exemplo, os bispos viraram a mesa. Eles dispararam a primeira salva no que seria o clássico campo de batalha daquele tempo em diante – onde, por quem e sob cuja autoridade o ministério cristão é desempenhado corretamente. Lê-se em parte o cânon 16 do concílio, "seguindo os passos dos Santos Padres, ordenamos por decreto geral que monges [...] não podem celebrar missas em público em nenhum lugar. Além disso, que se abstenham completamente da visitação pública dos enfermos, das unções e também da administração de penitências, pois essas coisas não dizem respeito de modo algum à vocação deles".

Em 1123 os bispos dirigiram a sua salva contra os monges porque os mendicantes, como os franciscanos e os dominicanos, o principal alvo para os séculos posteriores, ainda não tinham surgido. Uma vez surgidos os mendicantes no século XIII, o conflito irrompeu ainda mais contenciosamente na arena pública com os amargos conflitos entre "os regulares e os seculares" nas universidades e nos grandes ataques dos bispos aos privilégios pastorais que os papas tinham concedido às ordens mendicantes.

O ataque foi tão severo e implacável no V Concílio do Latrão em 1516-1517 que Egídio de Viterbo, o superior-geral dos agostinianos, estava convencido de que os bispos queriam destruir completamente os mendicantes e apagar da memória esse nome. Em sua correspondência, Egídio relata seus esforços desesperados e prolongados para salvar o que pôde, indo dos bispos ao cardeal protetor, ao papa e aos representantes do poder civil. Nessa ocasião, as ordens foram salvas pela intervenção do Papa Leão X, que, assim como seus antecessores e sucessores, as via como aliadas na luta pelo poder do papado com os bispos.

Os decretos do Concílio de Trento, 1545-1563, não refletem a persistência com que os bispos recorreram às queixas, agora normais, contra as ordens ou o quanto queriam colocar os ministérios ordenados sob controle episcopal. Depois de Trento, alguns bispos acolheram as ordens, que agora incluíam algumas novas, como os jesuítas, nas suas dioceses como parceiros em uma tarefa comum, enquanto outros tentaram limitar severamente sua atividade e teriam dispensado completamente os seus ministérios se pudessem. Os poderosos e amplamente seguidos arcebispos de Milão – São Carlos Borromeu (1560-1584) e seu primo Frederico Borromeu (1595-1631) – trabalharam para um ideal de ter praticamente todas as pregações na arquidiocese executadas pelo clero diocesano, mas os seus recursos eram muito limitados para que pudessem alcançá-lo.

Nos séculos seguintes a relação entre as duas tradições do clero continuou a ser marcada pela ambivalência e até mesmo pelo antagonismo bruto. No entanto, juntamente com rivalidade, conflito, ciúmes, lutas pequenas e grandes pelo poder, havia muitas vezes uma cooperação cordial, bem como uma divisão do trabalho que servia bem à Igreja. O clero diocesano ministrava para a maior parte dos fiéis, especialmente por meio da celebração dos sacramentos e outros rituais nas paróquias ou em suas equivalentes. Foi para essa tarefa que eles foram formados. O clero regular também ministrava aos fiéis, especialmente por meio de outros instrumentos como escolas, santuários e casas de retiro. Muitos foram além dos fiéis nos bancos para procurar os doentes e os sem-teto e trabalhar pela conversão do pagão e do infiel. O clero missionário era quase exclusivamente o clero religioso.

Essa divisão do trabalho era característica do catolicismo romano, porque as Igrejas protestantes tinham abolido as ordens e congregações religiosas. Isso significava, também, que elas não tinham equivalente com as muitas congregações ativas de mulheres que surgiram, especialmente a partir do século XVII, e que eram, talvez, ainda mais distintivas do catolicismo.

Vaticano II

Com o Concílio Vaticano II, a relação entre as duas tradições do clero alcançou, silenciosamente e quase sem ser observada, uma nova crise. Como parte de sua agenda ampla e abrangente, o concílio a certa altura percebeu que precisava fazer uma declaração sobre os padres, bem como sobre os bispos, e especialmente de lhes indicar o ideal no ministério pelo qual eles deveriam lutar. O resultado foram três decretos: *Christus Dominus* (decreto relativo ao ofício pastoral dos bispos na Igreja); *Presbyterorum Ordinis* (decreto sobre o ministério e vida dos presbíteros); e *Optatam Totius* (decreto sobre a formação sacerdotal).

Embora não estejam entre os documentos que receberam o exame mais minucioso e consideração durante o Concílio Vaticano II, eles foram corretamente recebidos com entusiasmo em sua publicação por serem grandes melhorias em quaisquer declarações oficiais sobre o assunto até aquele momento. *Presbyterorum Ordinis* foi em vários aspectos notável. Em primeiro lugar, tentou diligentemente evitar identificar o sacerdócio exclusivamente com o poder de consagrar a Eucaristia, dando igual importância e força a cada aspecto do tríplice ministério da palavra, sacramento e governança – profeta, sacerdote e rei. Esse foi um afastamento radical do extremamente breve decreto sobre as ordens sacras em Trento, onde o sacerdócio foi, de fato, descrito de forma restrita como "o poder de consagrar, oferecer e administrar o Corpo e Sangue de Cristo, como também de remir ou reter os pecados". Em parte para evitar tal descrição, *Presbyterorum Ordinis* na sua maior parte utilizada, como no seu próprio título, usa *presbyter* em vez de *sacerdos* para indicar do que estava falando – uma distinção importante (constantemente ignorada nas traduções para o inglês, em que sacerdote, com a sua denotação de alguém que oferece sacrifício), vence o argumento.

Mais importante ainda, o documento definiu presbiterado como instituído para o *ministério*. É praticamente impossível para nós recuperar o que uma dramática mudança de perspectiva, como tal definição, revela. A definição significa que a ordenação não é para a celebração da Eucaristia ou para ouvir confissões *per se*; não é para o aprimoramento da pessoa do ministro, conferindo-lhe "poderes" especiais, mas para o serviço do povo de Deus. Talvez tenhamos um vislumbre de quão radicalmente o documento se afasta de uma teologia anterior, observando que a palavra "ministério" desempenha um papel absolutamente insignificante no documento correlato do Concílio de Trento.

Optatam Totius foi basicamente um decreto prático, mas *Christus Dominus* e *Presbyterorum Ordinis* incorporaram a melhor pesquisa e pensamento então disponíveis sobre seus respectivos assuntos, embora, reconhecidamente, esses não fossem assuntos em que a pesquisa era particularmente abundante ou profunda. O clero diocesano considerou os documentos edificantes e encorajadores, sobretudo pela sua aparente promessa de uma relação mais colegial entre presbíteros e bispos. Padres de muitas ordens os consideraram confirmadores da primazia que eles tinham dado a várias formas de ministério da palavra desde os seus anos de fundação.

Somente alguns anos depois do concílio é que os membros das ordens religiosas começaram a detectar implicações perturbadoras para si mesmos nesses documentos e em algumas das maneiras em que os documentos foram interpretados e implementados, especialmente porque repercutiam na formação dos candidatos ao sacerdócio. Um único "programa de formação presbiteral", por exemplo, era apropriado tanto para os candidatos das dioceses quanto para os das ordens, com a implicação de que ambos se dedicariam a formas idênticas de ministério? Uma questão totalmente crucial começou a surgir – uma pergunta antiga, talvez, mas em nova forma e com nova urgência: Como os sacerdotes das ordens e congregações religiosas se encaixam no ministério da Igreja?

Os três documentos mais diretamente pertinentes do Concílio Vaticano II são sutis e, em muitos aspectos, maleáveis na sua retórica; no entanto, sugerem que a diferença específica entre presbíteros religiosos e diocesanos reside no fato de que os primeiros emitem votos de pobreza, castidade e obediência, enquanto os últimos não fazem. Porém, os ideais que esses votos acarretam são tão vigorosamente recomendados aos sacerdotes diocesanos no *Presbyterorum Ordinis* que, a longo prazo, a diferença parece ter mais ênfase ou consistir simplesmente no fato jurídico dos votos públicos, ou talvez na vida em comunidade. A diferença parece assim redutível a algumas particularidades bastante vagas de espiritualidade, que são difíceis de definir.

A conclusão parece seguir no sentido de que existe um único sacerdócio, como o documento categoricamente afirma, mas que os presbíteros podem ser animados por diferentes espiritualidades. Não existem mais diferenças. Embora o *Presbyterorum Ordinis* admita em seu parágrafo inicial que suas disposições devem ser aplicadas ao "clero regular" apenas na medida em que "se adaptem às suas circunstâncias", o documento parece assumir que, de fato, elas se adaptam muito bem às suas circunstâncias. A frase do tópico nesse parágrafo dá o tom para tudo o que se segue: "o que é dito aqui se aplica a todos os padres".

Algumas coisas certamente se aplicam a todos, especialmente as que os documentos declaram incisiva e diretamente. Entre elas está, antes de tudo, a firme localização de uma identidade sacerdotal no *ministério*, local crucial tanto para o clero diocesano quanto para o clero religioso. No entanto, é exatamente nessa questão do ministério que talvez esteja o maior problema. A dificuldade com os documentos a esse respeito não é tanto o que dizem explicitamente sobre o ministério, mas como o enquadram – e talvez por isso as suas implicações radicais para os presbíteros nas ordens religiosas não foram compreendidas à primeira vista.

Em outras palavras, subjacentes aos documentos estão certos pressupostos que não são imediatamente óbvios, mas que fornecem o desenho básico para o ministério presbiteral, tal como o concílio o concebeu. Esse desenho consiste essencialmente em quatro componentes:

1) é em geral um ministério *para os fiéis*;

2) desenvolve-se em uma comunidade estável de fé – isto é, *em uma paróquia*;

3) é feito pelo clero "*em união hierárquica com a ordem dos bispos*".

4) o *mandado para o ministério*, incluindo a pregação, é a *ordenação* ao diaconado ou ao presbiterado.

Esse desenho corresponde claramente às tradições ministeriais e às situações do clero diocesano – em teoria desde os primeiros séculos do cristianismo e sempre mais na prática desde o Concílio de Trento. Mas isso corresponde às tradições e situações do clero regular? Não tão claramente. Em muitos casos, na verdade, é contrário a elas.

Quanto ao primeiro componente do projeto do concílio para o ministério presbiteral, os dominicanos, para dar um exemplo óbvio, surgiram no século XIII, não para cuidar dos fiéis, mas para pregar a conversão aos hereges albigenses. Quanto ao segundo, muitas ordens desempenhavam os seus ministérios principalmente em escolas, terceiras ordens e modalidades, hospitais, sopa comunitária, máquinas de impressão, e eram os grandes missionários. Além disso, eram muitas vezes proibidos de assumir paróquias. Quanto ao terceiro, embora tivessem de respeitar os direitos episcopais para regular o culto público e outros assuntos nas suas dioceses, os membros das ordens religiosas dependiam dos seus próprios superiores ou capítulos para decidir, quando, onde, por que meios e para quem ministrar. Quanto ao quarto, pelo menos na Companhia de Jesus, o principal mandado para o ministério era a entrada na ordem, pois até mesmo os noviços deveriam se envolver em todos os "ministérios habituais" da Companhia, exceto, naturalmente, ouvir confissões. Os noviços e outros membros não ordenados pregavam, por exemplo, durante a missa e em outras ocasiões litúrgicas.

Nas ordens ativas, as suas constituições, regras, oficiais e superiores, sim, até mesmo os chamados privilégios, não eram operativos apenas para a disciplina interna de suas comunidades, como o *Christus Dominus* por algum truque histórico parece indicar. Eles pareciam tanto quanto, se não mais, com um ministério eficaz. O compromisso com o ministério afetou o alcance até mesmo dos votos tradicionais da vida religiosa. Para os dominicanos, a pobreza não era simplesmente um princípio ascético útil para o desenvolvimento espiritual de cada frade, mas também uma condição de ministério eficaz para lidar com as críticas dos albigenses à riqueza clerical e à corrupção.

Tenho desenvolvido em várias publicações a relação do ministério com a vida religiosa. Além disso, considero o meu livro *The First Jesuits* [Os primeiros jesuítas] um extenso estudo de caso da questão, como exemplificado nos anos de fundação de uma grande ordem. Porém, não vou prosseguir aqui com esses aspectos da questão. Gostaria, no entanto, de sublinhar que os considero de fundamental importância – os pontos de referências básicos aos quais a discussão sempre deve retornar.

Eu aqui proponho que precisamos abordar a questão do ministério na vida religiosa com um novo método. Precisamos abordá-la como parte da história do ministério, e não exclusivamente como um aspecto da história do ascetismo, começando mais ou menos com Pacômio e os Padres do Deserto. Essa última abordagem sugere que o ministério é uma espécie de acréscimo à vida religiosa. O primeiro indica que, pelo menos a partir dos mendicantes do século XIII, o ministério é constitutivo da identidade de muitas das novas ordens. Por que não, em outras palavras, fazer a história de Paulo a Inácio e não a tradicional de Pacômio a Inácio? O método, aqui, como sempre, determina o resultado da pesquisa.

O que é crucial, de qualquer forma, é levar a discussão para além da imprecisão da espiritualidade e do carisma, onde os religiosos frequentemente tentam argumentar a sua posição. Deve ser movida para o terreno mais concreto do ministério, para a prática. Tal movimento dará substância e energia a palavras como espiritualidade e carisma. Ele também nos permitirá falar com clareza e dissipará a indefinição das categorias teológicas abstratas que até agora foram concebidas para explicar a diferença entre as duas tradições.

Trento e "conformidade paroquial"

Talvez eu possa ilustrar ainda mais o contraste entre as duas tradições por meio de algumas observações sobre o Concílio de Trento e seu significado para o desenvolvimento futuro do ministério. Alguns críticos do Vaticano II mal conseguiram esconder o seu desdém quando o descreveram como um "concílio pastoral", contrastando-o implicitamente com os presumivelmente mais sólidos "concílios doutrinários" como Trento. Embora seja inegavelmente verdade que Trento emitiu uma série de importantes decretos doutrinários, emitiu um número talvez ainda maior "sobre a reforma". Para Trento, a reforma significava, em grande parte, a reforma do ministério dos bispos e sacerdotes ou a reforma de seu estilo de vida, a fim de torná-lo mais compatível com o ministério que iriam desempenhar.

Trento foi assim, em grande parte, um concílio pastoral. Na verdade, na medida em que se reduzia a disposições sobre o ministério, tornava-o muito mais prático do que o Vaticano II alguma vez pretendeu ser. Poucos concílios se preocuparam mais com os grandes mistérios cristãos centrais do que o Vaticano II, poucos mais convencidos do poder das ideias para efetuar mudanças quando apresentadas de maneira apelativa. Poucos, portanto, têm sido mais doutrinários. Ironicamente, dada a reputação do Vaticano II de ser um concílio pastoral, poucos concílios foram, proporcionalmente à quantidade de seus decretos, menos prescritivos sobre os detalhes relativos ao ministério.

Se o Vaticano II foi, assim, tão doutrinal como Trento, Trento foi nos seus decretos de reforma tão pastoral quanto o Vaticano II. Temos sido enganados sobre esse aspecto de Trento porque, além de alguns historiadores sociais recentes, estudiosos têm concentrado suas pesquisas quase exclusivamente na doutrina tridentina. Mas o impacto e as implicações dos decretos pastorais de Trento foram imensos – ainda hoje nos afetam e continuam pertinentes para a relação entre as duas tradições do sacerdócio que estamos discutindo.

A esse respeito, examinarei Trento de apenas duas das várias possíveis perspectivas. A primeira é o enfoque de Trento na paróquia, e a segunda é o significado das normas e dos meios propostos por Trento para reformar ou melhorar o ministério. Essas perspectivas nos permitem ultrapassar a massa confusa de detalhes e jargões legalistas dos decretos de Trento *de reformatione* para a visão eclesiológica e pastoral da qual eles fluem.

Trento queria principalmente reformar três instituições: (1) o papado e a cúria papal, (2) o episcopado, e (3) as paróquias sob os seus párocos – por meio das quais os leigos seriam reformados. O concílio ficou constantemente frustrado ao lidar com a reforma da primeira instituição e finalmente teve de abandonar o projeto em grande parte, mas teve sucesso ao lidar com os outros dois – bispos e párocos – que, de toda forma, estão intimamente relacionados um com o outro. O concílio fez uso da legislação tradicional relativa aos bispos e párocos, mas criou algo novo ao ordená-la de uma maneira tão completa e coerente.

O propósito final por trás da legislação tridentina sobre esses assuntos era transformar bispos e párocos, de colecionadores de benefícios em pastores de almas. Em seu decreto doutrinário sobre o Sacramento da Ordem, o concílio não tinha praticamente nada a dizer sobre o ministério. Mas o ministério foi em grande parte o escopo dos decretos de reforma de Trento, que visavam, em última análise, um ministério mais eficaz por parte dos bispos e párocos, um ministério localizado na *paróquia*. Como passo fundamental na direção desse ministério, os bispos deveriam residir em suas dioceses e os párocos em suas paróquias. A batalha para tornar efetiva a legislação que exigia residência foi travada algumas vezes às margens e às vezes no centro do concílio durante a maior parte dos 18 anos que durou. Outras disposições seguiram, tendo esta como premissa indispensável.

Duas características dessas disposições precisam ser observadas. Primeiro, ao longo dos séculos elas foram uma força lenta mas maciça na transferência da prática religiosa cada vez mais para a paróquia – quase como seu único local legítimo de exercício. As paróquias existiam muito antes de Trento e, como instituições essencialmente urbanas, assumiram maior importância à medida que as cidades europeias reavivavam a partir do século XI. Mesmo no século XVI, no entanto, e muito além, elas eram apenas uma instituição em uma vasta gama de outras onde os cristãos podiam encontrar sua devoção e se envolver nas práticas da fé.

Entre essas instituições estavam santuários, mosteiros e capelas senhoriais, as igrejas colegiadas dos mendicantes e, como a pesquisa da última década mostrou de maneira tão surpreendente, as várias confraternidades ou irmandades, ou "guildas" religiosas que surgiram nas cidades e vilas da Europa. Essa pesquisa revolucionou nossa compreensão de como o cristianismo era praticado desde o final da Idade Média até a Era Moderna. Não apenas demonstrou o quão viva era a prática religiosa e como as pessoas estavam bem-informadas sobre a crença cristã básica, mas também demonstrou como as igrejas paroquiais desempenharam um papel secundário. Obviamente, a situação diferia bastante de um lugar para outro, da cidade para o campo. A igreja paroquial era onde se realizavam os batismos, os casamentos e os "preceitos pascais" da confissão e da comunhão anuais, mas várias vezes um pouco mais do que isso. A devoção religiosa era mais frequentemente procurada e vivida em outros lugares – em instituições como confraternidades que, em grande parte, eram administradas por leigos e leigas, ou como as terceiras ordens e modalidades dirigidas pelo clero regular. Seria difícil exagerar a importância dessas instituições ou como elas definiram a prática do cristianismo para adultos em ambientes urbanos.

Embora os bispos de Trento desejassem regular melhor essas instituições, não queriam controlá-las. O foco deles, no entanto, estava na paróquia, de modo a deixar a impressão de que nenhum outro local de ministério existia ou era importante. Além disso, depois do concílio, zelosos e ambiciosos bispos tomaram a legislação tridentina como um mandato para fortalecer o papel do pároco e aumentar o nível de prática na paróquia. Isso levou o historiador britânico John Bossy a escrever sobre a "conformidade paroquial" da Era Moderna. Essa conformidade constituiu uma ruptura com a tradição anterior de uma variedade muito maior de instituições em que os fiéis podiam praticar a sua religião, uma ruptura com o caráter mais espontâneo e autodeterminante da maioria dessas instituições. Essa conformidade, assim diz o argumento, levou à lassidão e à perda de envolvimento por parte dos leigos.

A legislação de reforma de Trento preparou o caminho para o Vaticano II, que, por sua vez, enquadrou o ministério sacerdotal como (1) para os fiéis, (2) em uma paróquia, (3) comandado por um bispo. O tipo de pensamento inerente à pergunta "Padre, qual é a sua paróquia?" foi, de fato, também promovido pela Reforma, de modo que recebeu da Igreja Católica um impulso indireto mas poderoso, dessa fonte aparentemente pouco apreciada. Com a destruição dos santuários, a abolição das ordens religiosas e a dispersão das confraternidades, a Reforma criou um clero e uma prática pública exclusivamente baseados na paróquia, independentemente da nomenclatura para o fenômeno adotada pelas diferentes Igrejas protestantes.

No catolicismo, uma realidade muito mais rica e variada continuou a prevalecer. Depois do Concílio de Trento, as ordens mendicantes experimentaram um tremendo crescimento em número e influência, e a elas se juntaram novos grupos como os capuchinhos e os jesuítas. Talvez em nenhum outro campo do ministério sua contribuição tenha sido mais significativa do que a evangelização das "Índias" na América e na Ásia. Em nenhum lugar a estreiteza do foco de Trento é mais aparente do que no fato de que, apesar de ser realizada justamente quando a evangelização dos territórios recém-descobertos estava no seu auge em meados do século XVI, o concílio a contornava sem dizer uma palavra. Foram os membros das ordens mendicantes, eventualmente acompanhados pelos jesuítas, que foram os evangelizadores. Dos decretos de Trento sobre o ministério, derivamos uma perspectiva legítima, embora estreita, de onde, por quem e para quem o ministério presbiteral na Igreja Católica estava de fato sendo realizado.

Trento e disciplina social

Além desse foco quase exclusivo na paróquia, há uma segunda característica das disposições de Trento sobre o ministério que é pertinente ao nosso tópico. Trento reformaria o ministério reafirmando alguns cânones antigos, especialmente aqueles que exigiam ou assumiam que os bispos fossem residentes em suas dioceses, e elaborando alguns novos, que geralmente eram apenas mais especificações de princípios há muito aceitos. Trento cumpriria assim seu objetivo reafirmando certas prescrições de comportamento e instituindo meios para assegurar sua observância através de uma vigilância mais próxima e, quando necessário, por meio de punição por delinquência. A reforma de Trento com a aprovação de duras leis.

Os decretos tridentinos poderiam muito bem ter permanecido letra morta, como, de fato, permaneceram durante muito tempo em certos países, se não tivessem sido retomados por pessoas como Carlos Borromeu, que fez deles um grito de mobilização pela sua atividade como primeiro bispo a residir na Arquidiocese de Milão em 50 anos. Ele fez um grito de guerra, sim, mas também os expandiu com incansáveis detalhes em seus muitos sínodos diocesanos e provinciais, cujos procedimentos foram publicados como *Acta Ecclesiae Mediolanensis*. Em toda a Europa, a *Acta* se tornou um modelo para o que deveria ser uma diocese "reformada", provavelmente mais influente do que os próprios decretos tridentinos originais.

Os historiadores católicos tenderam, até bem pouco tempo, a fazer avaliações quase incondicionalmente positivas sobre esse desenvolvimento. Nas últimas duas décadas, no entanto, essa avaliação benévola tem sido contestada até mesmo por historiadores enraizados na tradição católica, como Jean Delumeau na França e John Bossy na Inglaterra. Bossy se opõe ao uso do termo "reforma" em tais aspectos porque é um termo derivado "do vocabulário da disciplina eclesiástica" que significa restauração de alguma forma ideal pela ação dos superiores. O que certamente aconteceu, segundo Bossy, foi um movimento de realidades mais naturais, espontâneas e fraternais para coisas mais racionalizadas, impessoais, burocráticas e punitivas.

O termo e o conceito de *disciplina social* estão sendo cada vez mais aplicados ao que costumávamos chamar de reforma. O termo foi originalmente usado pelo estudioso alemão Gerhard Oestreich para indicar os processos pelos quais, no cenário drasticamente reorganizado da Europa pós-reforma, o crescimento de instituições centralizadoras e hierárquicas do Estado e da Igreja – tanto protestantes quanto católicas – transformaram a ordem social. Embora criticado por assumir uma simples transmissão de cima para baixo das normas sociais e por não ter suficientemente em conta a natureza interativa da mudança social, capta, no entanto, um elemento crucial do que estava acontecendo. A disciplina social é um conceito moderno, mas encontra justificativa nas próprias fontes, em que *disciplina*, não *conversão*, é o termo-chave. Destaca o fato de que a reforma significou a tentativa de impor disciplina aos bispos, párocos e fiéis. Com Trento e os bispos pós-tridentinos, o ponto de partida para o ministério foram as normas abstratas, e o objetivo a que se destinava o ministério era fazer com que a conduta se adequasse a elas. O resultado seria um clero e um povo disciplinados.

O que foi evidenciado pode ser esclarecido por um exemplo concreto. Trento, em sua décima terceira sessão, apenas reiterou o requisito estabelecido pela primeira vez em 1215 no IV Concílio do Latrão de que todos os cristãos adultos deveriam receber a comunhão pelo menos uma vez por ano na Páscoa. Na Arquidiocese de Milão, Carlos Borromeu implementou em 1574 um rigoroso processo para garantir o cumprimento desse decreto, incluindo um pequeno pedaço de papel (*bolletino*), padronizado e impresso, que o confessor dava ao penitente quando a confissão fosse concluída. O confessor tinha de preencher o formulário para todas as pessoas cujas confissões ouvia, e depois os penitentes tinham de mostrá-lo ao pároco antes de poderem receber a comunhão. O pároco conferia os nomes com o registro da paróquia para que, eventualmente, ele tivesse uma lista de todos aqueles que não tinham cumprido a lei. Em outra medida, os párocos foram ordenados a submeter quaisquer *bolletini* de pecadores públicos obstinados à inspeção episcopal antes de aprová-los. O conhecido comportamento desses penitentes sugeria que a absolvição tinha sido concedida com muita facilidade, e os *bolletini* tornaram possível identificar os confessores laxistas ou negligentes.

Medidas como estas podem ou não ter sido indicadas por circunstâncias do século XVI, mas manifestam poderosamente, quase para caricaturar, uma tradição de ministério que começa com o ofício e a disciplina canônica. Essa é a tradição que Trento e os bispos pós-tridentinos mobilizaram para o clero diocesano e que continuou, muito modificada e enriquecida por outras considerações, até o momento.

Existe, porém, outra tradição de ministério representada pelo clero regular, em que o ponto de partida não tem sido as normas canônicas, mas a experiência. As ordens religiosas diferem tanto entre si quanto ao ministério e ao sacerdócio que parece quase ridículo tentar cobri-las todas sob a rubrica de uma única tradição. No entanto, indiquei acima quantas delas eram semelhantes na medida em que, de um modo geral, não se enquadravam nos quatro critérios dos documentos do Vaticano II no mesmo grau que o clero diocesano. Na verdade, elas quase sempre os contradiziam. As ordens religiosas são assim unidas por uma espécie de *via negativa* – pelo que elas *não* são.

Existe, também, algum fator positivo que as une ao ponto de podermos falar ainda mais coerentemente de uma tradição no ministério entre elas? Embora pareça imprudente tentar generalizar sobre a vida consagrada como relacionada ao ministério e ao sacerdócio, talvez possamos obter alguma clareza ao olharmos para três modelos clássicos – beneditinos, dominicanos e franciscanos (e depois os jesuítas).

Os beneditinos iniciaram sua história sem outro propósito senão o de levar uma vida consagrada em sua pureza, retirada do mundo; quaisquer servidões que prestem a pessoas fora do mosteiro são, pelo menos em teoria, condicionadas por esse propósito. Apenas muito mais tarde um grande número de monges foi ordenado, e ordenado com um relacionamento por vezes tênue com o ministério. Além disso, para os beneditinos, o voto de estabilidade dá forma aos ministérios porque, mesmo em conjunto com sua grande tradição missionária, o ideal continua sendo que qualquer que seja o ministério que se realize, que ele deve ser realizado dentro do mosteiro ou em seus arredores.

Domingos foi um sacerdote que reuniu outros sacerdotes para se dedicarem a um ministério específico aos hereges do sul da França, do qual um estilo de vida pobre era parte integrante. Nessa experiência, a pregação emergiu como o ministério primário do grupo. Francisco, um leigo, teve uma série de profundas experiências religiosas que o levaram a um ministério de pregação e conversão, que a certa altura o levou para muito longe da Europa para pregar aos infiéis.

Inácio experimentou uma profunda conversão religiosa que o levou a Jerusalém e depois para a Europa a um ministério de pregação, catequese, conversas e retiro; depois de se envolver nesses ministérios por alguns anos, ele procurou a ordenação presbiteral. A ordem que ele e seus companheiros fundaram foi para o ministério "entre os turcos ou quaisquer outros infiéis, mesmo aqueles que vivem na região chamada de Índias, ou entre quaisquer hereges, ou cismáticos, ou qualquer um dos fiéis". Com esse ministério em vista, eles criaram para si mesmos um voto especial "a respeito de missões" que imbuiu a nova ordem de um caráter radicalmente missionário, para que, a qualquer momento, eles estivessem prontos para viajar para qualquer parte do mundo para "cura d'almas".

Por mais diferente que esses modelos sejam entre si, eles têm algo em comum em relação ao ministério – originaram-se em algum tipo de *experiência*. A experiência foi o reconhecimento de uma *necessidade* pastoral ou de algum tipo de *conversão* pessoal ou *visão*, ou de uma combinação de ambos. O movimento, portanto, foi de baixo, não de cima para baixo. Seu objetivo não era disciplina, mas conhecer alguma realidade. Esses fatores emprestam um certo desígnio ao ministério, que é diferente daquele representado pela tradição tridentina.

O desígnio leva a consequências. Com os primeiros jesuítas, por exemplo, a palavra mais reveladora em seu vocabulário pastoral não era *disciplina*, mas *acomodação*. Isso não significa que eles desprezaram as normas eclesiásticas, visto que frequentemente se mostravam excessivamente zelosos a esse respeito. Também não significa que a acomodação fosse um monopólio deles. A acomodação, de fato, tinha encontrado expressão objetiva na casuística medieval por meio do reconhecimento de que circunstâncias concretas determinavam a moralidade de qualquer ato – todos os sacerdotes tinham acesso aos manuais dos confessores em que tal acomodação era explicada.

Mas o que é interessante sobre os jesuítas a esse respeito é como a acomodação foi elevada a um modo geral de procedimento no ministério, o que acabou levando a algumas implementações surpreendentes dele. No Brasil, no século XVI, por exemplo, usavam mulheres nativas como intérpretes no Sacramento da Penitência. Esse é um exemplo de como uma lei – a saber, a confidencialidade da confissão – foi modificada para o bem do penitente, para acomodar a experiência de uma situação especial.

Um exemplo mais impressionante, repleto de imensas consequências para o ministério da Igreja na Era Moderna, foi a decisão dos jesuítas de começar a comandar escolas como um ministério formal. Eles criaram esse ministério para a Igreja em resposta a uma necessidade e a uma oportunidade que viram, apesar de ter sido contrário a algumas diretrizes fundamentais que tinham inicialmente estabelecido para os seus ministérios. Esse trabalho diferia de maneira evidente e significativa do padrão de sacramentos, ritos e pregações em uma paróquia que Trento tinha previsto para o sacerdote diocesano. Além disso, foi criado, não anteriormente recebido. Aconteceu em uma sala de aula, não em uma igreja. Era para um grupo específico, meninos – por vezes incluindo protestantes e descrentes. Operava com um currículo dominado pelos clássicos pagãos, que eram tratados como instrumentos de instrução moral para o cristão.

Quanta coisa para o século XVI! A tradição de acomodação persiste no âmbito das ordens religiosas, conforme indicado pela homilia do Papa João Paulo II entregue à trigésima terceira congregação geral dos jesuítas em 1983. A mensagem foi uma atualização dos ministérios para os jesuítas. Ele os exortou, entre outras coisas, à "educação dos jovens, à formação do clero, ao aprofundamento da pesquisa nas ciências sagradas e, em geral, também da cultura secular, especialmente no campo literário e científico, na evangelização missionária... ecumenismo, o estudo mais profundo das relações com os não cristãos, o diálogo da Igreja com as culturas... [e] a ação evangelizadora da Igreja para promover a justiça, conectada à paz mundial, que é uma aspiração de todos os povos". A lista não se destina a ser exaustiva.

Esses ministérios ou formalidades ministeriais não coincidem completamente com a estrutura fornecida pelos três documentos principais do Vaticano II para os presbíteros. Embora essa homilia tenha sido dirigida a membros de apenas uma ordem, sugere a divisão mais ampla do trabalho, que tem marcado o ministério sacerdotal na Igreja Católica durante muitos séculos. Cada ordem ou congregação pode certamente acrescentar à lista a partir de sua própria perspectiva sobre como seus ministérios tradicionais se acomodam à situação atual.

Conclusão

Nestas páginas eu fiz uma nítida distinção entre as duas tradições do sacerdócio. Eu tenho pressionado esta distinção ao extremo, criando modelos ou tipos puros – ou seja, construções mentais, raramente, se é que alguma vez, verificadas ao máximo na realidade histórica. Ao descrever a legislação de Carlos Borromeu sobre a confissão, por exemplo, fiz um desenho de uma concha oca sem conteúdo espiritual. É assim que a maioria dos historiadores de hoje tende a ver, pois Borromeu se tornou, neste aspecto, um culpado. A sua enorme influência, aliada à sua obsessão bem documentada com regras e regulamentos para todos os aspectos da prática religiosa, praticamente convida a essa avaliação. Mas sabemos que São Carlos era uma pessoa profundamente espiritual que, no momento de sua conversão religiosa como jovem cardeal, completou os 30 dias dos *Exercícios Espirituais* de Santo Inácio. Por outro lado, optei por ignorar o "observantismo" que muitas vezes dominava o pensamento e a ação nas instituições da vida consagrada, fazendo com que a exatidão no seguimento de regras e rubricas se tornasse a própria definição de "perfeição religiosa". Em outras palavras, as duas tradições são filhas de um mesmo pai e têm fortes semelhanças familiares uma com a outra.

No entanto, penso que a diferenciação entre elas que tentei desenhar corresponde a algumas realidades absolutamente fundamentais da tradição católica romana no ministério – especialmente desde o século XIII, mas ainda antes. Essas duas tradições interagiram ao longo dos séculos e se influenciaram mutuamente de inúmeras formas – tanto positivas quanto negativas. Ambas deram forma à realidade do sacerdócio em sua prática atual, e ambas podem reivindicar legitimidade no Novo Testamento e na longa história da Igreja. Ambas serviram às necessidades espirituais (e às vezes materiais) das pessoas.

Embora tenha havido uma considerável e saudável sobreposição, uma divisão prática do trabalho tem de fato prevalecido entre o clero diocesano e o regular ao longo dos tempos. O clero "local" ou diocesano, ministrou principalmente aos fiéis de acordo com ritmos consagrados pelo tempo da Palavra e dos sacramentos nas paróquias. Eles são a espinha dorsal do ministério da Igreja. Os religiosos, quando serviam aos fiéis, o faziam de forma semelhante, mas particularmente de outras formas que as novas circunstâncias pareciam exigir. Essa divisão do trabalho levou os religiosos ainda mais longe; longe dos fiéis, para ministrar de alguma forma aos hereges, infiéis, pagãos e pecadores públicos.

Nenhuma outra Igreja cristã tem dois corpos de ministros assim. Juntos, eles constituem uma riqueza especial no catolicismo. Embora sempre tenham existido tensões entre eles, e por vezes irromperam em feias e escandalosas batalhas, a genialidade da Igreja Católica tem sido até hoje a sua capacidade de os conter dentro de si e de não se contentar com simples resoluções que reduziriam um ao outro.

Conclusão
Minha vida de aprendizado

Enquanto eu estava escrevendo a minha dissertação há muitas décadas, ouvi uma acadêmica veterana comentar que todo acadêmico que conheceu e que publicou memórias sobre as próprias carreiras eram como jumentos pomposos. Nunca me esqueci dessa observação, e muitas vezes pude verificá-la. Quando, em 2006, fui convidado a proferir um discurso para a Conferência de Estudos do Século XVI sobre a minha própria "vida de aprendizagem", percebi que eu também estava prestes a cair na categoria de jumento pomposo, mas o convite era demasiado tentador para eu resistir. A palestra foi posteriormente publicada na Catholic Historical Review. Eu a incluo aqui porque, como disse na introdução desta obra, penso que poderá dar aos leitores uma visão mais aprofundada do que leram, pois compreenderão um pouco melhor a pessoa que o escreveu.

Tia Annie, o tio e o filho adulto deles, Paul, viviam ao nosso lado. Eles eram os Easthoms, a família da minha mãe por parte da mãe dela. Os Easthoms eram supostamente metodistas, mas fumavam, bebiam, continuavam, e nunca foram conhecidos por frequentarem a igreja. Eu gostava muito deles. Entendiam-se maravilhosamente bem com os Gallaghers, a família da minha mãe por parte do pai dela. Os Gallaghers eram católicos, mas a diferença na religião foi levada adiante pelos vários casamentos entre as duas famílias.

A tia vivia com minha mãe, meu pai e comigo. Ela também era uma Easthom, irmã do tio. Tínhamos parentes Easthom por todo aquele pequeno terreno mais a leste de Ohio, bem no Rio Ohio. Um dos meus favoritos era o meu tio-avô Noble Easthom, irmão da tia e do tio. Eu gostava dele tanto por seu nome elegante quanto por qualquer outra coisa. Embora as mulheres de Easthom não tivessem o menor indício disso, eram DARs [Daughters of the American Revolution], mas da variedade com baixo rendimento. Faltava ambição a todo o clã e a intenção era simplesmente aproveitar ao máximo a vida, desde que não fosse necessário muito esforço para fazê-lo.

A esse respeito, os Gallaghers não poderiam ter sido mais diferentes. Eles eram dispostos, ambiciosos e intelectualmente curiosos. Eram também arrivistas sociais. Michael Gallagher, o tio da minha mãe e seu tutor legal após a morte de seus pais, fez uma fortuna confortável para si mesmo com mineração e ferrovias, e ele ganhou destaque no círculo interno de seu colega de Ohio, o grande presidente americano Warren G. Harding. Para o alívio (e um pouco para surpresa) da família, o tio Mike escapou incólume do escândalo *Teapot Dome*. Sim, exceto pelos Easthoms, todos os meus parentes, incluindo a família do meu pai, eram republicanos convictos. Os Easthoms eram tão antipolíticos quanto desprovidos de Igreja, exceto quando, por um bom motivo, vigiavam as eleições locais para ver quem poderia ser eleito xerife.

Presumo que foi a ambição do meu avô para com a minha mãe, sua única filha, que o motivou a mandá-la aos 10 anos de idade para a Academia Mount de Chantal, um internato conventual relativamente próximo e altamente estimado, cujo currículo eu descrevi no meu *Four Cultures of the West* [Quatro culturas do Oeste] – seis anos de francês, quatro anos de latim, várias ciências, e assim por diante, e, claro, um programa forte em música vocal e instrumental. Além da minha mãe, cinco das minhas primas foram para o Mount, adoraram-no, e nunca se reuniram sem falar sobre ele, o que significou que o *ethos* da escola teve uma profunda influência na minha vida.

Os seis anos de francês, por exemplo, marcaram a minha mãe, e nós éramos, portanto, francófilos. Mesmo antes que eu pudesse ler, minha mãe me ensinou trechos de versos franceses, o que de maneira sutil me abriu perspectivas de vida mais exóticas do que em Tiltonsville, Ohio, e seus três mil habitantes.

Eu tinha cerca de 10 anos quando descobri na biblioteca da minha escola primária um pequeno livro chamado *The Kings of France* [Os reis da França]. Eu o devorei, não me cansava dele, e voltava a ele repetidamente. Não era apenas sobre a França, mas também sobre *reis* – sobre os bons e velhos tempos. Agora vejo que minha paixão por *Os reis da França* era um sinal precoce de que eu não estava indo bem.

Apesar do sobrenome do meu pai, a família dele era de língua e espírito alemão. Seus pais morreram em uma epidemia de gripe antes de ele completar 1 ano de idade, e ele e suas duas irmãs foram criados pelos avós maternos, imigrantes alemães. Difícil de acreditar, mas os O'Malleys falavam alemão em casa! As duas irmãs do meu pai se casaram com homens de origem cem por cento alemã, o que significava que aquele lado da minha família tinha decididamente simpatias teutônicas, apenas ligeiramente temperadas pela Grande Guerra e pela ascensão de Hitler. Todos eles viviam na grande cidade de Wheeling, Virgínia Ocidental, a dez milhas de distância, onde meu pai também tinha o seu negócio. Esse lado era tão católico quanto poderia ser, muito mais rigoroso em termos de perspectiva e prática do que meus pais. Suspeito que foi da família do meu pai que, de alguma forma, eu me interessei inicialmente pela Reforma.

Esse interesse também foi despertado, tenho certeza, por ter tantos parentes protestantes e por frequentar uma escola pública onde meus colegas de classe eram cerca de 50% metodistas e 50% católicos. As duas igrejas eram os pontos principais para a vida social da cidade. Nesse sentido, os católicos tinham uma vantagem decisiva, porque a Igreja deles patrocinava festas de bingo e cartas e nos piqueniques da igreja vendiam cerveja e vinho.

Muito antes de alguém em nosso meio ter ouvido a palavra "ecumênico", nós, crianças, éramos totalmente ecumênicos em nossas relações sociais. Dos meus dois melhores amigos, um era metodista e o outro, como pude perceber, casualmente agnóstico. Não me lembro de alguma vez termos tido uma conversa sobre religião.

Em todo caso, eu era, desde tenra idade, um confirmado e irredimível viciado em história. Minha mãe era tão responsável pelo meu vício quanto qualquer outra pessoa. Quando eu tinha 8 anos, comecei a ter aulas de piano, e a minha mãe insistiu com dois professores sucessivos que eu deveria aprender a história da música, bem como as habilidades do teclado. Ela mesma escolheu os textos que os professores deveriam usar. No ensino médio, embora os cursos de história fossem miseravelmente ministrados por treinadores e pretendessem ser opções fáceis de passar para o time de futebol, participei de todos eles. Eu os revesti, e portanto tenho certeza de que, totalmente inconsciente, fui odiado pelos atletas para quem os cursos foram projetados.

No meu primeiro ano do ensino médio tive dois professores marcantes. A Senhorita Funari ensinava latim. Seu curso foi certamente uma das experiências intelectuais mais importantes da minha vida. Sob a sua tutela, eu pela primeira vez compreendi a linguagem e como ela funciona. O Senhor Kerr ensinava inglês. Todas as sextas-feiras ele nos fazia produzir um tipo diferente de composição – um ensaio, um poema, uma história. Ele me chamou várias vezes para me encorajar a escrever, o que significou muito para um impressionável menino de 14 anos de idade.

No final do ensino médio eu tinha praticamente certeza de que queria ser padre, e penso que queria sê-lo pelas razões certas – mas essa é uma história para outra ocasião. Na minha leitura voraz mas indisciplinada, muitas vezes eu me deparava com os jesuítas e sabia que eles eram professores, uma vocação para a qual eu também me sentia atraído. Embora eu nunca tivesse visto um jesuíta na minha vida, eu me alistei (como dizem eles) no final do meu último ano.

Se eu estivesse levando a sério a possibilidade de ingressar, disseram-me em resposta, eu deveria ir a Cleveland, cerca de 100 milhas de distância, para ser entrevistado. Foi o que eu fiz. Em retrospectiva, fiquei maravilhado com o fato de meus pais, de maneira ponderada, terem aceitado essa aventura louca do seu único filho – pois me dei ao trabalho de contar para eles o que havia acontecido em relação a minha correspondência.

Os jesuítas me afastaram por seis meses, aparentemente para me dar tempo de fazer um curso intensivo de latim, mas tenho certeza de que foi também para lhes dar a chance de olhar para este ingênuo jovem de 18 anos que apareceu do nada e batendo à porta. Após a minha admissão, a pessoa que supervisionou os meus dois primeiros anos na ordem, o mestre dos noviços, foi um homem notável, William Young. Ele tinha estudado teologia na Espanha, lido clássicos em Oxford e traduzido para o inglês seleções da correspondência de Inácio de Loyola e outras obras importantes relacionadas com a história jesuíta. Nesse último aspecto ele foi um pioneiro. Ele próprio aprendeu, e insistiu conosco, noviços, que aprender era um ideal da Companhia de Jesus, para o qual todos os membros deveriam lutar. Eu ainda não tinha 20 anos, felizmente suscetível a essa doutrinação.

Passei pela formação jesuíta, que incluiu três anos de ensino de história em uma escola secundária jesuíta em Chicago, uma experiência inestimável para mim ao tornar compreensíveis as questões complexas. A fase final da formação foi de quatro anos de teologia, que incluiu a ordenação sacerdotal. Durante essa fase eu tive vários professores maravilhosos. Na verdade, a visão geral da faculdade era, para os católicos nos Estados Unidos no final dos anos de 1950, notavelmente "progressista" e consciente do que estava acontecendo teologicamente na França e na Alemanha nas vésperas do Concílio Vaticano II.

A essa altura, não havia dúvida em minha mente ou na mente dos meus superiores de que eu faria um doutorado em História em uma universidade de minha escolha. Embora eu soubesse muito pouco sobre o século XVI e a Reforma, senti-me atraído por razões que indiquei anteriormente, mas agora também devido ao crescente interesse dos católicos pelo movimento ecumênico.

No meu último ano de formação como jesuíta parti para a Áustria, onde aperfeiçoaria o meu alemão. Porém, antes de deixar os Estados Unidos, eu visitei três universidades para as quais me candidataria ao meu programa de doutorado – Ohio State, Princeton e Harvard. Minha quarta e talvez melhor opção foi estudar na Universidade de Bonn com Hubert Jedin, o grande historiador do Concílio de Trento. Assim que cheguei à Europa, fui ver Jedin, que me recebeu amavelmente. Por isso, também me candidatei lá.

O ano na Áustria provou ser extremamente difícil para mim emocionalmente. Foi uma experiência de imersão total e um choque cultural em letras maiúsculas. Além disso, eu estava muitas vezes chateado para me distrair nessa pequena vila na Caríntia, onde os dez meses pareciam nunca terminar. No entanto, essa foi uma das grandes experiências transformadoras da minha vida, pois percebi profundamente que nenhum livro poderia me ensinar o quão difícil é enfatizar e entender uma cultura que não é a nossa, sejam essas culturas do século XVI ou do século XX.

Fui aceito nas escolas para as quais me candidatei. Uma vez que estava interessado na história da Igreja, o lugar lógico para mim era Bonn, o mais ilógico Harvard, que é, claro, aonde eu decidi ir. Por mais infundada que tenha sido a minha decisão de entrar nos jesuítas, ela acabou por ser, como a do jesuíta, inspirada.

Mesmo nessa fase inicial eu tinha um objetivo meio formulado de integrar minha história da Igreja na história secular, e estou certo de que em algum nível esse objetivo influenciou minha escolha de Harvard. Com o passar dos anos, a integração da história religiosa com a história cultural se tornou cada vez mais importante para mim e guiou meu estudo no mais profundo nível.

Mas primeiro tive de ir da Áustria para Cambridge, Massachusetts. O único outro americano que conheci na Áustria me convenceu a viajar com ele para a Itália durante uma semana, pelo caminho de casa – Veneza, Verona, Florença e Roma. Eu resisti. Eu não queria ir. Eu não tinha qualquer interesse na Itália, e a única palavra de italiano que eu conhecia era "pizza". Finalmente, desesperado para acabar com a insistência do meu amigo, concordei em fazer a viagem.

Chegamos a Veneza em um dia glorioso em julho. Eu não conseguia acreditar nos meus olhos – a completa beleza física da arquitetura e das pessoas. Depois a comida! Veneza era emocionante de uma maneira que nenhuma outra cidade que eu tinha visitado. Depois Verona, e depois Florença, onde chegamos ao meio-dia. Naquela tarde eu me aventurei a sair sozinho e caminhei em direção à catedral. Nunca esquecerei o momento em que meu olho avistou o Campanário de Giotto. Tirou-me o fôlego.

Às vezes acontecia comigo, e eu gostava disso. Enquanto isso, naquela tarde, continuei andando pelas *gelaterie*, onde as ofertas de sorvete eram inteligentemente exibidas para tentar os fracos. O desejo brotou dentro de mim. Mas eu não sabia nada de italiano. Então me lembrei: a sorte favorece os corajosos. Entrei em uma, apontei, peguei duas bolas, consegui pagar e fui para o sol.

Enquanto lambia o meu cone de sorvete, disse para mim: "Este é um bom país". Então, como um relâmpago do céu, a fatídica pergunta me ocorreu: Por que você não entra na história italiana? *Sim, por que não?* Foi a resposta fatídica à pergunta fatídica. E assim aconteceu. Coloco as coisas assim: Lutero teve a experiência da torre; eu tive a experiência da *gelateria*.

Em Harvard conheci Myron Gilmore, meu orientador acadêmico, que por acaso também era um admirador dos italianos. Eu também conheci Heiko Oberman, e no meu primeiro semestre me inscrevi no seu seminário sobre nominalismo medieval tardio. Oberman, jovem, animado, determinado a provar a si mesmo e a testar cada aluno na fornalha ardente de sua dura crítica holandesa, moldou-me como nenhum professor até aquele momento. Aprendi de uma nova (às vezes dolorosa) maneira o que era a evidência, como não ir além dela, como era importante examinar as pressuposições de alguém e descartá-las quando a evidência as provava infundadas. O sofrimento unia os estudantes no seminário e fiz amizades que perduraram ao longo dos anos. Felizmente eu tinha uma boa formação em escolástica medieval, e meu latim era fluente, então consegui me manter.

O segundo semestre foi desafiador de uma maneira diferente no seminário de Gilmore, sobre Maquiavel, que eu não tive escolha a não ser fazer. Apenas quatro estudantes, nenhum lugar para se esconder, e eu não sabia nada sobre Renascimento ou humanismo, e obviamente nada sobre Maquiavel, exceto que ele era um cara mau. Durante três meses e meio, todas as segundas-feiras à noite, eu colava um sorriso entendedor no meu rosto para tentar esconder que eu não tinha absolutamente nenhuma ideia do que eles estavam falando.

De alguma forma eu consegui passar, terminei o ano e depois fui para a preparação do exame geral que deveria ser realizado no final do ano seguinte. Nessa preparação, Giles Constable, o distinto medievalista, desempenhou um papel importante como um de meus mentores, e ainda fico maravilhado com o quão generoso ele foi ao colocar seu tempo à minha disposição.

Enquanto isso, meus pensamentos se voltaram para um tópico de dissertação. Myron sugeriu Egídio de Viterbo, de quem, é claro, eu nunca tinha ouvido falar antes. Eu colei aquele velho e fiel sorriso no meu rosto e disse que parecia uma boa ideia. Um dia notei um cartaz no escritório do departamento de história anunciando uma nova bolsa de estudo de pré-doutorado para pesquisa na Academia Americana em Roma. Parecia algo que valia a pena tentar, porque eu tinha descoberto que a maioria dos manuscritos de Egídio estavam em Roma. Então, mais uma vez, tendo-o como referência, escrevi ao Myron Gilmore. Algumas semanas depois, Myron me abordou: "John, você se inscreveu para uma bolsa de estudos na Academia Americana em Roma?"

"Sim."

"Você tem alguma ideia do que é a Academia Americana em Roma?"

"Não."

"É melhor você marcar uma hora para conversar comigo."

Eu consegui a bolsa de estudos, o que me levou a dois dos anos mais felizes e formativos da minha vida. Acadêmicos ilustres, convidados da academia, regularmente se juntavam a nós à mesa. Foi estimulante e divertido. Foi uma experiência tão transformadora em uma nota feliz quanto meu ano na Áustria foi transformador em uma experiência dolorosa. E um bônus acrescentado foi que Myron e Sheila Gilmore, de quem eu tinha gostado muito, estavam em Roma durante o meu primeiro ano.

A academia tinha um forte componente de história da arte. Nunca na minha vida eu tinha feito um curso de história da arte, mas nas conversas à mesa comecei a ter uma educação de história da arte de primeira qualidade. O meu apetite foi aguçado e entusiasmado por ter tantas obras-primas a apenas algumas centenas de metros de distância. Eu estava viciado, mas obviamente nunca esperei ter qualquer relação profissional com a área.

Ó dias felizes! Ó meses deliciosos! Ó anos doces! No entanto, *havia* uma pequena nuvem no horizonte – a dissertação. Praticamente nada do grande *corpus* de Egídio tinha sido impresso. Então, sem qualquer treinamento em paleografia, eu estava preso tentando decifrar seus manuscritos. O meu coração afundou quando vi o primeiro, cerca de 650 páginas. Nesse dia, consegui aproximadamente meia página. Tornei-me mais proficiente com a prática, mas depois percebi que não conseguia entender muito bem o que eu havia decifrado. Isso acontecia dia após dia sombrio, mês após mês, cada vez mais desesperado.

Um dia esbarrei com Myron na academia. Depois de alguns momentos agradáveis, ele fez a pergunta que eu temia: "Como vai a dissertação?" Eu não suportaria lhe contar as profundezas do meu desespero.

"Tudo bem", eu menti.

"Ó, estou tão aliviado por ouvir isso", respondeu ele. "Eu estava um pouco preocupado. Um aluno do Sr. Isaiah Berlin tentou escrever uma dissertação sobre Egídio. Ele teve um terrível colapso nervoso."

Bom, a boa notícia era que eu sabia para onde estava indo. Mas pouco a pouco as coisas melhoraram, e em março do meu segundo ano consegui entregar um rascunho para Gilmore, que enquanto isso tinha se tornado diretor do Villa I Tatti, o Centro de Estudos Renascentistas Italianos de Harvard, na antiga casa de Bernard Berenson, fora de Florença. Myron gostou da dissertação, e foi isso. As coisas eram simples em Harvard naquela época, e eu não tinha de enfrentar um comitê.

Preciso mencionar que, enquanto eu estava na academia, o Concílio Vaticano II estava em sessão a menos de uma milha de distância. Por intermédio da academia eu tive ingressos para duas das grandes sessões públicas, e por alguns contatos de clérigos eu consegui entrar em algumas das sessões de imprensa que aconteciam todas as tardes. Eu estava, naturalmente, muito interessado no concílio porque eu era sacerdote e sabia que as decisões do concílio provavelmente iriam afetar esse lado da minha vida.

Eu também tinha um interesse mais específico e profissional nisso. Meu trabalho sobre Egídio se concentrou em suas atividades como reformador da Ordem Agostiniana quando ele era prior-geral, 1506-1518. O concílio tinha tomado *aggiornamento* (atualização) como um de seus lemas, e eu entendia *aggiornamento* como uma palavra suave para reforma. O concílio me forneceu uma boa folha para entender aspectos do século XVI, e o século XVI me forneceu uma folha para entender as coisas que estavam acontecendo no concílio. O que eu estava aprendendo era que tudo é aproveitável para a fábrica dos historiadores, incluindo suas experiências pessoais e os eventos pelos quais eles passam.

Isso foi empolgante e estimulante, mas eu não sonhava com o fato de que em poucos anos começaria a escrever profissionalmente sobre o concílio ou que continuaria a fazê-lo pelos próximos 35 anos. Verdade seja dita, agora mesmo estou tentando escrever um livro sobre o concílio. Naturalmente, desde o início do meu doutorado eu queria contribuir para o saber, mas também esperava ser capaz de trazer esse conhecimento para as questões contemporâneas.

De uma forma ou de outra eu nunca consegui abalar uma preocupação com a pergunta "e daí?", um traço que herdei do meu pai. O meu interesse pelo concílio me proporcionou a minha primeira oportunidade de publicar nessa linha, o que, de maneira modesta, tenho sido capaz de fazer desde então, sobre vários temas, tanto nos meios profissionais como nos mais populares.

Quando meu tempo na academia terminou, o meu superior nos jesuítas me designou para a Universidade de Detroit. Eu nunca tinha estado lá antes e, logo que cheguei, detestei o lugar. Fui resgatado. Heiko Oberman pediu para ler a minha dissertação. Ele me convidou para publicá-la em uma nova série que ele estava organizando pela Editora Brill. Fiquei encantado e honrado. No entanto, senti que a dissertação tinha sido feita com muita pressa e que eu precisava de tempo para verificá-la e revisá-la. Meu reitor, não tão impressionado com o convite de Oberman quanto eu, disse que a universidade não tinha provisões para uma licença e, além disso, não tinha dinheiro para uma... mas talvez em três ou quatro anos as coisas pudessem mudar. Esse pronunciamento nada fez para aquecer os meus sentimentos para com ele ou para com a instituição pela qual ele falou.

Escrevi a Myron contando-lhe o que tinha acontecido e perguntei se, possivelmente daqui a três ou quatro anos, ele achava que o meu projeto poderia ser adequado para o I Tatti. Tentei deixar claro que estava falando de um futuro hipotético. Gilmore – bendito seja! – pensou que eu estava pedindo para o ano seguinte e respondeu que, sim, ele tinha uma bolsa para mim. (Como eu mencionei, as coisas eram mais simples naquela época!) Na mesma manhã em que recebi a carta, anunciei ao reitor e disse a ele, em termos inequívocos, que estava aceitando. Milagrosamente, ele conseguiu arranjar de imediato uma licença da universidade. Eu estava no meu caminho.

Os dois anos que passei no I Tatti foram a cereja do bolo. Mais conversas maravilhosas com estudiosos de alto nível, muitos dos quais, evidentemente, eram historiadores de arte, cercados como nós estávamos todos os dias com a maravilhosa coleção de arte de Berenson. Mais importante, os anos chegaram no momento certo da minha carreira – minha dissertação terminou, um ano de distância que proporcionou afastamento e mudança de ritmo, depois voltei a ela antes que ficasse obsoleta, e finalmente tempo para começar a avançar em outros projetos. De volta para a Universidade de Detroit. Pouco depois que voltei para lá, meu livro sobre Egídio foi publicado. Durante a minha ausência tinham ocorrido os motins raciais, e grande parte da cidade estava em desordem – uma tragédia da qual Detroit nunca se recuperou.

Algo mais tinha acontecido enquanto eu estava fora. Apesar da tragédia na cidade, o ambiente na universidade e na comunidade jesuíta tinha mudado para melhor com um novo presidente. Além disso, vários dos meus contemporâneos jesuítas, recém-chegados de PhDs de alto nível, tinham chegado ao local. Era um lugar muito mais feliz, mais estimulante, e eu uma pessoa muito mais feliz.

Por algum processo que eu não me lembro, eu conheci Tom Tentler, o autor de *Sin and Confession on the Eve of Reformation* [Pecado e confissão na véspera da Reforma] e Charles Trinkaus, o autor de *In Our Image and Likeness* [A nossa imagem e semelhança], ambos estavam lecionando em Ann Arbor. Charles me convidou para fornecer um artigo para uma conferência que ele estava organizando sobre religião no Renascimento e no final da Idade Média. Eu prontamente aceitei e só mais tarde percebi que não tinha a mínima ideia para um tópico, já que eu não podia simplesmente reintroduzir Egídio. Passei o verão antes da conferência em Roma trabalhando desesperadamente na Biblioteca do Vaticano, tentando encontrar material sobre algum novo tópico que me levasse além de Egídio.

Passei três ou quatro semanas frustrantes, correndo por todos os tipos de materiais, que por acaso incluíam alguns sermões pregados antes dos papas na Capela Sistina. Eu não prestei atenção neles – afinal, a pregação era um assunto monótono. Eu estava, entretanto, ficando fora de mim e pensando em me retirar da conferência. Então, um dia eu parei acabado no meu caminho. Espere um minuto! Aqueles sermões! Eles eram completamente diferentes do que eu tinha sido levado a acreditar que a pregação era nesse período antes da Reforma. Não eram nem os sermões escolásticos bem-organizados e cerebrais, cheios de citações de Aristóteles e outras fontes eruditas, nem os sermões populares ou penitenciais, aqueles sacos de histórias milagrosas e apelos de longa data à conversão e à penitência. Esses sermões eram peças curtas e inspiradoras redigidas em elegante porém facilmente compreensível latim. Durante o tempo que me restava em Roma, localizei cerca de 50 deles em papel, e praticamente todos eles estavam em conformidade com esse padrão.

Paul Oskar Kristeller participou da conferência da qual eu forneci o meu trabalho, e me encorajou a prosseguir com o tema, mas desta vez prestando tanta atenção à forma retórica dos sermões quanto ao conteúdo deles. Eu não tinha interesse em fazer mais nada com os sermões, muito menos mergulhar no assunto esotérico (para mim) da retórica. No entanto, Helen North, professor de clássicos em Swarthmore, grande amigo da academia e especialista em história da retórica clássica, pouco a pouco me despertou interesse pelo assunto.

Assim, eu estava preparado quando três anos depois, na Biblioteca do Vaticano, cruzei por acidente com uma passagem – um aparte, na verdade – em um tratado renascentista sobre epistolografia, descrevendo os sermões da Capela Sistina e o estilo de retórica que os moldou. *Eureca*! De repente eu vi como os sermões foram colocados juntos e porque em seus objetivos, tom, vocabulário e em sua mensagem espiritual edificante eles eram tão diferentes dos sermões medievais. Foi a forma retórica que fez isso. A forma enquadrava e afetava tudo neles.

Imediatamente deixei de lado o projeto em que eu estava trabalhando e me propus a trabalhar em um livro que foi publicado com o título de *Praise and Blame in Renaissance Rome* [Louvor e culpa na Roma renascentista]. O livro me levou para um período em que escrever sobre retórica e pregação era o que especialmente me ocupava, mas algo mais profundo tinha acontecido comigo, que só aumentou com o passar dos anos. Trabalhar no livro me fez perceber de uma nova maneira que, ao entender textos, discursos e pessoas, é preciso prestar tanta atenção à forma e ao estilo quanto a qualquer outra coisa. Percebi que o estilo, mais profunda e experimentalmente, não é um mero ornamento do pensar, mas uma expressão de significado. Ambos manifestam sistemas de valores profundos e ajudam a formá-los. Essa é, de fato, uma premissa básica do meu recente *Four Cultures of the West* [Quatro culturas do Ocidente].

No momento em que eu estava trabalhando em *Praise and Blame* [Prazer e culpa], John Padberg, um jesuíta amigo meu, tornou-se presidente da Weston School of Theology em Cambridge, Massachusetts, cujo objetivo era dar formação básica e avançada em teologia a jesuítas e a quaisquer outros interessados no serviço da Igreja ou em carreiras teológicas. No início, resisti às lisonjas de John, mas gradualmente fui me atraindo mais pela ideia, e finalmente pedi permissão para ir a Weston. Foi outra decisão feliz, como testemunha o fato de eu ter permanecido na Faculdade de Weston de 1979 até 2006.

Assim como meu livro sobre Egídio, *Praise and Blame* [Prazer e culpa] chamou a atenção de alguns historiadores da arte renascentista porque forneceu um contexto teológico para as suas pesquisas. A certa altura, Leo Steinberg iniciou comigo uma correspondência sobre os sermões pregados na Capela Sistina no dia 1º de janeiro, a Festa da Circuncisão de Cristo. Um número razoável desses sermões sobreviveu, e eu tentei responder às perguntas de Leo da melhor maneira possível. Pouco tempo depois, recebi um convite da Universidade Columbia para atuar como respondente em uma palestra de Steinberg, intitulada "A sexualidade de Cristo na arte renascentista e no esquecimento moderno". A sexualidade de Cristo! Eu queria comentar publicamente sobre "a sexualidade de Cristo"?

A curiosidade superou a covardia. O que acabou por acontecer foi que gostei da palestra de Steinberg e lhe dei dois polegares para cima. Quando Steinberg mais tarde publicou um livro sobre o assunto, os meus comentários foram incluídos como pós-escritos. As revisões do livro foram misturadas, com publicações católicas geralmente favoráveis, mas com outras por vezes mais reservadas ou mesmo negativas. Para mim, tenho orgulho do meu pequeno pós-escrito, que algumas pessoas dizem ter servido como *nihil obstat* ou *imprimatur* para Steinberg.

Enquanto isso, John Shearman, o grande especialista em Raphael, tornou-se presidente do departamento de belas-artes em Harvard, e logo estabelecemos uma amizade. Assim, me vi cada vez mais atraído pelo círculo dos historiadores da arte. Eu gostava de estar lá.

Quando comecei meu doutorado, tive uma vaga ideia de um dia escrever sobre a história inicial dos jesuítas, mas nunca cheguei a fazê-lo. Assim que cheguei a Weston recebi um convite para participar de um seminário contínuo e interno que os jesuítas estavam realizando para si mesmos sobre sua história e espiritualidade. Eu aceitei o convite. Naquele exato momento, a Companhia de Jesus experimentava uma grave crise e sem precedentes. Pedro Arrupe, o amado superior-geral da ordem, teve um derrame, e logo ficou evidente que, embora ele sobrevivesse, nunca mais seria capaz de voltar à sua posição.

Os jesuítas têm, desde o início da ordem, disposições claras para tal emergência: um vigário está sempre a postos para agir quando necessário para iniciar os procedimentos para a eleição de um novo superior-geral. Nesse caso, o vigário foi o Padre Vincent O'Keefe, um jesuíta americano, amigo meu e colaborador próximo do Padre Arrupe.

De repente, no entanto, o Papa João Paulo II interveio. Sem avisar, ele colocou de lado o Padre O'Keefe e nomeou o seu próprio vigário para administrar os assuntos da Companhia em um futuro indefinido. A intervenção foi, obviamente, um ato de profunda desconfiança em relação à Companhia. Foi um choque terrível para nós e nos deixou pensando, "e agora?"

Em várias reuniões do seminário, a intervenção papal dominou as nossas conversas. Devemos publicar algo sobre a matéria? Em caso afirmativo, o quê? Uma pergunta continuava a voltar: O que, nessa situação, é a importância do nosso chamado quarto voto? Além dos habituais três votos de pobreza, castidade e obediência, os jesuítas têm outro, que é o de obedecer ao papa "a respeito de missões".

O seminário deveria analisar esse voto e dizer algo sobre sua relevância – ou sua irrelevância – na presente crise? Infelizmente, todos os olhos do seminário estavam voltados para mim.

Com considerável relutância, concordei em tentar alguma coisa. Assim que comecei a pesquisa, fiquei atordoado com o pouco que tinha sido escrito sobre o assunto e como a maior parte da conversa sobre o voto tinha sido descuidada. Trabalhei muito e pude mostrar que o voto era essencialmente um voto de estar de plantão como missionários e, como tal, não tinha nada a ver com a presente crise.

Graças a administração prudente do Padre Paolo Dezza, o jesuíta que o papa nomeou seu vigário no lugar de Vincent O'Keefe, a sociedade conseguiu, em dois anos, retomar os seus procedimentos normais. João Paulo II aparentemente esperava uma rebelião em massa por parte dos jesuítas e, quando isso não aconteceu, percebeu que tinha interpretado mal a situação. Em 1983 eu fui eleito para a reunião que elegeu o novo superior-geral, Peter Hans Kolvenbach. Mais importante para a minha vida de aprendizagem foi o trabalho no seminário, que me levou às fontes jesuíticas de uma maneira intensa, urgente, porém profissional, e que acabou sendo a porta de entrada que me levou a passar a próxima década trabalhando em grande parte em questões jesuíticas.

Entretanto, mais ou menos ao mesmo tempo, James McConica e Ronald Schoeffel, que tinha recentemente lançado com a Universidade de Toronto Press o projeto de traduzir para o inglês as obras de Erasmo, entrou em contato comigo e me pediu ajuda. Myron Gilmore era um grande admirador de Erasmo, e ele despertou o mesmo interesse em mim. Eu tinha e ainda tenho uma impressão grande do retrato de Holbein de Erasmo pendurado no meu escritório. Aceitei prontamente o convite, apresentei algumas probabilidades e objetivos relacionados com a coleção, e acabei editando três volumes, o que só aumentou a minha admiração pelo "príncipe dos humanistas". Encontrei em Erasmo uma alma afim.

Enquanto eu trabalhava em Erasmo e me envolvia com a história dos jesuítas, percebi que 1990-1991 marcaria dois grandes aniversários para a Companhia de Jesus – os 500 anos do nascimento de Inácio de Loyola em 1491 (pensamos!) e os 450 anos da fundação oficial da Companhia em 1540. Eu queria contribuir com algo para a celebração. Depois de vários começos falsos, concebi a ideia de escrever uma espécie de "livro básico" sobre os primeiros anos dos jesuítas. Durante anos fiquei incomodado com o quão despropositada era a maioria dos relatos, seja de amigos ou inimigos, e como eles localizavam a história em enquadramentos enganosos.

Os aniversários vieram e foram sem que o meu livro visse a luz do dia. O projeto era, obviamente, maior e mais complicado do que eu esperava, e muitas vezes me senti sobrecarregado por ele. Ah, eu! Parecia que os jesuítas estavam envolvidos em tudo, e eu tive de tentar estudar assuntos sobre os quais eu não sabia nada – e em alguns sobre os quais ninguém parecia saber nada. Escrever esse livro foi uma experiência muito diferente de escrever *Praise and Blame* [Prazer e culpa]. Eu tinha um contrato com Harvard, mas prazo após prazo passou. Em um dia o pânico; no dia seguinte o desespero; no dia seguinte a exaltação; no dia seguinte o bloqueio de escritor. Então o ciclo se repetia. Parece familiar?

A moral da história: aguente e tente escrever algo todos os dias, por mais banal ou estúpido que você pense que possa parecer. Quando você voltar no dia seguinte, poderá salvar um parágrafo ou dois, e, assim, agonizando parágrafo por parágrafo, o livro será escrito. *The First Jesuits* [Os primeiros jesuítas] foi finalmente publicado em 1993, e foi indo bem com os críticos e até na bilheteria.

Eu estava feliz, mas fiz um forte juramento, repetido várias vezes a qualquer pessoa que me ouvisse, que eu nunca, nunca, nunca, nunca mais – não, nunca! – iria escrever outro livro. Por que eu voltaria a passar por tanta agonia e angústia? O juramento não funcionou. Desde *The First Jesuits* eu tenho editado volumes e produzido mais monografias. O Padre Young, meu mestre de noviços, costumava nos dizer que,

209

uma vez que você tem tinta de impressora nos dedos, nunca mais consegue tirá-la. Como ele estava certo!

Em 2000 eu publiquei *Trent and All That* [Trento e tudo o mais], um livro sobre o que chamar de lado católico dos séculos XVI e XVII: Contrarreforma, Reforma Católica ou o quê? É um livro honesto, na medida em que se desenvolveu a partir de uma série de dilemas da vida real nos quais eu me vi envolvido – por exemplo, em uma comissão para decidir quais entradas sugerir do lado católico para a Enciclopédia Oxford da Reforma.

Eu comecei a ver como Whitehead estava certo quando ele disse que os nomes são a maior parte do assunto, porque são definições abreviadas deste. Suponho que o que estava realmente tentando fazer com *Trent and All That* era agitar um pouco as coisas, nos fazer perceber alguma sabedoria recebida – ou talvez clichês – e então questionar alguns padrões convencionais de lidar com o catolicismo do século XVI. Para dar um exemplo simples mas revelador, por que os jesuítas só aparecem no programa de estudos depois de todas aulas sobre a Reforma? É legal, mas está certo dizer que os jesuítas são significativos apenas na medida em que se relacionam com a Reforma?

Em 2005 eu publiquei *Four Cultures of the West* [Quatro culturas do Ocidente]. Fui convencido a escrevê-lo pelo meu editor em Harvard depois de uma menção casual que fiz sobre as culturas em um almoço que tivemos juntos. Provavelmente ninguém nesta sala está mais desconfiado do que eu de narrativas tão grandiosas; e certamente esse tipo de livro é tão antiquado na academia de hoje quanto é possível ser. Ainda assim, estou contente por tê-lo escrito; com ele tentei tornar o conhecimento histórico relevante para além dos historiadores profissionais e, também, comunicar o que se tornou um dos temas contínuos da minha vida de aprendizagem: estilo e conteúdo não podem ser separados. Não conseguimos compreender o conteúdo em seu nível mais profundo se deixarmos de levar o estilo em consideração.

* * *

Ao olhar para trás, várias coisas me impressionam sobre a minha vida de aprendizado. A primeira é o aspecto purificador ou transformador do processo de aprendizagem. Quando terminei a dissertação, disse a mim mesmo: "você nunca mais será o mesmo". Agora eu sabia o que era conhecer algo que tinha me levado à extremidade onde ninguém tinha estado antes. Ah, sim, uma extremidade extremamente fina; mas, mesmo assim, eu estava sozinho lá. O que eu disse naquele degrau não foi um ato de fé no que os outros disseram, mas sim uma afirmação do que eu mesmo havia descoberto e que agora exponho ao mundo como minha posição. Senti que, de uma nova maneira, eu sabia o que era saber. O processo de chegar lá havia testado a minha alma e, creio, purificou-a, fazendo-me reexaminar constantemente as minhas suposições, até mesmo meus valores, e me fazendo passar pelo doloroso processo da reavaliação. Remodelou-me, forçando-me a uma disciplina física e psicológica que até então eu não tinha conhecido a tal ponto.

Eu tenho de discordar de São Paulo. O conhecimento, disse ele, ensoberbece. Essa não é a minha experiência. A dissertação me revelou o quão pouco eu sabia e o quanto eu não sabia – e nunca saberia. No processo da escrita, logo percebi que precisava me humilhar para fazer a grandes estudiosos o que eu sabia serem perguntas ingênuas. As perguntas eram ingênuas porque eu não sabia o suficiente para fazer qualquer outro tipo de pergunta. Logo percebi que a boa erudição forçosamente leva os estudiosos a territórios desconhecidos, nos quais eles entram, se tiverem alguma noção, com medo, tremor e com o pressentimento seguro de que logo terão de gritar desesperadamente por ajuda. Não chegamos a lugar algum no conhecimento sem o outro.

Por que eu – ou agora deixe-me dizer, por que *nós* aguentamos? A resposta curta é: porque, apesar dos custos, nós gostamos disso. Aprender é divertido. Como é dito frequentemente, é ótimo ser pago para perseguir o seu *hobby*. Mas há algo mais envolvido nisso do que o trinado de "eureka!" Para nós, historiadores, há a satisfação de ter um vislumbre de como o mundo que conhecemos ficou do jeito que é. E depois há a satisfação de ajudar os outros a terem um vislumbre de como chegamos a ser o que somos.

Este último é um aspecto de nossa vida de aprendizagem que até este momento não mencionei; no entanto, para a maioria de nós é o que ocupa a maior parte de nosso tempo e de nossa energia e que talvez nos dê mais satisfação. Refiro-me a ensinar. Na sala de aula e fora dela vemos os alunos se iluminando, e nós nos iluminamos com eles. A experiência satisfaz as nossas almas. O ensino, nós percebemos, é mais amplo do que o assunto que ensinamos e mais significativo do que o fornecimento de compreensão intelectual. Quando entramos na sala de aula, percebemos que estamos lidando com mentes e corações, por vezes com neuroses e psicoses, mas sempre com seres humanos que estão à nossa frente porque acreditam que temos algo para lhes dar... e talvez algo mais do que uma nota de aprovação.

A nossa primeira tarefa, naturalmente, é ensinar a disciplina, que dia a dia é bastante depreciada, como, por exemplo, de que maneira aconteceu o Massacre da Noite de São Bartolomeu ou o que há de especial nos sonetos de Shakespeare. Isso é extremamente importante, mas sabemos por estudo após estudo que não é isso que a maioria dos alunos se lembrará, mesmo seis meses depois.

Há, portanto, algo mais profundo e maior que tentamos comunicar, que é certamente diferente especificamente para cada disciplina. Em quase todos os casos, porém, tudo se resume a algo como ser capaz de reconhecer evidências, de aprender métodos para organizá-las e testá-las e de adquirir habilidades semelhantes que são pertinentes além do curso e até mesmo além da sala de aula.

Estamos tentando transmitir habilidades úteis e, além disso, despertar pequenas transformações mentais ou mesmo espirituais que durarão por toda a vida e tornarão as vidas dos estudantes mais satisfatórias.

Há mais. Sabemos que *nós* estamos na sala de aula de maneira ainda mais impressionante do que a nossa disciplina. Os alunos provavelmente se lembrarão de nós, professores, por mais tempo e com mais nitidez do que da disciplina; e podemos ter um impacto mais profundo sobre eles. A minha ladainha daqueles de quem me lembro especialmente vai, em sua forma mais severamente abreviada, em algo assim: Myron Gilmore, Heiko Oberman, Giles Constable, Paul Oskar Kristeller, Helen North, Padre Young, Senhorita Funari, Senhor Kerr.

Os alunos veem em *nós* o que a disciplina significa no plano humano e, de fato, que efeito uma vida de aprendizado teve sobre nós como seres humanos. Em poucos minutos eles descobrem o nosso estilo – justo, amável, honesto, altruisticamente preocupado com o bem dos estudantes –, algo assim, esperamos.

O meu ponto de vista: a nossa vida de aprendizagem, quando levada em toda a sua amplitude, é uma vida que nos conduz para além do aprendizado e, na verdade, para além de nós mesmos. Leva-nos a corações, mentes e almas. É uma vocação à qual vale a pena dedicar a própria vida.

Agradecimentos

Tenho certamente uma dívida de gratidão ao compilar esta coleção de artigos. Sou especialmente grato à minha editora da Rowman & Littlefield, Sarah Stanton, que me guiou habilmente pelo processo de publicação. Também sou grato às almas generosas que vieram em meu auxílio em momentos de desespero da mídia eletrônica e me livraram do que me pareciam problemas insolúveis. Entre eles, destacam-se Joshua Cansona, Nelise Jeffrey e Alan Mitchell.

Devo também agradecer aos editores que generosamente permitiram a republicação dos artigos ou capítulos que originalmente apareceram em seus jornais ou livros. Listo os textos na ordem em que aparecem neste livro:

1) The Millennium and the Papalization of Catholicism. *America*, 08/04/2000, p. 8-16.

2) Papal Job Descriptions: Yesterday and Today. *Theology Digest*, 54, 2010, p. 103-116.

3) Cardinals in Conclave: A Troubled History. *America*, 18/04/2005, p. 23-27.

4) Reform of the Roman Curia: Historical and Theological Perspectives. *Il Regno*, 58, 15/09/2013, p. 482-484.

5) The Beatification of Pope Pius IX. *America*, 26/08-02/09/2000, p. 6-11.

6) "Two Popes: Benedict and Francis". In: *History of the Popes*. Bruxelas: Lessius, 2016.

7) The Council of Trent: Myths, Misunderstandings, and Unintended Consequences. *Gregoriana*, 4, 12/03/2013, p. 3-19.

8) Bishops and Theologians at the Council of Trent: A Lesson for Today. *America*, 31/11/2011, p. 11-13.

9) The Council of Trent and Michelangelo's Last Judgment (1541). *Proceedings of the American Philosophical Society*, 156, 2012, p. 388-397.

10) Ten Sure-Fire Ways to Mix Up the Teaching of Vatican II. *America*, 04/02/2003, p. 25-27.

11) What Happened and Did Not Happen at Vatican II. *Theology Digest*, 53, 2006, p. 331-344.

12) Dialog and the Identity of Vatican II. *Origins*, 42, 22/11/2012, p. 398-403.

13) "Two Councils Compared: Trent and Vatican II". In: FRANÇOIS, W. & SOEN, V. *The Council of Trent*: Reform and Controversy in Europe and Beyond. 3 vols. Göttingen, 2018.

14) Some Basics about Celibacy. *America*, 28/10/2002, p. 7-11.

15) Were Medieval Universities Catholic? *America*, 24/09/2012, p. 27-29.

16) Excommunicating Politicians. *America*, 27/09/2004, p. 7-11.

17) "One Priesthood, Two Traditions". In: *A Concert of Charisms*: Ordained Ministry in Religious Life. Nova York: Paulist, 1997, p. 9-24.

Epílogo: My Life of Learning. *Catholic Historical Review*, 93, 2007, p. 576-588.

Índice

A imitação de Cristo (Kempis) 90
Acomodação 193
Acta Ecclesiae Mediolanensis 190
Aggiornamento 116, 119
Agostinho de Cantuária (santo) 26
Agostinho (santo) 95
Albrecht V (duque da Baviera) 86, 87, 167
Alexandre III (papa) 42
Ambrósio (santo) 39, 95, 174, 175
Anais eclesiásticos (Baronio) 89
Antonelli, Giacomo (cardeal) 59
Apelos aos direitos humanos 37
Aretino, Pietro 100
Aristóteles 24, 134
Asserção 130-132
Atenas, cultura 133
Aubert, Roger (cônego) 56

Baronio, Cesare (cardeal) 89
Basílio (santo) 25
Baumgartner, Sigismund 86-87, 167
Beneditinos 191-192
Bento VIII (papa) 29
Bento X (papa) 41
Bento XV (papa) 37
Bento XVI (papa)
   e muçulmanos 38, 66
   eleição de 61
   esforços na construção de pontes 38
   no Vaticano II 111
   pano de fundo 61-66
   papado de 65-67
   relacionamento de João Paulo II com 61, 64
   renúncia de 67

Bergoglio, Jorge Mario; cf. Francisco
Bernardo (santo) 47
Bertano, Pietro (bispo) 85
Biaggio de Cesena 100
Bíblia, versões da 83-85
Bispos
   afetados pelas reformas 80, 187
   dos estratos sociais superiores 95
   nomeação de 20, 22, 33-35
   relações centro-periferia 120-122
   cf. tb. Concílio de Trento; Concílio Vaticano II
Bolonha; cf. Universidade de Bolonha
Bonifácio VIII (papa) 175
Borromeu, Frederico 182
Borromeu, Carlos (santo) 182, 190-191, 194
Bossy, John 190
Breviário 93
Buber, Martin 138

Canonização de santos 33, 52
Cânones 124, 125
   do Concílio de Elvira 163
   do Concílio de Trento 149-151, 167, 180
   do I Concílio do Latrão 181
   não emitidos pelo Vaticano II 125, 150
   sobre o celibato 167
Capela Sistina 134
   cf. tb. Juízo final
Cardeais bispos
   colegialidade dos 50
   comissão de cardeais 48
   decreto estabelecendo 46
   papel nos conclaves 41-44
   cf. tb. Conclaves; Cúria Romana; Vaticano II

Carlos V (imperador) 147

Casamento dos padres; cf. Celibato

Casamento, sacerdotes como testemunhas de 79, 81

Cassiano, João 181

Castidade 160, 161, 180, 184

Catarina de Médici (rainha) 102

Catolicismo moderno primitivo 11

Cavour, Camillo 176-177

CDF; cf. Congregação para a Doutrina da Fé

Celibato
ataques da Reforma ao 167
definições 159-161
história do 161-163
movimento da Reforma Gregoriana e 164-166
resposta de Trento sobre o 86-88, 166-168
sacerdotes legitimamente casados 161
Vaticano II não considerando mudanças no 168
cf. tb. Castidade; Continência

Christus Dominus (Decreto sobre o múnus pastoral dos bispos) 121-122, 151, 183, 185

Cipriano (santo) 32

Clemente VII (papa) 99, 176

Clero diocesano; cf. Sacerdócio

Código de Direito Canônico 33

Colegialidade 50, 119-122, 127
cf. tb. Diálogo

Colóquio; cf. Diálogo

Comissão de cardeais 48

Companhia de Jesus; cf. Jesuítas

Comparação entre os concílios (Trento e Vaticano II)
conflito entre teólogos e bispos 95-97
diferenças na agenda 148-150
diferentes participações 146-148
discursos diferentes 150-152
locais diferentes 146-147
reconciliação como objetivo 153
resolução das questões episcopais/papais como objetivo/resposta à crise/mudança/reforma da Cúria Romana como meta 154-156
visão geral 145-146, 155-156

Comunicação, velocidade da 10

Concílio de Basileia 33, 47, 146, 154

Concílio de Constança 32, 42, 47, 124, 146, 154

Concílio de Elvira 163

Concílio de Niceia 10, 24, 123, 124, 150, 165

Concílio de Sens 102, 103, 105

Concílio de Trento
agenda do 149
ameaça turca durante o 30
cânones 167
conformidade paroquial e 186-189
consequências indesejadas 88-94
data de encerramento 104-105
decreto sobre imagens sacras e o juízo final 100-102, 103, 104-105
disciplina social e 189-192
discursos no 150-152
documentos do 78, 111
enfrentamento das crises 152
local 146
mal-entendidos sobre 83-88
mitos sobre o 78-83
natureza das controvérsias 77
pano de fundo 78-79
papado fortalecido pelo 20
participantes 147-149
queixas contra ordens religiosas 182
reforma da Cúria Romana 48, 154
tema da residência episcopal 154
tensão entre bispos e teólogos 96-98
cf. tb. Comparação entre os concílios (Trento e Vaticano II)

Concílios doutrinais e pastorais 108, 186-187

Concílios ecumênicos 23, 32-33, 123, 150

Conclaves
abusos dos 44
ajustes posteriores 44
de Bento XVI 61
de Francisco 67-69
eleição antecipada de papas comparada
com 39-41
localidades 43
momento das deliberações 42
papel dos governantes civis em 44
primeira instância de 43
reviravoltas históricas 41-43
sigilo de 39, 43
Congregação dos Ritos 93
Congregação para a Doutrina da Fé (CDF)
48, 63, 64, 155
Congregação para a Propagação da Fé 20
Consequências não intencionais [de Trento]
88-94, 179
Constantino (imperador)
Cristandade influenciada por 9-10, 24
Doação de Constantino 27
funções cívicas do clero e 25
cf. tb. Concílio de Niceia
Constantinopla 30
Constituição Dogmática sobre a Igreja;
cf. *Lumen Gentium*
Constituição Pastoral sobre a Igreja no
mundo moderno; cf. *Gaudium et Spes*
Constituição sobre a Divina Revelação (*Dei
Verbum*) 118
Constituição sobre a Sagrada Liturgia 114,
119, 121
Continência 160, 162-167
Contrarreforma 11
cf. tb. Concílio de Trento
Controvérsia das Investiduras 17, 34
cf. tb. Reforma Gregoriana
Convivium religiosum (Erasmo) 135
Cruzadas 30
Cultura grega 133, 134
Cúria Romana
colegialidade e 50, 51
conclusões sobre 49-50

origens 46-47
pontos de virada 46-49
reforma como assunto recorrente 46
reorganização da 31

Dâmaso (santo) 39
Daniel de Volterra 100
Declaração de missão das universidades 171
Declaração sobre a liberdade religiosa
(*Dignitatis Humanae*) 37, 118, 119
Decreto de 1059 41, 42
Decreto sobre a Formação Sacerdotal;
cf. *Optatam Totius*
Decreto sobre a Vida e o Ministério dos
Presbíteros; cf. *Presbyterorum Ordinis*
Decreto sobre o Ofício Pastoral dos Bispos;
cf. *Christus Dominus*
Decretos tridentinos 188-191
De Felici, Antonio 59
De Guise, Charles 102, 103, 104, 105
Dei Verbum; cf. Constituição sobre a
Revelação
De libero arbitrio (Erasmo) 130-131
Delumeau, Jean 190
De Maio, Romeo 100, 106
Desenvolvimento 116-118, 120
De servo arbitrio (Lutero) 130
Deus Caritas Est, encíclica 65
De vero falsoque bono (Valla) 135
Diáconos 160
Dialética 125
Diálogo
áreas para promoção 142
cultura de Atenas e 133-134
cultura do século XX e 136-139
definido 131-136
estilo renascentista e 134-136
exemplos 132
no Vaticano II 71-72, 138-144
relações e 138
validando *Ecclesiam Suam* 139
cf. tb. Colegialidade

Dignitatis Humanae; cf. Declaração sobre a liberdade religiosa

Discurso, estilos de 123-129, 130-134, 150-152
cf. tb. Diálogo

Doação de Constantino 27, 28

Doação de Pepino 26

Dogma, definições de 32

Dominicanos 185, 192

Dominus Jesus (declaração) 64

Doutrina da colegialidade 50

Draskovich, Georg 87

Duprat, Antoine 102

Educação como ministério formal 193

Egídio de Viterbo 181

Einsame Zwiesprache: Martin Buber und das Christentum (von Balthasar) 138

Elizabeth I (rainha) 176

Encíclicas
Deus Caritas Est 65
Ecclesiam Suam 139
emissão por parte dos papas 20, 22
ensinamento por meio de 35-36

Ensaio sobre o desenvolvimento da doutrina cristã (Newman) 117

Erasmo de Roterdã 84, 90, 130-131, 135, 136, 141, 172, 209

Escândalo de abuso sexual 64

Escolas como ministério formal 193

Escolasticismo 134, 136, 171

"Espírito" do Vaticano II 109, 128-129

Estados papais
doação de Pepino e 26-27
papas como governantes dos 26-27
tomada dos 36, 176

Estêvão I (papa) 32

Estêvão II (papa) 26

Eu e Tu (Buber) 138

Eugênio III (papa) 30, 33

Evangelhos 22, 88

Excomunhão de políticos
consequências indesejadas da 178-179

exemplos históricos 173-179
negação da comunhão 173

Experiência, ministérios originários de 192

Exsurge, Domine 35

Falsificações 27

Favre, Pierre 70

Feeney, Leonard (padre) 137

Ferdinando I (imperador) 86, 87, 147, 167

Filipe IV (rei) 175

Financiamento militar 30-31

França e o Concílio de Trento 102

Francisco de Assis (santo) 70, 192

Francisco (papa)
ajustes na eleição papal 45
colegialidade de 51
comissão de cardeais indicada por 49
eleição de 67-69
escolha do nome 70
imagem pública 70-73
influência do Vaticano II no diálogo 71-72
metáforas e expressões de 70-71
pano de fundo 68-70

Frederico II (imperador) 175

Frings, Joseph (cardeal) 62, 141

Gaudium et Spes (Constituição Pastoral sobre a Igreja no Mundo Moderno) 63, 127, 142, 154

Gendarmes pontifícios 31

Generalista/especialista, perspectiva 10

Gesellschaft, Görres 78

Governo pelo papado 31-35

Grande Cisma do Ocidente 42

Gregório IX (papa) 175

Gregório Magno (papa) 25-26

Gregório VII (papa) 27, 174, 175

Gregório VIII (papa) 30

Gregório X (papa) 43

Gregório XIV (papa) 44

Guerras santas 29

Guilhotina papal 31
Guitton, Jean 139

Henrique III (imperador) 41
Henrique IV (imperador) 174
Henrique VIII (rei) 176
Holocausto 138
Humanistas 90, 134-136
    cf. tb. Erasmo
Hus, Jan 124

Identidade e diálogo 140
Igreja Católica
    continuidade e mudança na 15-16, 38,
        88-89
    história complexa da 10
    interpretando a história da 16-18
    ocorrências *vs.* eventos da 109
    tomada de decisão e 10
Igrejas não católicas 148, 182
    cf. tb. Reforma Protestante; Pluralismo
    religioso
Imagens sacras 90-92
    Decreto do Concílio de Trento sobre as
        101, 104, 105
    cf. tb. Juízo final
Imperadores
    deposição de 28
    relacionamentos dos papas com 40-41
    validação de 28
    cf. tb. *imperadores específicos*
Imperialismo cultural 137
Império Romano, papel civil do papa no
    24-25
    cf. tb. Constantino
Inácio de Loyola (santo) 69, 70, 172, 192,
    194
    cf. tb. Jesuítas
Index librorum prohibitorum [Índice dos
    livros proibidos] 79-80, 93
Infalibilidade do papa 32, 47, 58
Inocêncio III (papa) 19, 27, 30, 33
Inocêncio IV (papa) 33, 175

Inocêncio XI (papa) 31
Inquisições 81
Insígnia imperial 28
Instituições não paroquiais 188-189
Intolerância religiosa 59

Jedin, Hubert 78, 82
Jerônimo (santo) 40, 84
Jesuítas
    como evangelizadores 189
    fundação da ordem 192
    ministérios dos 186, 193
    o passado de Francisco com os 68-70
    responsáveis por si mesmos 20
João Paulo II (papa)
    beatificações e canonizações por 33, 52
    diálogo com religiosos não cristãos 38,
        142
    documentos de 36
    doença 61
    Pastor Bonus 48
    relação de Bento XVI com 61, 64
    sobre a regulação da eleição papal 47
    sobre o ministério dos jesuítas 193
João X (papa) 40
João XI (papa) 40
João XII (papa) 40
João XXIII (papa)
    beatificado com Pio IX 52, 53, 60
    Francisco comparado a 72
    Vaticano II e 111, 117, 140, 146, 149
Judeus 137, 142
Juízo final (Michelangelo)
    comissão de 99
    decreto de Trento sobre as imagens
        sacras e o 101, 104, 105
    pintura do 91, 106
    reações ao 99-101, 106
Júlio II (papa) 29
Júlio III (papa) 148
Justificação 130-131
    cf. tb. Diálogo; Discurso, estilos de

Karlstadt, Andreas 90
Kertzer, David L. 52
Latrão I 181
Latrão II 166
Latrão IV 117, 191
Latrão V 124, 181
Leão IX (papa) 29, 165
Leão X (papa) 35
Leão XIII (papa) 27, 36, 37, 78
Leigos 122, 147
Líderes de comício, papas como 36
Liturgia tridentina 85-86
Livros litúrgicos 93
Lombardos 25-26
Lumen Gentium (Constituição Dogmática sobre a Igreja) 128, 140-141, 151, 154
Luteranos em Trento 82
Lutero, Martinho
  agostinismo cultural de 133
  Apelo à nobreza da nação alemã 47, 154
  condenação de 35
  De servo arbitrio 130
  sobre o celibato 166

Magistério *vs.* teólogos 96-98
Making Saints (Woodward) 53
Maria, mãe de Jesus 113, 117
Martina, Giacomo 56, 57, 58
Martinho V (papa) 42, 43
Maximos IV Saïgh (patriarca) 48
Mendicantes 181, 189
  cf. tb. Dominicanos; Jesuítas
Michelangelo e la Controriforma (De Maio) 100
Ministério das ordens religiosas 191-194
  Cf. tb. sacerdócio
Missais 85, 93
Missões evangelizadoras 26
Missões 192
Modernidade 59, 152
Monges 181
Mortara, incidente de 52, 59

Muçulmanos
  Bento XVI e os 38, 66
  diálogo com 38, 66, 142
  ereção de monumento a Bento XV 37
  guerras santas contra os 29-30, 38
  João Paulo II e 38
Mudança social 152
Mudança, problema da 116-119, 153
Multiculturalismo 136-137, 152
Nações Unidas 37
Newman, John Henry 117
Niceia; cf. Concílio de Niceia
Nicolau II (papa) 41
Noviços 69
Núncios 94
Nuzzi, Gianluigi 66

Obediência 161, 180, 184
Oestreich, Gerhard 190
Optatam Totius (Decreto sobre a formação sacerdotal) 183
Ordens religiosas 180-181, 184, 191-195
  cf. tb. *ordens específicas*
Oto I (imperador) 40

Página sagrada, discurso sobre a 96
Palavras de reciprocidade 127
Panegírico, modelo de discurso 126
Papado
  abertura moderna 20
  afastamento histórico 15-17
  aprimoramento tridentino do 92-94
  crença atual sobre o 16-18
  evolução do 16-21, 23-24
  fortalecimento com a Reforma Protestante 19-20
  função do papado segundo o Evangelho 22
  função primitiva do 18-19
  imagem pública do 20
  papas como sucessores de Pedro 22, 23
  cf. tb. Conclaves
Pastorais e doutrinais, concílios 108, 187

Paulo III (papa) 30, 81, 99

Paulo V (papa) 77

Paulo VI (papa)
  Cúria Romana e 48-49, 155
  encíclicas 139, 140
  envolvimento no Vaticano II 146
  pessoa pública 36
  sobre a regulação da eleição papal 44
  sobre o celibato 167
  cf. tb. Vaticano II

Paulo (santo) 162

Pedro (santo) 22, 23, 162
  cf. tb. Papado

Pedro Damião (santo) 166

Pena capital 59

Penitência, Sacramento da 89, 193

Pepino (rei dos francos) 26

Perez, Leander 178

Período da Igreja Mundial 114-115

Perspectiva especialista/generalista 10

Persuasão 133

Pio II (papa) 43

Pio IV (papa)
  comissionando alterações no *Juízo final*
    de Michelangelo 100
  preocupações sobre a confidencialidade
    do conclave 44
  sobre padres casados 87-88
  Trento e 48, 78-79, 80-81, 82, 93,
    104, 106

Pio IX (papa)
  controvérsia sobre a beatificação 52-53,
    60
  dogma definido por 20, 32
  encíclicas 36
  pano de fundo 53-56
  pessoa pública 20
  questões em torno de 57-60
  santidade de 56-58, 60
  sobre os estados papais 26, 34, 177

Pio Nono (Martina) 56

Pio V (papa) 28, 31, 88, 176

Pio VI (papa) 36

Pio VII (papa) 44

Pio X (papa) 122

Pio XI (papa) 44, 177

Pio XII (papa) 36, 44

Pluralidade religiosa 137, 152

Pobreza 161, 180, 184, 185

Policiais, forças 31

Povos nativos 66

Presbyterorum Ordinis (Decreto sobre a vida
  e o ministério dos presbíteros) 122,
  183-184

Primeira Cruzada 29-30

Procedimento de [criação dos] decretos em
  Trento 97-98

Proclamações 143
  cf. tb. Asserção

Quarta Cruzada 30

Quinn, John R. (arcebispo) 49

Rahner, Karl 114

Rapporto sulla fede; cf. *Relatório sobre a fé*

Ratzinger, Joseph; cf. Bento XVI

Reforma da Igreja; cf. Concílio de Trento;
  Contrarreforma; Reforma Gregoriana;
  Lutero, Martinho; Reforma Protestante;
  Vaticano II

Reforma Gregoriana
  a questão da incontinência 165-167
  como ponto de virada 164
  complexidade da 41
  lançada por Leão IX 29
  livres eleições de bispos 34
  sobre a autoridade papal 19
  sobre papas como governantes seculares
    33

Reforma Protestante 19, 90, 92, 189

Relação e diálogo 138, 141-143

Relatório sobre a fé (*Rapporto sulla fede*) 65

Renascimento 134-136

Rerum Novarum 37

Resolução de problemas intelectuais 171

Responsabilidades cívicas do papado 24

Responsabilidades papais
como agentes de reconciliação 37-38
como governantes dos estados papais 26-27
como pessoas públicas 36-38
como soldados 29-31
ensinar 35-36
função cívica 24-26
função de governo 31-35
mudanças nas 23-24
validar imperadores 28
cf. tb. Encíclicas
Ressourcement 116, 118-121, 123
Risorgimento 20
Rito romano 85, 86
Rummel, Joseph F. (arcebispo) 177-178

Sacerdócio
conflitos históricos entre monges e bispos 181-182
crise do sacerdócio no Vaticano II 182-186
distinção entre ordens religiosas e clero diocesano 180-181, 194-195
impressão pública do 180-181
ministérios das ordens religiosas 191-194
Trento e conformação paroquial do 186-189
cf. tb. Celibato
Sacrifício da missa, decreto sobre 91
Saint-Germain, *sententia* de 103, 105
Salvação, doutrina da 137
Santos; cf. *santos específicos*
Segunda Cruzada 30
Senado Romano, modelo 123
Sigério de Bamberg 41
Silvestre I (papa) 28
Simonia 47, 165
Sínodos romanos 32, 125
Sisto V (papa) 31, 47, 93
Sócrates 135
Sua Santità (Nuzzi) 66
Sílabo dos erros 59

Talbot, George 58
Tametsi, Decreto 79, 81
Teodósio I (imperador) 174-175
Teólogos 95-98, 148-149, 171
Terceira Cruzada 30
Tertuliano 133
The First Jesuits [Os primeiros jesuítas] (O'Malley) 11, 186
The Reform of the Papacy (Quinn) 49
Tomás, Santo 35
Traduções 24, 84-85
Trento; cf. Concílio de Trento
Turcos 30-31
cf. tb. Muçulmanos

Ulrico (bispo de Ímola) 166
Universidade de Bolonha 169, 170
Universidade de Tübingen 63
Universidades medievais
Bolonha e Paris como as primeiras 169
faculdades 170-171
formando profissionais na página sagrada 96
pontos em comum 169
questão da natureza católica das 171-172
Urbano II (papa) 30

Valla, Lorenzo 135
Vaticano I, Concílio 47, 58, 125
Vaticano II
"espírito" do 109, 128
agenda 113, 149
Bento XVI sobre 65
cânones não emitidos pelo 125, 151
celibato não discutido 167
colegialidade e 51, 120-122, 127
Cúria Romana e 47-49
discursos no 150-151
documentos do 109-111, 149-150, 153
enfrentamento da crise 152-153, 182-186
incompreensões sobre 108-111
participantes 71, 147-149
questão centro-periferia 120-122
questão da mudança 116-119, 153

questão de estilos de autoridade 122-129
reconciliação como objetivo 153
supervisão papal 146
temas abordados pelo 115-116
vocabulário/linguagem do 125-129
cf. tb. Comparação entre os concílios
(Trento e Vaticano II)
Vaticano, o papa como prisioneiro do 55
Vernáculo 83-84
Vítor Emanuel II da Itália (rei) 177
Von Balthasar, Hans Urs 138
Votos de pobreza, castidade e obediência
161, 180, 184
Vulgata, tradução da Bíblia 85

Weigel, Gustave 138
Woodward, Kenneth 53
Wycliffe, John 124

Zwiesprache [*Diálogo*] (Buber) 138

CULTURAL
- Administração
- Antropologia
- Biografias
- Comunicação
- Dinâmicas e Jogos
- Ecologia e Meio Ambiente
- Educação e Pedagogia
- Filosofia
- História
- Letras e Literatura
- Obras de referência
- Política
- Psicologia
- Saúde e Nutrição
- Serviço Social e Trabalho
- Sociologia

CATEQUÉTICO PASTORAL
Catequese
- Geral
- Crisma
- Primeira Eucaristia

Pastoral
- Geral
- Sacramental
- Familiar
- Social
- Ensino Religioso Escolar

TEOLÓGICO ESPIRITUAL
- Biografias
- Devocionários
- Espiritualidade e Mística
- Espiritualidade Mariana
- Franciscanismo
- Autoconhecimento
- Liturgia
- Obras de referência
- Sagrada Escritura e Livros Apócrifos

Teologia
- Bíblica
- Histórica
- Prática
- Sistemática

REVISTAS
- Concilium
- Estudos Bíblicos
- Grande Sinal
- REB (Revista Eclesiástica Brasileira)

VOZES NOBILIS
Uma linha editorial especial, com importantes autores, alto valor agregado e qualidade superior.

PRODUTOS SAZONAIS
- Folhinha do Sagrado Coração de Jesus
- Calendário de mesa do Sagrado Coração de Jesus
- Agenda do Sagrado Coração de Jesus
- Almanaque Santo Antônio
- Agendinha
- Diário Vozes
- Meditações para o dia a dia
- Encontro diário com Deus
- Guia Litúrgico

VOZES DE BOLSO
Obras clássicas de Ciências Humanas em formato de bolso.

CADASTRE-SE
www.vozes.com.br

EDITORA VOZES LTDA.
Rua Frei Luís, 100 – Centro – Cep 25689-900 – Petrópolis, RJ
Tel.: (24) 2233-9000 – Fax: (24) 2231-4676 – E-mail: vendas@vozes.com.br

UNIDADES NO BRASIL: Belo Horizonte, MG – Brasília, DF – Campinas, SP – Cuiabá, MT
Curitiba, PR – Fortaleza, CE – Goiânia, GO – Juiz de Fora, MG
Manaus, AM – Petrópolis, RJ – Porto Alegre, RS – Recife, PE – Rio de Janeiro, RJ
Salvador, BA – São Paulo, SP